PARA CONHECER Norma Linguística

COLEÇÃO

PARA CONHECER

Aquisição da Linguagem
Elaine Grolla e *Maria Cristina Figueiredo Silva*

Fonética e Fonologia do Português Brasileiro
Izabel Christine Seara, Vanessa Gonzaga Nunes e *Cristiane Lazzarotto-Volcão*

Morfologia
Maria Cristina Figueiredo Silva e *Alessandro Boechat de Medeiros*

Norma Linguística
Carlos Alberto Faraco e *Ana Maria Zilles*

Sociolinguística
Izete Lehmkuhl Coelho, Edair Maria Görski, Christiane Maria N. de Souza e *Guilherme Henrique May*

Coordenadores da coleção
Renato Miguel Basso
Izete Lehmkuhl Coelho

Carlos Alberto Faraco
Ana Maria Zilles

PARA CONHECER Norma Linguística

editoracontexto

Montagem de capa e diagramação
Gustavo S. Vilas Boas

Preparação de textos
Lilian Aquino

Revisão
Daniela Marini Iwamoto

Dados Internacionais de Catalogação na Publicação (CIP)
Andreia de Almeida CRB-8/7889

Faraco, Carlos Alberto
Para conhecer norma linguística / Carlos Alberto Faraco
e Ana Maria Zilles. – São Paulo : Contexto, 2017.
224 p.

Bibliografia
ISBN 978-85-520-0030-3

1. Linguística 2. Norma linguística 3. Sociolinguística
4. Língua portuguesa – História I. Título II. Zilles, Ana Maria

17-1331 CDD 410

Índice para catálogo sistemático:
1. Linguística

2017

Editora Contexto
Diretor editorial: *Jaime Pinsky*

Rua Dr. José Elias, 520 – Alto da Lapa
05083-030 – São Paulo – SP
PABX: (11) 3832 5838
contexto@editoracontexto.com.br
www.editoracontexto.com.br

SUMÁRIO

APRESENTAÇÃO

O tema da norma é dos mais complexos nos estudos da linguagem verbal. Para começar, há dois conceitos técnicos de norma que precisam ser bem entendidos para torná-los operativos nas nossas pesquisas e debates. De um lado, há "*o que se diz*" (que designaremos, num primeiro momento, de "norma normal") e, de outro, "*o como se deve dizer*" (a que daremos, de início, a designação de "norma normativa").

Um segundo problema é de natureza terminológica: há muita variação e imprecisão nos termos utilizados para designar a "norma normativa". Além de se confundir, muito frequentemente, *norma culta* com *norma-padrão*, as designações oscilam entre *língua/variedade/linguagem/modalidade culta/formal/padrão*; ou *português/uso culto/formal/padrão*; ou ainda *padrão culto*, entre outras. Será necessário, então, um esforço para alcançar um patamar mais preciso na própria nomenclatura.

Por outro lado, para compreender norma, temos de articular vários universos conceituais relativos a temas que lhe são correlatos, tais como a variação linguística, a normatividade em geral, a cultura linguística normativa (sua origem, características, efeitos e paradoxos), os fatores extralinguísticos que intervêm na definição de língua, na hierarquização das variedades sociolinguísticas e na criação da aura de prestígio que cerca variedades linguísticas assumidas social e culturalmente como modelares.

É, sem dúvida, um longo percurso ao qual agregamos uma indispensável revisão da história do normativismo na língua portuguesa. A perspectiva histórica é fundamental para desmitificarmos e desnaturalizarmos a questão da norma prescritiva. É importante balizar adequadamente seu caráter relativo. Só assim tomará novo rumo o debate social sobre essa questão, que tem sido muito mal encaminhado e até bloqueado entre nós por falta de referências tecnicamente bem informadas.

Esperamos que este livro traga subsídios para garantir uma compreensão ampla e substancial da norma em seus diferentes sentidos e para qualificar o debate social.

Para isso, organizamos o livro em quatro capítulos. No primeiro, apresentamos os conceitos de norma nos estudos linguísticos e uma série de outros conjuntos conceituais necessários para compreender esse tema, tais como a questão geral da normatividade nas sociedades humanas, o complexo quadro da variação linguística, o conceito sociocultural e político de língua, as muitas faces da cultura linguístico-normativa e seus paradoxos e, por fim, as relações da padronização linguística com a cultura escrita, com a criação dos Estados modernos e com a expansão do capitalismo industrial.

No segundo, diferenciamos a atitude linguístico-descritiva da atitude linguístico-normativa; caracterizamos os objetos, os objetivos e os procedimentos metodológicos dos três principais estudiosos da linguagem verbal (filólogos, gramáticos e linguistas) e repassamos a história dos principais critérios utilizados nos processos padronizadores.

No terceiro, tratamos da história da normativização do português, revisando os principais momentos da consolidação das normas cultas, do desenvolvimento da norma-padrão portuguesa e brasileira, da construção da norma ortográfica e do surgimento do discurso purista. Concluímos o capítulo com uma discussão sobre as novas normas que estão emergindo nos outros países de língua oficial portuguesa.

Por fim, no quarto capítulo, tecemos considerações sobre norma e ensino de língua. A partir de considerações mais amplas sobre normas sociais de comportamento e de uso da linguagem, retomamos os conceitos de norma-padrão e norma culta no contexto brasileiro, adotando uma postura crítica. Defendemos o ensino produtivo da língua e propomos que o trabalho escolar com a norma prestigiada seja articulado com as demais variedades da língua, com as quais contrasta. Para aprofundar essa perspectiva, questionamos a cultura do certo-errado, ressaltamos a plenitude formal de todas as variedades e caracterizamos os falantes como camaleões linguísticos, enfatizando o constante processo de escolhas que fazem em busca da adequação dos enunciados aos propósitos das interações em curso. O ensino que defendemos tem todos esses componentes e cria espaços para que a voz dos alunos seja ouvida, valorizada e respeitada na produção de conhecimentos em conjunto.

Cada capítulo se completa com exercícios e sugestões de leituras complementares.

NORMA: TECENDO CONCEITOS

Objetivos gerais do capítulo

- Conceitos de norma – os dois conceitos de norma nos estudos linguísticos;
- Um breve histórico – a história da introdução dos conceitos de norma nos estudos linguísticos;
- O conceito de *língua* não é estritamente linguístico – a língua como uma realidade sociocultural e política e não apenas linguística;
- Considerações sobre a variação linguística – a questão da norma no amplo espectro da variação linguística;
- A cultura normativa – algumas manifestações da cultura linguístico-normativa ao longo da história;
- Os paradoxos da cultura normativa – o caráter elitista da cultura normativa e seus paradoxos;
- O contexto social normativo – as relações entre a cultura linguístico-normativa e as diferentes manifestações da normatividade na vida social;
- Os caminhos da padronização – as relações da padronização linguística com a cultura escrita, com a criação dos Estados modernos e com a expansão do capitalismo industrial.

1. CONCEITOS DE NORMA

O termo *norma* tem, nos estudos da linguagem verbal, dois sentidos:

a. um geral: norma equivale à variedade linguística – a toda e qualquer variedade linguística; e
b. um específico: norma equivale a um conjunto de preceitos que definem o chamado "bom uso", o uso socialmente prestigiado.

No sentido geral, *norma* cobre o ***como se diz*** numa determinada comunidade de fala (ou seja, o conjunto dos seus traços linguísticos característicos, sejam eles fonético-fonológicos, morfossintáticos, léxico-semânticos ou discursivos); no sentido específico, *norma* se refere ao ***como se deve dizer*** em determinados contextos (as pronúncias, as estruturas morfossintáticas e o léxico tomados sócio-historicamente como modelares).

No primeiro caso, estamos diante da realidade linguística em sua variabilidade, em sua fluidez, em sua dinâmica própria no universo das inter-relações sociais. Estamos frente ao que é *normal*, habitual, costumeiro numa determinada comunidade de fala.

No segundo caso, estamos diante da tentativa de regulamentar, controlar, normatizar o comportamento linguístico dos falantes em determinados contextos.

Opera-se neste segundo caso com um ideal de língua que serve de referência (de "régua") para se estipular se a expressão linguística está de acordo com o "bom" uso; ou, em outros termos, se a expressão linguística atende aos critérios socioculturais de adequação da forma do dizer em determinados contextos; se ela é socioculturalmente aceitável nesses contextos.

Ainda nessa segunda acepção, norma remete ao que é posto como *normativo*, preceituado, prescritivo. É a referência que se usa tradicionalmente para sustentar juízos sociais de correção ou incorreção linguística.

Ficamos, então, nos estudos linguísticos, frente a uma "norma normal" (o modo como se diz habitualmente numa comunidade de fala) e a uma "norma normativa" (o modo como se deve dizer em determinados contextos). De um lado, o "assim se diz"; de outro, o "assim se deve dizer".

Cada uma dessas normas tem realidade diferente. A primeira, como já dissemos, é a realidade linguística em sua dinâmica própria, em seu funcionamento corrente nas interações sociais; a segunda é uma realidade construída, idealizada, um modelo de língua a ser seguido em determinados contextos. Por isso, a ela se agrega um esforço prescritivo.

É importante desde já deixar assentado um dado fundamental sobre o que estamos designando de "norma normal" – a sua pluralidade. Uma língua (conforme veremos adiante, em especial nos itens 3 e 4 deste capítulo) só pode ser definida como um conjunto de variedades. Assim, a expressão "a norma da língua" – que algumas vezes encontramos em textos da mídia – não é de modo algum adequada porque a língua comporta várias "normas normais".

NORMAS NORMAIS

Algumas "normas normais" estão relacionadas ao espaço (sócio)geográfico e correspondem a formas habituais de dizer em cada região (lembrando que as regiões se configuram em função da distribuição populacional, da cultura, mas também dos acidentes geográficos que as delimitem).

Vejamos de perto um exemplo: Para denominar "um rio pequeno de uns dois metros de largura", Razky e Sanches (2016), estudando dados do Atlas Linguístico do Brasil (ALiB), encontraram os seguintes resultados: o item lexical de uso mais geral em 25 capitais brasileiras é *riacho* (36% dos dados), seguido por *córrego* (23%) e *igarapé* (14%). Entretanto, enquanto *riacho* aparece em todas as capitais, *córrego* não ocorre em Manaus e São Luís e tem índices mais elevados apenas no Centro-Oeste; *igarapé*, por sua vez, é predominante na região Norte e não é mencionado na maioria quase absoluta das outras capitais, como se pode constatar examinando a Tabela 1 a seguir, em que os índices mais importantes estão destacados em negrito.

Tabela 1 – Distribuição percentual do uso de *riacho*, *córrego* e *igarapé* conforme dados de 25 capitais brasileiras, dados do ALiB.

REGIÃO	ITEM LEXICAL / CAPITAL	*RIACHO*	*CÓRREGO*	*IGARAPÉ*
NORTE	Manaus	8%	–	59%
	Rio Branco	10%	10%	**80%**
	Porto Velho	15%	8%	**46%**
	Boa Vista	10%	10%	**80%**
	Macapá	20%	20%	**33%**
	Belém	29%	14%	**43%**
NORDESTE	Fortaleza	**50%**	10%	–
	Natal	**59%**	33%	–
	Teresina	**59%**	17%	8%
	São Luís	**55%**	–	–
	Recife	**67%**	11%	–
	João Pessoa	**40%**	20%	–
	Maceió	**57%**	–	–
	Aracajú	**50%**	25%	–
	Salvador	**28%**	18%	–
CENTRO-OESTE	Cuiabá	15%	**61%**	–
	Campo Grande	43%	**50%**	–
	Goiânia	29%	**50%**	–
SUDESTE	Belo Horizonte	18%	**55%**	–
	Vitória	**46%**	36%	–
	Rio de Janeiro	**45%**	11%	–
	São Paulo	**45%**	33%	–
SUL	Curitiba	**50%**	25%	–
	Florianópolis	**75%**	12%	–
	Porto Alegre	**50%**	10%	–

Fonte: Reprodução parcial da Tabela 3 de Razky e Sanches, 2016, p. 79.

O exame da Tabela 1 revela as preferências quando todas as respostas dadas foram consideradas. Contudo, é interessante notar que a distribuição espacial fica ainda mais clara quando os autores reportam apenas a primeira resposta de cada informante. É o que se observa na Figura 1 a seguir, um mapa em que as áreas de cada primeira resposta são delimitadas.

Figura 1 – Mapa com a distribuição das denominações *riacho*, *córrego* e *igarapé* como primeira menção, questionário do ALiB em 25 capitais brasileiras.

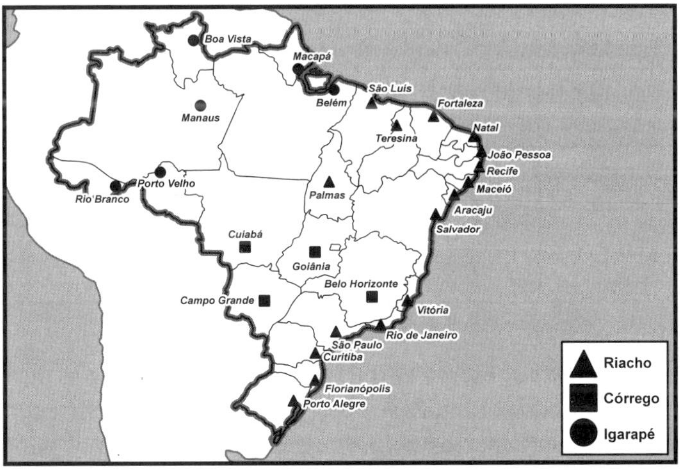

Fonte: Adaptado de Figura 4 de Razky e Sanches, 2016, p. 83.

A distribuição que o mapa revela certamente tem relação com a história social de ocupação do território e com as diferenças culturais que assim se constituíram.

Outras "normas normais" relacionam-se mais diretamente ao ordenamento social, de modo que os estratos sociais se distinguem pelas formas linguísticas costumeiras que lhes são próprias. O estudo da concordância nominal em Vitória da Conquista (BA) é um exemplo muito claro disso. Os autores Meira et al. (2015) compararam dados de falantes do português culto (PC) com dados de falantes do português popular (PP) da localidade. Os resultados estão na Tabela 2 a seguir.

Tabela 2 – Distribuição percentual da presença *versus* ausência de marcas de plural de concordância nominal no português popular (PP) e português culto (PC) de Vitória da Conquista (VC).

Concordância Nominal	PPVC	%	PCVC	%
Com marcas de plural	1.708 / 2.979	57,3%	1.982 / 2.205	89,9%
Sem marcas de plural	1.271 / 2.979	42,7%	223 / 2.205	10,1%
Total de ocorrências	2.979		2.205	

Fonte: Meira et al., 2015, p. 653.

Como se observa na Tabela 2, a diferença entre as duas variedades do português se expressa pelo contraste entre cerca de 90% de marcas no português culto e apenas 57% no português popular. São duas "normas normais" que convivem na comunidade em questão e refletem diferenças sociais, provavelmente relacionadas com o maior acesso aos bens culturais e à cultura letrada pelos falantes de PC do que os de PP. Acredita-se que a percepção dessa diferença quantitativa de marcas de plural funcione como índice de diferença de estrato social.

Reflitamos um pouco mais sobre esses resultados. Eles mostram, em primeiro lugar, uma regularidade: a de que todos os falantes usam marcas de pluralidade nos sintagmas nominais; ao mesmo tempo, mostram uma diferença quantitativa muito expressiva: 32,6%. Podemos afirmar, portanto, que a regra de concordância nominal é *variável*, seja no português culto, seja no português popular, ou seja, nos dois grupos há contextos em que se aplica e contextos em que não se aplica. Só uma análise detalhada dos dados pode mostrar a relação entre uso da marca e contexto, o que escapa a nossos propósitos aqui. Para nossos fins, importa salientar que enquanto no português popular a tendência é marcar a concordância nominal apenas na primeira posição (o**s** livro grandeØ e pequenoØ), no português culto, em situações de fala mais formais, a tendência é marcar a pluralidade de forma redundante, em todas as posições do sintagma nominal (o**s** livro**s** grande**s** e pequenos). Por isso, podemos conjeturar sobre normas normais (gramáticas) diferentes. Essa é uma questão ainda em discussão sobre o português do Brasil e suas variedades.

Devemos acrescentar ainda a existência de outras "normas normais", que se relacionam com as variadas situações sociointeracionais de uso: a diferentes eventos aliam-se recorrentemente formas linguísticas específicas. Por exemplo, ainda que domine a terminologia técnica, o médico (qualquer que seja) deve avaliar a situação interacional e ajustar sua fala às necessidades do paciente, para não constrangê-lo ou mesmo humilhá-lo. Além disso, o uso de termos técnicos na consulta médica pode dificultar a compreensão por parte do paciente e, com isso, até mesmo influenciar em sua adesão ao tratamento (Vicente, 2014: 16). Entretanto, num evento acadêmico, o mesmo médico, ao tratar do tema da referida consulta, empregará a terminologia científica, em função de ajustar sua linguagem a seus pares e às exigências do contexto.

Essa heterogeneidade linguística reflete a heterogeneidade social. Desse modo, é também importante deixar assentado desde já que o termo *sociedade* não deve nos iludir. Ele não pode ser entendido como designando um todo uno e homogêneo, nem, por outro lado, como mera soma dos indivíduos que a compõem tomados isoladamente.

Uma sociedade humana – em especial destas como a nossa: populosa, densamente urbanizada, altamente complexa e desigual em termos econômicos, bastante diversificada em termos étnicos e culturais – é um composto de inúmeras comunidades ou grupos que se recortam pela intersecção de muitas variáveis em diferentes combinações: atividades econômicas, local de moradia, práticas culturais, faixas de renda, níveis de escolaridade, interesses e redes de interação social etc.

Uma primeira aproximação desse quadro social heterogêneo vai nos revelar que a língua é falada diferentemente em cada grupo ou comunidade. Nesse sentido, a sociedade como um todo (agregada, por exemplo, num Estado nacional) contém inúmeras comunidades de fala. É o conjunto das características léxico-gramaticais e discursivas constantes numa determinada comunidade de fala que estamos chamando de sua "norma normal".

Em outros termos, cada comunidade social que pode ser recortada no interior de uma sociedade mais ampla é também, em princípio, uma comunidade de fala. Percebe-se que o estar-junto num grupo qualquer, compartilhando espaço geográfico, atividades econômicas, práticas culturais, redes de relacionamento, valores etc. induz o grupo a compartilhar também características linguísticas, ou seja, uma "norma normal".

Para conceituar uma comunidade de fala, podemos nos inspirar, em princípio, nos três critérios postulados pelo linguista brasileiro Dante Lucchesi (2015: 75): uma *comunidade de fala* é um grupo social que compartilha (a) determinadas características linguísticas, (b) atitudes valorativas frente a fatos linguísticos e (c) tendências de mudança linguística. Voltaremos a essa questão mais adiante no livro.

Cada uma das "normas normais" reúne traços fonético-fonológicos, morfossintáticos, léxico-semânticos e discursivos que a distinguem das demais. A realidade linguística é, portanto, um mosaico de "normas normais".

A "norma normativa", por sua vez, não é propriamente uma variedade espontânea da realidade linguística. Ela é, de fato, um construto, um conjunto de preceitos padronizadores com os quais se busca homogeneizar o uso linguístico em determinados contextos num esforço sócio-histórica e culturalmente motivado para impor um controle sobre a heterogeneidade e a mudança inerentes a qualquer língua (voltaremos a discutir este tema mais detalhadamente no capítulo "Norma: descrição e prescrição").

Note-se que temos dito, a propósito da "norma normativa", que com ela se busca padronizar o uso *em determinados contextos*. Isso significa que a "norma normativa" não serve de régua para todos os usos: sua função é servir de parâmetro para certos usos. Em geral, como veremos mais adiante, ela é adequada aos usos mais formais, ou seja, aos contextos em que, por razões de expectativas sociais, os falantes dão mais atenção às formas das suas expressões (dizemos, neste caso, que os falantes *monitoram* a sua fala).

Explicitado esse quadro conceitual, podemos aproveitá-lo de imediato para apresentar e distinguir as expressões *norma culta* e *norma-padrão*, que serão relevantes na sequência do nosso estudo e que são frequentemente confundidas – ou igualadas – nos discursos sobre a língua na mídia, no sistema escolar e em documentos oficiais.

Por *norma culta* designa-se tecnicamente o conjunto das características linguísticas do grupo de falantes que se consideram *cultos* (ou seja, a "norma normal" desse grupo social específico). Na sociedade brasileira, esse grupo é tipicamente urbano, tem elevado nível de escolaridade e faz amplo uso dos bens da cultura escrita. A chamada norma culta é uma "norma normal", porque é uma das tantas normas presentes na dinâmica corrente, viva, do funcionamento social da língua.

Norma-padrão, por sua vez, é a expressão que designa a "norma normativa", isto é, o conjunto de preceitos estipulados no esforço homogeneizador do uso em determinados contextos. Nesse sentido, a norma-padrão é um modelo idealizado construído para fins específicos; não é, portanto, uma das tantas normas presentes no fluxo espontâneo do funcionamento social da língua, mas um construto que busca controlá-lo.

Um exemplo simples dessa diferença pode ser colhido na colocação dos pronomes átonos. Na norma culta brasileira, predomina a próclise do pronome ao verbo principal, mesmo em início de período. Apesar disso, os criadores da norma-padrão brasileira estipularam a ênclise como a colocação ideal e, por consequência, declararam "erro" iniciar um período com um pronome oblíquo. Assim, segundo essa estipulação, deve-se dizer "Mande-me o relatório assim que possível" e jamais "Me mande o relatório assim que possível".

Outro exemplo são os pronomes demonstrativos *este* e *esse*. Os criadores da norma-padrão estipularam um sistema ternário para o português, fixando uma relação entre os demonstrativos e as pessoas gramaticais. Assim, *este* deveria designar algo próximo à primeira pessoa (a pessoa que fala); *esse*, algo próximo à segunda pessoa (a pessoa com quem se fala) e *aquele*, algo próximo à terceira pessoa.

No entanto, a pretensa distinção entre *este* e *esse* não é discernível na norma culta brasileira. O que se observa nela, de fato, é a existência de um sistema binário (de um lado *esse/este* e, do outro, *aquele*) e não ternário (cf. Jungbluth, 2004). Mais ainda: o demonstrativo *esse* predomina extensamente; e *este*, em variação com *esse*, só ocorre praticamente em duas situações muito delimitadas (os exemplos a seguir, retirados de *corpus*, são citados por Jungbluth, 2004: 91): ou na designação de um objeto com o qual o falante está em contato direto (por exemplo, o falante diz "*faço chegar esta linha ao computador*", tocando o telefone quando diz "*esta*"); ou em uso enfático ou contrastivo (por exemplo, quando o falante tem de repetir a designação do objeto para garantir a precisão da referência – o interlocutor diz: "*Que prédio? Esse?*" e o falante diz: "*Não, este!*").

Esses são apenas dois dos muitos casos em que há grande discrepância entre a norma culta e a norma-padrão no Brasil; entre a prática e a normatividade; entre o praticado e o predicado. As causas e as consequências dessa situação serão oportunamente discutidas.

O qualificativo *culto/a* não é, certamente, o mais adequado para qualificar uma norma e seus falantes porque pode sugerir que os outros falantes não são "cultos", ou seja, não têm cultura, o que é, em si, um absurdo: todo e qualquer grupo humano tem cultura, como demonstram os estudos antropológicos. No entanto, trata-se de um uso generalizado e o mantemos aqui enquanto se busca um qualificativo mais adequado. Apesar disso, vale insistir que se trata de um uso restrito: *culto/a* remete especificamente a uma certa dimensão da cultura, isto é, à cultura escrita.

Neste ponto, é importante que se diga que os falantes ditos cultos não são monovarietais: como qualquer falante de qualquer língua ou variedade, eles variam sua expressão. São, portanto, falantes da norma culta, mas têm diversos estilos de fala correlacionados às diferentes circunstâncias da interação social de que participam, desde as mais espontâneas (nas quais se pode identificar o chamado vernáculo ou variedades vernaculares) até as mais monitoradas.

Vamos discutir esse aspecto variável intrínseco do agir dos falantes na seção 4 deste capítulo. Desde já, porém, é preciso deixar claro que os estilos de fala dos falantes cultos variam, mas mantêm constantes certos traços que são característicos do uso culto em geral e que se distinguem dos usos mais caraterísticos dos falantes do chamado português popular brasileiro (conforme veremos no capítulo "Breve histórico da normatização do português").

Em decorrência disso, podemos afirmar que as expressões "norma culta" e "norma popular", ambas correntes nos estudos sociolinguísticos do português brasileiro, agregam, cada uma, um leque de variedades estilísticas. Cada uma dessas expressões designa uma espécie de campo de força que congrega não uma mas diversas variedades estilísticas que partilham, porém, alguns traços muito característicos, traços estes que as distinguem das variedades estilísticas do outro campo de força.

VARIAÇÃO ESTILÍSTICA

Os falantes procuram adequar seu modo de falar às circunstâncias sociais, considerando graus de maior ou menor formalidade atribuídos socialmente à situação. Também levam em conta o tipo de relação com o interlocutor (simétrica ou assimétrica, em função do poder ou da posição hierárquica de um sobre o outro e do grau de solidariedade ou intimidade que exista entre os interlocutores). E, entre outras coisas, consideram o contexto social onde a interação ocorre: na escola, diferenciando as conversas entre colegas durante o recreio das conversas entre alunos e professor na busca de solução para um problema, por exemplo.

Também é relevante lembrar que há diferentes estilos relacionados que se distribuem ao longo de uma escala que tem num extremo o falar livremente e, na outra o ler oralmente pares de palavras. O grau de atenção consciente ao modo de dizer, à produção oral, aumenta à medida que a leitura esteja envolvida.

Os estudos sociolinguísticos têm apontado que a frequência de uso da concordância verbal é talvez o traço mais forte que distingue esses dois campos de força, "norma culta" e "norma popular", como comentaremos mais à frente.

Embora distintos, esses dois grandes campos de força não se encontram completamente isolados na realidade social. Em decorrência dos contatos de seus falantes, as fronteiras são porosas e há contínuas inter-relações entre ambos. Esse fato se acentuou nos últimos 50/60 anos como resultado das mudanças socioeconômicas que vêm ocorrendo na sociedade brasileira. Voltaremos a esse ponto mais adiante nesta mesma seção.

Sempre em busca de uma terminologia mais adequada e criticando o uso dos adjetivos "culto" e "popular" para qualificar as normas do português brasileiro pelos possíveis sentidos estereotipados que podem carregar, o linguista Marcos Bagno (2003) propôs que se adotassem as seguintes designações: norma-padrão (para a norma normativa), variedades prestigiadas (para substituir *norma culta*) e variedades estigmatizadas (para substituir *norma popular*). A proposta é bastante pertinente e a deixamos aqui como subsídio para nossos debates futuros com vistas a uma unificação terminológica. Esse debate é mais que urgente, considerando a multiplicação desordenada de termos que circulam seja nos textos especializados (que muitas vezes confundem norma culta e norma-padrão), seja nos livros didáticos (Bagno, 2013, encontrou 21 termos diferentes para designar a norma tomada como referência do ensino), seja ainda nas diretrizes e nas provas do Enem (cf. Bagno, 2015).

Isso posto, podemos dar destaque a outro fato importante sobre as "normas normais". Cada uma delas, como dissemos, tem seus traços fonético-fonológicos, morfossintáticos, léxico-semânticos e discursivos característicos. No entanto, as comunidades de fala, mesmo distantes geográfica ou socialmente, nunca estão completamente isoladas: existem circuitos de contatos mais ou menos frequentes ou intensos entre seus falantes. Em consequência, as normas não ficam fechadas em si mesmas, mas acabam por partilhar características.

Os exemplos de contatos possíveis são incontáveis. Listemos alguns aqui. Pensemos nos efeitos linguísticos homogeneizadores do fato de no Brasil haver, em praticamente todas as casas, aparelhos de rádio e televisão. Esses meios de comunicação social fazem circular nacionalmente certas "normas normais" que, de outra forma, talvez nunca fossem ouvidas em muitos lugares pela própria distância geográfica entre seus falantes.

Pensemos também nos efeitos linguísticos de convergência dos encontros em ambientes de trabalho, ou na escola fundamental ou no serviço militar de pessoas vindas de diferentes regiões do país ou de diferentes bairros de uma mesma metrópole; de pessoas de diferentes estratos sociais, com diferentes graus de escolaridade e pertencendo, portanto, a diferentes comunidades de fala.

Essas e outras muitas situações de contato entre os falantes podem favorecer o trânsito de traços entre as normas. Desse trânsito, como mostram os estudos sociolinguísticos, podem resultar processos de mudança linguística (quando uma comunidade de fala, por exemplo, passa a adotar traços de outras normas).

Um exemplo de mudança decorrente do contato entre normas vem da própria realidade sociolinguística brasileira, que, como sabemos, é ainda polarizada (cf. Lucchesi, 2015) entre dois grandes conjuntos: o das variedades cultas/prestigiadas (herdeiras das variedades trazidas e usadas pela elite colonial) e o das variedades populares/estigmatizadas (herdeiras daquelas que se constituíram em meio ao aprendizado precário do português por falantes das inúmeras línguas indígenas autóctones e africanas transplantadas para cá durante os 300 anos em que vigorou a escravidão). Essa polarização tem, claro, nuanças distribuídas num contínuo que vai do português rural afro-brasileiro ao português urbano da elite letrada (cf. Bortoni-Ricardo, 2005).

Com as grandes transformações econômicas e sociais pelas quais a sociedade brasileira tem passado desde a década de 1930, em especial a intensa urbanização populacional, identifica-se claramente uma tendência de aproximação das variedades populares às variedades cultas, ou seja, os falantes das primeiras estão mudando (urbanizando) sua norma e o exemplo mais evidente é, talvez, o da concordância verbal. Se antes ela ocorria com baixos índices de frequência, nota-se, nas últimas décadas, um significativo aumento desses índices entre aqueles falantes, como se exemplifica nas duas tabelas a seguir.

Tabela 3 – Taxas gerais de marcação de plural (percentagens) em diversas amostras de fala.

Estudo/Local-Data	Marcação de plural em verbos (P6)
G[a]/Rio-1976 (analfabetos)	44
NeS[b]/Rio-Década de 1980	65
NeS[b]/Rio-2000	81
A[c]/São Miguel-2000	80

[a] Guy (1981), 20 falantes analfabetos do Rio, gravados em 1976.
[b] Naro e Scherre (2003), estudo de tendência de 16 falantes de variados graus de escolaridade, gravados no início dos anos 1980 e, novamente, em 2000.
[c] Almeida (2005), amostra estratificada de 24 falantes de São Miguel dos Pretos (RS), uma comunidade fundada por ex-escravos no século XIX.

Fonte: Tradução e adaptação da Tabela 4.1 de Guy e Zilles, 2008, p. 58.

Observando-se a Tabela 3, percebemos que os analfabetos do estudo de Guy (1981) apresentavam apenas 44% de taxa de concordância verbal na terceira pessoa do plural (P6).

No estudo de Naro e Scherre (2003), a taxa de concordância de P6 no início dos anos 1980 era de 65%, pois a amostra continha falantes escolarizados, ao contrário da amostra gravada em 1976.

O mais importante, porém, é perceber que os mesmos falantes gravados na década de 1980 foram novamente gravados no ano 2000 e apresentaram um aumento de 16 pontos percentuais, alcançando a marca de 81%. Esse resultado exemplifica a tendência anteriormente mencionada.

Por fim, o resultado do estudo de A. P. Almeida (2005) exemplifica a urbanização da fala antes mencionada: os falantes da amostra pertencem a uma comunidade quilombola então em processo de registro da propriedade da terra. Há uma e escola na localidade e os mais jovens da amostra já tinham alcançado o ensino médio. Entre os adultos a escolaridade era bem baixa, mas todos tinham contato com falantes de outras localidades, em função de trabalho sazonal na agricultura ou visitas à cidade mais próxima. O percentual de concordância de P6 é de 80%, ou seja, semelhante ao de Naro e Scherre (2003) nos dados coletados no Rio de Janeiro em 2000.

Na Tabela 4 a seguir, apresentamos os resultados de Naro e Scherre (2003) relativos à concordância verbal de P6 por indivíduo. Chamamos atenção para o fato de que todos aumentaram suas taxas de uso de P6, tendo ou não ampliado sua escolaridade no intervalo entre os anos 1980 e o ano 2000.

Tabela 4 – Percentuais de concordância verbal de P6 pelos 16 falantes do estudo de Naro e Scherre (2003) em dois momentos.

	Marcação de plural em verbos (P6)	
	Década de 1980	2000
Sujeitos que aumentaram o número de anos de escolaridade		
ADR57	38	58
ERI59	72	90
LEO38	71	92
ADR63	57	93
SAN39	76	93
FAT23	81	98
Aumento médio na marcação		22
Sujeitos que não aumentaram o número de anos de escolaridade		
LEI04	56	59
JUP06	47	73
JOS35	52	70
NAD36	71	77
AGO33	57	83
DAV42	47	81
JAN03	46	54
VAS26	82	81
MGL48	93	95
EVE43	90	89
Aumento médio na marcação		12

Fonte: Tradução e adaptação da Tabela 4.2 de Guy e Zilles, 2008, p. 60.

Na Tabela 4 é possível observar a tendência de aumento no uso da concordância verbal de P6 na fala de todos os participantes da amostra com o passar do tempo. Destacamos, pois, que o aumento ocorreu tanto entre os que ampliaram sua escolaridade quanto entre os que não o fizeram. É bem verdade, porém, que a maior escolarização esteve associada à uma média que é quase o dobro da média dos que não tiveram essa condição: 22 para aqueles e 12 para estes.

O contato entre normas pode ter, contudo, efeito contrário: os falantes de uma determinada norma passam a reforçar as suas características específicas como forma de dar destaque à identidade da respectiva comunidade de fala, como ocorreu entre os moradores da ilha de Martha's Vineyard, nos Estados Unidos, em decorrência de o local ter se tornado um polo de atração de milhares de turistas vindos do continente, como demonstrou Labov (cf. Labov, 2008 [1972], cap. 1).

Em suma, os contatos podem ter efeitos de convergência ou de divergência entre as diferentes "normas normais" e vão redesenhando continuamente o amplo quadro da heterogeneidade constitutiva de uma língua.

Neste item, discutimos os significados do termo *norma* nos estudos linguísticos e fizemos algumas distinções importantes. Podemos agora dirigir nossa atenção para a história desse conceito.

2. UM BREVE HISTÓRICO

O termo *norma* no seu sentido geral se tornou mais sistematicamente corrente nos estudos linguísticos com o texto escrito em 1950 pelo linguista romeno Eugenio Coseriu (1921-2002), com o título "Sistema, norma e fala" (cf. Coseriu, 1979).

O objetivo inicial do autor era substituir o esquema bipartite *langue/parole* (língua/fala) sugerido pelo linguista suíço Ferdinand de Saussure (1857-1913) – conforme se pode ler no livro *Curso de linguística geral* – por um esquema tripartite sistema/norma/fala.

A bipartição *langue/parole* se assentava no pressuposto de que a realidade linguística tem duas faces – uma social (que se recobre com o termo *langue*) e outra individual (que se recobre com o termo *parole*).

Se as línguas fossem homogêneas, essa bipartição seria suficiente e o conceito de norma seria desnecessário. Como as línguas são sempre heterogêneas, o conceito de norma é indispensável. Ou seja, a heterogeneidade intrínseca a todas as realidades linguísticas deixa claro que a segmentação dessas realidades em apenas dois níveis é insuficiente para dar conta de sua complexidade.

Coseriu desenvolveu sua argumentação mostrando que é necessário postular um terceiro nível intermediário entre a *langue* (social) e a *parole* (individual) para poder dar representação ao uso social variável, ou seja, às diferentes variedades sociais constitutivas da língua.

A teorização de Coseriu se assenta na postulação de um plano estrutural abstrato composto exclusivamente de oposições funcionais (o sistema) que conhece diferentes realizações nas várias comunidades de fala caracterizadas por traços linguísticos específicos e relativamente constantes em cada uma delas (as normas), que se materializam, então, nos atos linguísticos individuais (a fala).

Em outros termos, o sistema reúne o potencial linguístico (as possibilidades funcionais); cada uma das normas manifesta o modo como o potencial linguístico se materializa em cada comunidade de fala; e a fala é a miríade de atos individuais concretos.

Pela tripartição, a face social da realidade linguística ficou segmentada em dois níveis: temos no sistema o fundamento estrutural das variedades (os princípios funcionais supostamente invariantes) e nas normas as diferentes realizações sociais dos princípios desse sistema. Cada uma dessas realizações (cada uma dessas normas) se configura a partir do uso corrente, habitual, normal de determinado grupo de falantes socialmente definido.

Um exemplo simples desse arcabouço teórico é a realização da segunda pessoa do singular em português, ou seja, o modo como se designa o interlocutor.

Há, em tese, no sistema das chamadas pessoas do discurso, uma oposição funcional entre a primeira (quem fala) e a segunda (com quem se fala).

A realização da segunda pessoa varia entre as comunidades de fala que se reconhecem como falantes de português. Em outras palavras, esse elemento sistêmico se realiza de modos diferentes, caracterizando, assim, diferentes "normas normais". Podemos resumir assim esse quadro de variação: há aquelas comunidades em cuja "norma normal" é corrente o pronome *tu* combinado com a segunda pessoa do verbo (*tu cantas muito bem*); há outras em que se usa o mesmo pronome *tu*, mas combinado com a terceira pessoa do verbo (*tu canta muito bem*); outras em que se usa o pronome *você* combinado com a terceira pessoa do verbo (*você canta muito bem*). Há, ainda, comunidades em que os falantes variam, usando ora *tu*, ora *você*, sendo o primeiro o pronome de maior intimidade, e o segundo o pronome de (algum grau de) distância social.

Entre as comunidades que usam *você*, há algumas em que o possessivo é normalmente *seu/sua* (*você já enviou o seu relatório?*) e há outras em que o possessivo é normalmente *teu/tua*. Em algumas destas, há variação do uso do possessivo: usa-se normalmente *teu*, mas, se houver um relativo grau de distanciamento social entre os interlocutores, o possessivo passa a ser *seu/sua*.

Coseriu, procurando dar mais precisão ao conceito, afirmava que uma norma não corresponde ao que "se pode dizer" numa determinada língua (tarefa do sistema), mas ao que já "se disse" e tradicionalmente "se diz" na comunidade de fala considerada. Em outras palavras, o que "já se disse" e tradicionalmente "se diz" é o que se tornou, nessa comunidade, habitual, constante, normal, característico; é o que configura a norma linguística dessa comunidade.

A ideia de norma assim como proposta por Coseriu nasceu no interior do arcabouço teórico estruturalista de inspiração saussuriana – paradigma que prevaleceu na linguística europeia até aproximadamente o fim da década de 1960. Não perde, porém, sua capacidade explicativa quando é levada para outros quadros teóricos. E isso por força do que nos impõem os fatos linguísticos: qualquer modelo teórico da linguagem verbal tem, inexoravelmente, de se posicionar frente à variabilidade supraindividual, ou seja, frente às diferentes variedades sociais (normas) que constituem uma língua.

Assim, baseados nos pressupostos gerais da Linguística Gerativa, diremos que a cada norma corresponde uma gramática. Nessa perspectiva, uma língua é constituída por um conjunto de gramáticas.

Se adotarmos um olhar variacionista (sociolinguístico), será produtivo equiparar norma e variedade social. Nesse caso, uma língua é constituída por um conjunto de variedades sociais.

Mesmo trabalhando com modelos teóricos bastante abstratos, não temos, portanto, como fugir da heterogeneidade linguística. É uma realidade incontornável que nos obriga a pensar uma língua sempre como um conjunto de normas, gramáticas ou variedades sociais. Vamos ampliar essa questão no próximo item no qual discutimos em mais detalhes o próprio conceito de língua.

3. O CONCEITO DE *LÍNGUA* NÃO É ESTRITAMENTE LINGUÍSTICO

No fundo, não temos como escapar do fato hoje inapelavelmente aceito pela Linguística de que *língua* é um conceito inalcançável por critérios apenas linguísticos (léxico-gramaticais). Língua é, antes de tudo, uma entidade recortada por um entrecruzamento de critérios históricos, culturais e políticos.

Em outras palavras, falantes de diferentes variedades se reconhecem, por razões históricas, socioculturais e políticas, como falantes da mesma língua, ainda que haja poucas semelhanças léxico-gramaticais entre as variedades e, em certas situações, não haja sequer mútua inteligibilidade, como no caso dos falantes de mandarim e de cantonês que se consideram todos falantes de chinês; ou dos falantes do iraquiano e do marroquino que se consideram todos falantes de árabe.

Da mesma forma, variedades que, por critérios estritamente linguísticos (ou seja, léxico-gramaticais), poderiam ser consideradas constitutivas de uma mesma língua, são assumidas por seus falantes como línguas diferentes. São exemplo aqui o sérvio e o croata; o romeno e o moldavo.

O próprio Coseriu argumentava a favor de se abandonar tecnicamente o termo *língua* justamente por considerar que o conceito que ele recobre no senso comum se delimita antes por critérios históricos, culturais e políticos do que propriamente e apenas linguísticos.

A língua "comum", a que se dá um nome singular (português ou língua portuguesa, por exemplo), é, de fato, um ente construído pelo imaginário social que, por um complexo entrelaçamento de fatores históricos, políticos e socioculturais, idealiza um objeto uno onde não há, efetivamente, unidade.

O imaginário social se utiliza de uma rede conceitual para manter essa idealização em pé. Um dos mecanismos operativos aí presentes é confundir uma determinada variedade com a própria língua – é a chamada ideologia da língua-padrão/norma-padrão (cf. Milroy, 2011). Ao identificar a língua exclusivamente com as formas padronizadas, esse modelo ideológico desqualifica a heterogeneidade linguística e os processos de mudança. A variação e a mudança, inerentes a qualquer realidade linguística, passam a ser consideradas como deterioração, corrupção, depreciação da "verdadeira" língua e, por isso, são rejeitadas.

No plano empírico e por critérios estritamente linguísticos, a realidade recortada e identificada como uma língua é constituída por um conjunto de variedades, de normas, de gramáticas. Do ponto de vista estritamente linguístico, não existe língua para além ou acima do conjunto das suas variedades constitutivas, nem existe a língua de um lado e as variedades de outro, como muitas vezes se acredita no senso comum.

Os linguistas estruturalistas, como Coseriu, trabalhavam com a hipótese de que existe um nível teórico abstrato que está acima das variedades e constitui o que Coseriu chamava de *sistema*. No entanto, a prática analítica tem demonstrado senão a inviabilidade, pelo menos a extrema dificuldade de se alcançar um tal nível abstrato a pairar sobre todas as variedades reunidas sob um nome comum. Se tal nível fosse materializável e se fosse único, poderia justificar linguisticamente o conceito de língua – uma língua equivaleria ao sistema abstrato do qual todas as variedades derivariam.

Como até hoje não foi possível materializar tal nível (e é possível que nunca cheguemos a ele, talvez haja aí um pressuposto impossível de ser sustentado e que, no fundo, é apenas um efeito, no plano teórico, da ideologia da língua-padrão/norma-padrão), é preferível continuarmos assumindo que uma língua é indefinível por critérios puramente linguísticos e que qualquer recorte a que se dê um nome singular será sempre um conjunto de diferentes variedades, de diferentes normas.

Se não perdermos de vista essa perspectiva da heterogeneidade intrínseca do que chamamos de língua, podemos, em princípio, continuar a usar, por razões práticas, esse termo e suas designações singulares – o que vamos fazer na sequência da nossa exposição neste livro.

Cabe, porém, não esquecer que, se o conceito de *norma* é bastante produtivo nos estudos linguísticos para orientar nossa aproximação da heterogeneidade linguística (temos, neste caso, critérios propriamente linguísticos para identificar uma norma), o conceito de *língua* é de menor alcance nesse sentido, justamente por não dispormos de critérios apenas linguísticos para sua caracterização.

Dizer isso não implica afirmar que a constituição e o funcionamento sociocultural do ente *língua* não sejam relevantes. Ao contrário: destrinçar o emaranhado de critérios culturais e políticos que historicamente dá forma ao conceito imaginário de língua, assim como explicitar seu funcionamento sociocultural constituem também tarefas da Linguística.

Nesse caso, os linguistas não podem, porém, trabalhar de forma isolada. Não sendo a língua uma entidade estritamente linguística, é necessário reunir pesquisadores de diferentes áreas do conhecimento para compreender os mecanismos pelos quais um conjunto heterogêneo de variedades sociais passa a ser reconhecido por seus falantes como constituindo uma só língua. Os linguistas precisam, então, se associar aos historiadores, antropólogos, sociólogos e psicólogos sociais. Só uma investigação multidisciplinar pode esclarecer essa intrincada questão.

Nesta seção, procuramos mostrar como é complexo o conceito de língua e como é, no fundo, impossível recortar uma língua com critérios exclusivamente linguísticos.

Vamos, agora, estender nossas considerações sobre a variação linguística.

4. CONSIDERAÇÕES SOBRE A VARIAÇÃO LINGUÍSTICA

Como vimos insistindo na nossa exposição, uma das características fundamentais das realidades linguísticas é precisamente a sua variabilidade. Nenhuma língua é homogênea e uniforme; todas as línguas são heterogêneas e multiformes.

Essa heterogeneidade constitutiva da língua está diretamente relacionada com a diversidade seja das experiências históricas, seja das atividades sociais e culturais dos grupos humanos que se reconhecem como seus falantes. Por isso, a diversidade linguística – tanto no plano interno (as variedades constitutivas de uma língua) quanto no plano externo (as muitas línguas que são faladas no mundo) – deve ser para nós, em primeiro lugar, motivo de maravilhamento contínuo, embora, muitas vezes, ela também seja, infelizmente, alvo de preconceitos e até de violência simbólica (quando, por exemplo, um falante é tachado de "ignorante" ou é menosprezado e desconsiderado como cidadão – num posto de saúde ou em qualquer outro serviço público – pelo fato de usar uma variedade estigmatizada da língua).

As variadas formas de ocupação demográfica de cada ponto do território em que se assume que uma língua é falada; as diferentes circunstâncias históricas que se desenvolvem em cada um desses pontos; a variadíssima (quase infinita) dinâmica da vida social e cultural – essa diversidade toda repercute nas formas como a língua é falada nas diferentes regiões de um país, em diferentes momentos de sua história, por diferentes segmentos sociais (identificados pelos mais variados critérios: faixas etárias, gênero, atividades profissionais e nível de renda, experiências de escolaridade, entre outros) e em diferentes contextos (no trabalho, no lazer, nos meios de comunicação social, nas esferas do funcionamento do Estado, nas atividades religiosas e assim por diante).

Numa tentativa de captar a complexidade da variabilidade sociolinguística, os linguistas britânicos Michael Halliday, Angus McIntosh e Peter Strevens (num texto de 1964, republicado em 1972 e traduzido para o português em 1974) distribuíram as variedades linguísticas em dois grandes grupos: os *dialetos* e os *registros*. No primeiro, identificam-se as variedades tendo como referência as características sociais dos falantes (e, portanto, de sua comunidade de fala); no segundo, as variedades são identificadas de acordo com as características de cada contexto social de uso.

Sob outra perspectiva, podemos dizer que identificamos os dialetos respondendo à pergunta: “Quem são os falantes?” (ou seja: que idade têm; qual seu gênero; onde nasceram e onde vivem; qual seu grau de escolaridade; que atividade profissional exercem; qual seu nível de renda e assim por diante); e identificamos os registros respondendo à pergunta “Em que situação sociointeracional se encontram os falantes?” (ou seja: em que campo de atividade social estão; que atividade estão desenvolvendo; quem são seus interlocutores e assim sucessivamente).

Em outras palavras, quando um falante abre a boca, sua expressão linguística o revela duplamente: pelo seu dialeto (pela sua norma dialetal), podemos reconhecer muitas de suas características identitárias (ou seja, a que comunidade de fala ela/ele pertence); e, ao mesmo tempo, pelo seu uso do registro (pelo uso da norma própria de cada contexto), podemos perceber seu grau de familiaridade com as coordenadas que configuram a situação sociointeracional em que se encontra.

Cada dialeto é, no fundo, uma norma sociorregional. Suas características refletem a história e a localização da respectiva comunidade de fala no espaço geográfico e na estrutura social. É, no fundo, o cruzamento dessas duas coordenadas que delimita cada comunidade de fala.

Os registros, por sua vez, podem ser conceituados como normas funcionais, isto é, são caracterizados por propriedades linguísticas habituais, costumeiras, *normais* em diferentes situações de uso; estão vinculados, antes de tudo, às diferentes funções socioculturais da linguagem verbal numa determinada sociedade. Não se narra, por exemplo, um jogo de futebol do mesmo modo como se narra um acidente de carro ao guarda de trânsito; não se faz um sermão na igreja do mesmo modo como se dá uma aula de Sociolinguística; não se apresenta um estudo de caso numa conferência de uma especialidade médica do mesmo modo como se avalia um caso de aluno problemático num conselho de classe na escola; não se relata um voto no Supremo Tribunal Federal do mesmo modo como se defende uma opinião numa assembleia de condomínio; ou, ainda, não se conversa numa mesa de bar do mesmo modo como se conversa numa empacada fila de caixa de banco.

Se na caracterização dos dialetos são primordiais as coordenadas geográficas e de estrutura social, na caracterização dos registros (segundo Halliday, McIntosh e Strevens) são primordiais a esfera social em que se dá a interação (o campo da atividade), o meio de expressão (se oral ou escrito) e o estilo do dizer (decorrente em grande parte do grau de formalidade das relações entre os interlocutores).

Esses dois entes linguísticos (dialetos e registros) são relevantes para fazer avançar nosso entendimento da configuração e do funcionamento social do que estamos chamando de *norma normativa*. Os estudos de Sociolinguística e de Sociologia da Linguagem têm demonstrado que, numa sociedade moderna – de economia industrial e hierarquizada por critérios de renda e de acesso aos bens da cultura escrita –, as prescrições sobre o como se deve dizer tomam, em geral, como referência os dialetos (as normas sociorregionais) dos estratos sociais que ocupam os lugares mais altos na escala socioeconômica (a chamada norma culta) e os registros (as normas funcionais) que esses estratos usam em situações sociointeracionais formais. Voltaremos a esse tema mais à frente.

Vamos, na sequência, dar atenção a como a variabilidade linguística se manifesta nos falantes.

Cada falante se socializa numa determinada comunidade de fala e adquire, por isso, certas características dialetais (isto é, tem na sua fala as marcas linguísticas próprias, *normais*, habituais, costumeiras de sua comunidade de fala). Assim, por exemplo, as crianças das comunidades fundadas por imigrantes alemães no século XIX no Rio Grande do Sul ainda hoje guardam marcas dessa herança linguístico-cultural, mesmo que não falem a língua de imigração. Uma dessas marcas é a indistinção fonológica entre erre forte (aqui representado por *R*) e erre fraco (aqui representado por *r*) que caracteriza o português dialetal dessas comunidades. Podemos exemplificar o uso do erre fraco em lugar do erre forte em três contextos: a) no início do vocábulo como em *r*ato em lugar de *R*ato; b) em posição intervocálica como em ca*r*o em lugar de ca*Ro*: c) em início de sílaba precedida por consoante, como em en*r*ola em lugar de en*R*ola. Vale dizer, ainda, que no Rio Grande do Sul a indistinção entre erre forte e erre fraco constitui um traço característico não só do português de contato com o alemão, mas também do português de contato com o italiano.

No mesmo processo de socialização, cada falante participa de várias comunidades de prática, ou seja, envolve-se em diferentes agrupamentos socioculturais vinculados às múltiplas atividades do fazer humano (trabalho, escola, família, lazer, associações como sindicatos, clubes, igrejas etc.) e aprende a usar a variedade linguística própria (o registro) de cada uma dessas comunidades de prática. Retomando o exemplo anterior, pode-se dizer que é principalmente no processo de escolarização e de aprendizagem da leitura e da escrita que essas crianças adquirem em algum grau aquela distinção fonológica, cuja produção muitas vezes depende de monitorar a própria fala.

O conceito de comunidade de fala já foi apresentado anteriormente, na seção 1 (p. 18). Tratemos, aqui, do conceito de comunidade de prática.

Uma comunidade de prática é um conjunto de pessoas que se engajam regularmente entre si com uma meta comum. Exemplos de comunidades de prática incluem um time de futebol, um grupo de amigos, uma comunidade religiosa, um grupo de traficantes, uma família. O valor do conceito para a pesquisa está relacionado com o fato de que ele leva o pesquisador a atentar para o grupo em função de uma prática social compartilhada, e não com relação a características sociais abstratas atribuídas aos indivíduos do grupo (como a idade ou a classe social). Com o conceito de comunidade de fala se observa a variação linguística desde um recorte estruturado por categorias sociais amplas (por exemplo, no estudo de Luís Amaral sobre o uso da concordância verbal de 2ª pessoa do singular na cidade de Pelotas, que observou as categorias idade, gênero, classe social, local de residência, escolaridade e profissão (Amaral, 2003)). Com o conceito de comunidade de prática, por outro lado, se observa a variação linguística desde a perspectiva do grupo que se engaja em uma prática, relacionando os padrões de variação mais amplos com a construção de sentidos locais, por falantes concretos, que participam de comunidades de prática (por exemplo, no estudo de Penelope Eckert, sobre o emprego de formas linguísticas inovadoras por jovens de uma escola de Detroit, nos Estados Unidos, que se identificavam como *burnouts*, "rebeldes" (Eckert, 2006) e demarcavam essa identidade por meio da linguagem verbal).

De fato, é o posicionamento de cada falante no interior do complexo ordenamento social que condiciona seu pertencimento a determinada comunidade de fala e sua participação em determinadas comunidades de prática. Na sociedade brasileira, por exemplo, um trabalhador rural pertence a uma comunidade de fala diferente da de um profissional liberal urbano. Cada um destes, por sua vez, se envolve em comunidades de prática diferentes e, por consequência, desenvolve o domínio de diferentes registros linguísticos (também designados, em Sociolinguística, de variedades estilísticas).

A variabilidade sociolinguística, pelo processo de socialização, se torna, pois, intrínseca a cada falante. Nenhum falante é unilíngue no sentido de dominar apenas uma variedade da língua. Se podemos dizer que suas características dialetais são relativamente constantes (por estarem intrinsecamente relacionadas com quem é o falante e a que comunidade de fala pertence), seu espectro de registros (das também chamadas *variedades estilísticas*) é bastante diversificado.

Nesse sentido, nenhum falante é monoestilístico. E isso porque, em sua vida social e cultural, cada falante participa de várias comunidades de prática (no interior da família, no trabalho, na escola, nas atividades de lazer etc.) e estabelece em cada uma dessas comunidades um conjunto de múltiplas redes de interação (por exemplo: com seus chefes e colegas no trabalho; com seus professores e colegas na escola; com seus pares nas atividades esportivas ou associativas; com sua roda de amigos; com seus parentes mais velhos ou da mesma faixa etária na família e assim por diante).

Pelo fato de sua vida social e cultural ser assim diversificada, o falante vai constituindo um repertório linguístico igualmente diversificado, ou seja, todos os falantes dominam sempre muitos registros da língua. Daí dizer-se que **todo falante é um poliglota em sua própria língua.**

Em suma, a língua, em decorrência da heterogeneidade quase infinita da vida social, é altamente diversificada no interior da sociedade que a fala; e cada falante, no interior dessa sociedade, é também altamente diversificado do ponto de vista linguístico: domina não apenas uma, mas muitas das variedades sociais da língua em razão de estar envolvido em muitas comunidades de prática que albergam múltiplas redes de interação social.

Toda essa realidade linguística heterogênea que caracteriza a sociedade e o falante não é só complexa, pois é também extremamente dinâmica. Como a sociedade muda constantemente, também as variedades sociolinguísticas vão passando por mudanças lentas e contínuas. Nesse sentido, nenhuma variedade – dialeto ou registro – é estática. Apesar disso, a ideologia da língua-padrão costuma operar sob um pressuposto de fictícia e impositiva imutabilidade.

Também o repertório sociolinguístico do falante não é estático. Ele se altera e se amplia à medida que se alteram e se ampliam suas experiências de vida. Como exemplo, basta lembrar o impacto amplificador que o processo de alfabetização e letramento tem sobre o repertório linguístico de qualquer falante.

A entrada no universo da cultura escrita e o envolvimento com as práticas sociais de leitura e escrita não só ampliam exponencialmente o conhecimento, como também o acesso e o domínio das variedades linguísticas que são consideradas socioculturalmente mais próprias à língua escrita ou correlacionadas com todo o universo da cultura escrita.

Um dado que não podemos perder de vista é que o falante, à medida que vai construindo seu heterogêneo perfil sociolinguístico, vai também desenvolvendo a capacidade de fazer uso adequado das variedades funcionais (dos registros) que domina. Nesse sentido, o falante vai adquirindo a capacidade de selecionar a variedade funcional (o registro) que melhor se ajusta a cada evento interacional, atendendo assim as expectativas sociais.

As comunidades de fala vão criando historicamente expectativas quanto à variedade linguística que pode, deve ou costuma ocorrer em diferentes situações. Por isso é que o saber linguístico envolve não só o domínio das variedades, mas também a capacidade de adequar a expressão linguística ao contexto sociointeracional. Daí dizer-se que **todo falante é um camaleão linguístico.**

E são vários os condicionantes desse processo de ajuste e adequação. Tomamos em conta, por exemplo, as características dos nossos interlocutores (conhecidos/desconhecidos; mais velhos ou mais novos; acima ou abaixo nas muitas hierarquias sociais) e do próprio evento (o fato de acontecer na intimidade ou no espaço público; de reunir um pequeno público ou um público amplo; de envolver diferentes graus de formalidade/informalidade; de ser atividade falada ou escrita; etc.).

O falante, obviamente, não precisa sempre se ajustar às expectativas sociais. Ele pode romper com elas para alcançar os mais diferentes efeitos de sentido: humor, ironia, oposição, confronto, desprezo, crítica etc. Pensemos, por exemplo, no conferencista que, de repente, usa, em meio à sua fala acadêmico-formal bastante monitorada, um termo da gíria ou uma alternância para um registro menos monitorado, sem marcas redundantes de concordância nominal (suponhamos: "*e assim por diante, com TOD'essas coisa que eu já citei antes e mais um monTÃO!*", dita num tom jocoso), para produzir humor e, com isso, dar um momento de descanso a seus ouvintes. Ou pensemos ainda no impacto sociocultural que foi a decisão dos poetas modernistas de usar variedades linguísticas coloquiais na escrita de poesia, rompendo, portanto, com a tradição clássica, que só admitia os chamados estilos elevados no texto poético.

O que diria um poeta clássico diante deste poema de Mário de Andrade?

Descobrimento

Abancado à escrivaninha em São Paulo
Na minha casa da rua Lopes Chaves
De sopetão senti um friume por dentro.
Fiquei trêmulo, muito comovido
Com o livro palerma olhando pra mim.

Não vê que me lembrei que lá no norte, meu Deus! Muito longe de mim
Na escuridão ativa da noite que caiu
Um homem pálido magro de cabelo escorrendo nos olhos,
Depois de fazer uma pele com a borracha do dia,
Faz pouco se deitou, está dormindo.

Esse homem é brasileiro que nem eu.

(Do livro *O clã do jabuti*, publicado em 1927)

Como falantes somos, então, camaleões (adequamos nossa expressão linguística à situação sociointeracional), mas somos também capazes de romper com as expectativas, explorando a variação linguística para produzir sentidos inesperados seja no nosso cotidiano, seja até mesmo em grandes projetos estéticos.

Desse modo, a língua é, ao mesmo tempo, espaço de restrição (as suas estruturas e as suas condições de uso limitam nossas possibilidades expressivas) e espaço de liberdade (a língua nos põe à disposição um conjunto de opções léxico-estruturais e de variedades sociais que podemos aproveitar expressivamente na construção e individualização do nosso dizer).

Indo mais adiante na observação da realidade sociolinguística, podemos ouvir os falantes emitindo juízos de correção a propósito de determinados fatos de fala ou de escrita, qualificando-os de "certos" ou "errados".

Embora esses juízos, em sua aparente simplicidade, sejam diretamente aplicados a determinados fatos de língua, eles são, efetivamente, a expressão de uma complexa rede de pressupostos, imagens e valores socioculturais que vai muito além do fato linguístico em si.

Como veremos adiante, o que motiva os juízos de correção/incorreção não é o fato linguístico em si, mas tudo o que ele evoca social e culturalmente. Em outras palavras, a valoração positiva ou negativa das formas linguísticas é, na verdade, efeito da valoração positiva ou negativa que recai sobre os segmentos sociais que as usam.

O sociolinguista estadunidense William Labov mostrou, por meio de vários estudos empíricos (cf. seu livro de 1972, traduzido e publicado no Brasil, em 2008, com o título *Padrões sociolinguísticos*), que uma comunidade de fala se caracteriza não só por traços linguísticos comuns, mas também pelo compartilhamento de um conjunto de juízos avaliativos.

Em outras palavras, os falantes pertencentes a uma mesma comunidade de fala têm atitudes avaliativas semelhantes frente aos mesmos fatos linguísticos; identificam-se nos juízos de valoração positiva ou de depreciação de fatos linguísticos. Nesse sentido, o estudo de uma comunidade de fala não se esgota na caracterização de seus traços linguísticos, mas tem também de buscar explicitar suas atitudes avaliativas.

Em decorrência da imersão na sua comunidade de fala, o falante desenvolve uma competência léxico-gramatical (um domínio do dialeto sociorregional da comunidade) e sociofuncional (um domínio dos diferentes registros em uso).

Ao mesmo tempo, o falante desenvolve o que poderíamos chamar de um *senso linguístico*, isto é, uma capacidade perceptivo-avaliativa do que sua comunidade de fala aceita como adequado/inadequado, aceitável/

inaceitável, certo/errado, prestigiado/depreciado. É esse senso linguístico (nem sempre consciente e explicitamente elaborado; ao contrário, muitas vezes não consciente e nunca explicitado) que orienta seja sua acomodação às expectativas sociais, seja seus juízos de valor (positivos ou negativos) sobre fatos linguísticos.

Além desses dois fatores apontados anteriormente, o linguista brasileiro Dante Lucchesi (2015: 73-5) agrega um terceiro elemento na configuração de uma comunidade de fala: as tendências de mudança em curso em cada grupo social. Designa de *norma sociolinguística* esse complexo de três fatores constitutivos de uma "norma normal:

(i) semelhança no comportamento linguístico dos membros da comunidade (repertório léxico-gramatical);
(ii) conformidade na avaliação das variáveis linguísticas e da variação funcional/estilística (atitudes de prestígio e estigma);
(iii) convergência na direção dos processos de mudança linguística (por exemplo, no progressivo incremento do uso da flexão verbal de terceira pessoa do plural por falantes de variedades sem essa concordância ou em que ela é variável).

> Os juízos de correção/incorreção estão vinculados a toda uma cultura normativa que recobre os fatos de língua. É um arcabouço cultural antigo na história da humanidade e está presente, sob diferentes formas, em muitas sociedades. Talvez em todas, mas não dispomos de dados suficientes para fazer essa generalização.

Em todo caso, é importante para a nossa discussão buscarmos elucidar as características da cultura linguística normativa e as motivações dos juízos de correção linguística. Sem isso, não teremos base para fazer avançar nosso entendimento da "norma normativa". Pois, como dizia o linguista dinamarquês Otto Jespersen (1860-1943) – num livro sobre a heterogeneidade linguística publicado em 1925 e traduzido para o inglês em 1946 com o título *Mankind, Nation and Individual from a Linguistic Point of View* – não devemos pôr de lado a questão da "correção do dizer". Temos de ser capazes de ver que essa é uma importante questão para cada geração de falantes e que, portanto, seria lamentável se os mais competentes para elucidá-la em sua grande complexidade a deixassem ao arbítrio dos menos competentes (cf. Jespersen, 2007: 82-3).

Vamos, então, fazer, no próximo item, uma discussão sobre a cultura normativa no interior da qual podemos situar a questão da "correção do dizer".

5. A CULTURA NORMATIVA

Como bem sabemos, não temos acesso cognitivo direto à realidade. Nossas relações com o mundo físico e social se fazem sempre mediadas por modelos culturais. É neles e com eles que construímos nossas representações do mundo e damos sentidos aos entes e eventos e a nós mesmos.

Esses modelos tomam forma e se disseminam não só nas nossas práticas cognitivas sistematicamente organizadas (nas ciências ou na filosofia, por exemplo), mas também (e principalmente) no senso comum (o conjunto das teorias informais e narrativas da vida cotidiana).

A cultura linguística normativa é um desses modelos. Ela nasceu como uma resposta à realidade heterogênea da linguagem verbal, buscando uma forma de representá-la e de lhe dar sentido.

> Se a língua fosse homogênea, não haveria lugar para a atitude normativa. Como, porém, a língua é sempre e inexoravelmente heterogênea, e as variedades se vinculam a diferentes grupos e contextos sociais, as sociedades acabam por desenvolver um modelo cultural de caráter normativo como uma resposta a essa heterogeneidade.

Vamos, então, tentar entender a origem, as características e o modo de funcionamento da cultura linguística normativa.

A diversidade de línguas sempre chamou a atenção da humanidade e a famosa narrativa bíblica da torre de Babel (livro de Gênesis, 11: 1-9) é apenas um exemplo de um modelo cultural construído para dar sentido ao fato de que a humanidade não fala uma só língua, mas as muitas sociedades humanas falam várias línguas diferentes, a maioria das quais é mutuamente incompreensível.

O narrador bíblico interpretou a diversidade de línguas como um castigo divino. Apesar disso, não deixou de ver nela um aspecto positivo ao atribuir-lhe a dispersão da humanidade por toda a Terra. Como bem observou o sociólogo brasileiro Octavio Ianni (1923-2004), num artigo sobre língua e sociedade (cf. Ianni, 1999: 21), Babel pode ser tanto a alegoria que institui a multiplicidade de línguas, como também e simultaneamente a multiplicidade das civilizações.

Há, contudo, uma segunda narrativa bíblica (a da pronúncia dos efraimitas) que também nos interessa aqui porque ela desvela uma outra face da heterogeneidade linguística, qual seja, a diversidade interna. As línguas, como vimos, não só diferem umas das outras; cada língua é também constituída como um amplo conjunto de variedades. Há, portanto, uma heterogeneidade externa (interlinguística) e outra interna (intralinguística).

Como temos insistido ao longo da nossa exposição, nenhuma língua é homogênea e uniforme. A variabilidade é característica intrínseca de cada língua. E isso ocorre porque as sociedades humanas não são homogêneas e uniformes. Ou seja, a variabilidade intralinguística tem vínculos com a própria realidade heterogênea da(s) sociedade(s) em que uma língua é falada.

Qualquer sociedade humana conhece divisões internas em sua organização decorrentes de vários fatores: econômicos, demográficos, sociopolíticos e culturais.

A divisão social do trabalho, a distribuição da população no espaço geográfico, sua segmentação etária, as ascendências étnicas, as identidades de gênero, as redes de relações de poder que perpassam as interações sociais, as diferentes escalas de valores, o maior ou menor acesso à educação e ao patrimônio cultural são alguns dos fatores que atravessam o todo social recortando, diferenciando e hierarquizando grupos em seu interior.

E os grupos daí resultantes costumam se identificar por diferentes marcas simbólicas: pelo formato das casas em que habitam, pelas roupas que vestem, pelos objetos que usam, pelas formas de lazer que praticam, pelos ambientes que frequentam e, claro, pelas variedades da língua que falam.

O modo como se fala uma língua é, assim, poderoso fator de identidade social, de senso de pertença a determinado grupo, de delimitação de fronteiras entre grupos sociais. E isso tem efeitos positivos – basta abrir a boca para que o outro me perceba como um semelhante seu, como um membro do mesmo grupo.

No entanto, pode ter também, eventualmente, efeitos negativos – ao abrir a boca o falante revela sua dissemelhança, sua não pertença ao mesmo grupo do ouvinte ou do interlocutor e, por isso, pode ser alvo de estigma, marginalização, rejeição.

Esse poderoso fator identitário aparece no segundo episódio bíblico a que nos referimos anteriormente.

Se o episódio da torre de Babel nos oferece uma narrativa que procura dar sentido à diversidade de línguas, a luta dos soldados de Jefté com os homens da tribo de Efraim (relatada no livro bíblico de Juízes, 12: 4-6) nos serve de ilustração para vários aspectos relacionados com a variação interna de uma mesma língua.

Lê-se ali que os efraimitas tinham desafiado a liderança de Jefté e este, em represália, os atacou e venceu. Diz o texto que, para impedir os efraimitas de fugir, os soldados de Jefté bloquearam as passagens do rio Jordão. Quando algum efraimita tentava escapar e pedia autorização para cruzar o rio, os soldados de Jefté lhe perguntavam se era de Efraim. Se respondesse que não, pediam-lhe que dissesse a palavra "shiboleth" (que significa "espiga de trigo"). Se ele a pronunciasse "siboleth" era logo identificado como efraimita, era preso e morto. E diz o texto que assim foram mortos naquela ocasião 42 mil efraimitas.

Note que todos os envolvidos nessa sangrenta narrativa bíblica eram hebreus. Contudo, ficamos sabendo que, por pertencerem a tribos diferentes, falavam variedades distintas de sua língua (ou seja, falavam dialetos diferentes, na terminologia de Halliday, McIntosh e Strevens a que nos referimos anteriormente). O texto nos revela que o som inicial da palavra era [x] em uma variedade e [s] na outra. Os soldados de Jefté pertenciam ao grupo dos falantes que pronunciavam [xiboleth], ou seja, com uma consoante inicial chiante; e os efraimitas, ao grupo dos falantes que a pronunciavam [siboleth] – com uma consoante inicial sibilante.

Algo semelhante acontece em português em palavras como *pasta, casca, gasto.* O som que representamos pela letra 's' nessas palavras pode ser, conforme a variedade, uma consoante chiante (os falantes dizem "pashta", "cashca", "gashto") ou uma consoante sibilante (os falantes dizem "pasta", "casca", "gasto"). (Cf., para mais detalhes e exemplos, Seara, Nunes e Lazzarotto-Volcano, 2015.)

O episódio dos efraimitas nos revela que as variedades de uma língua funcionam como elementos identitários, isto é, o modo como cada grupo social fala a língua caracteriza esse grupo e o distingue dos demais. Se a essa diferença se agregam eventualmente valores negativos, a variedade linguística pode ser transformada em fator de discriminação e estigma.

É comum os falantes que estigmatizam determinadas variedades afirmarem que elas constituem formas "erradas" de falar a língua (confunde-se, neste julgamento, diferença com "erro"). E o narrador do episódio bíblico que estamos comentando faz exatamente isso. Diz que os efraimitas não eram capazes de pronunciar "corretamente" a palavra. Deduzimos, então, pela atitude do narrador, que a pronúncia sibilante ("siboleth") era considerada "errada", era estigmatizada no antigo Israel.

A narrativa bíblica que acabamos de comentar nos revela, portanto, uma antiguíssima manifestação da cultura linguística normativa. Esta não é, pois, invenção moderna.

Se no português as pronúncias chiante ou sibilante de *pasta*, *casca*, *gasto* são ambas não estigmatizadas, outros casos há em que uma das pronúncias recebe estigma, como dizer "grobo" (por "globo") ou "mardade" (por "maldade"/"maudade"). No primeiro caso (pronúncia chiante ou sibilante), estamos diante de uma diferença que não traz consigo o rótulo de "erro". No segundo caso, porém, a diferença acarreta o rótulo de "erro" a uma das pronúncias.

Esse fato (ora a diferença é "erro", ora não) deve nos deixar em estado de alerta: a base que sustenta juízos de certo e de errado não está no fato linguístico em si (a variação na pronúncia), mas em fatores outros que intervêm na motivação dos juízos de correção/incorreção.

Quando observamos a cultura linguística normativa funcionando, notamos que ela constrói justamente uma representação hierarquizada da heterogeneidade linguística interna. Ela pressupõe que há diferenças qualitativas entre as variedades; ou seja, assume que algumas são melhores, superiores, mais corretas que as demais.

Vamos, porém, observar que os critérios dessa hierarquização não são, de fato, linguísticos. Embora o foco esteja aparentemente sobre a forma linguística (uma pronúncia ou uma construção sintática, por exemplo), não é nela em si que se encontra a efetiva razão para os juízos de correção, mas sim nos seus falantes.

Essa é uma questão que provoca muitos mal-entendidos no senso comum. Exige, portanto, que a deixemos o mais possível elucidada. Para isso, é preciso entender, primeiro, que qualquer uma das variedades de uma língua possui *plenitude formal* e é dotada de suficiente *potencial semiótico*. Em outras palavras, toda e qualquer variedade tem organização estrutural (nesse sentido, não existe, como se ouve muitas vezes no senso comum, variedade "sem gramática").

E essa é uma das grandes descobertas da Linguística moderna. Quanto mais se estudou a diversidade linguística interna (seja por meio da Dialetologia, seja por meio da Sociolinguística), mais ficou evidente que a organização estrutural é propriedade inerente, constitutiva de qualquer variedade linguística, tenha ela ou não prestígio sociocultural.

É preciso dar o devido destaque a esse grande achado das pesquisas linguísticas empíricas porque ele revolucionou a compreensão que temos da realidade linguística ao colocar exatamente no mesmo patamar todas as variedades constitutivas de uma língua (e, claro, todas as línguas), igualando, do ponto de vista estritamente linguístico, todos os falantes.

Assim, qualquer hierarquização entre as variedades (e entre as línguas) se dará por razões não linguísticas. Serão valores socioculturais e políticos que vão introduzir um desequilíbrio numa realidade que intrinsecamente não é desequilibrada.

Foram, entre outros muitos, os estudos dos dialetos rurais (típicos de falantes analfabetos, à época do início da Dialetologia – cf. Pop, 1950) e de variedades urbanas estigmatizadas (como o *Black English* nos EUA, por exemplo – cf. Labov, 1972) que contribuíram objetivamente para mostrar que todas as variedades linguísticas têm plenitude formal.

Atrás de cada dialeto, de cada variedade urbana, de cada (pretenso) "erro", há uma gramática, isto é, nenhuma manifestação linguística recorrente é aleatória; ao contrário: segue sempre um princípio regular. *Nada na língua é por acaso*, diz o título do livro do linguista brasileiro Marcos Bagno (cf. Bagno, 2007). Nesse mesmo sentido, outro linguista brasileiro, Sírio Possenti, costuma dizer, em seus textos na imprensa, que um "erro" não pede condenação, mas explicação. Em outras palavras, há sempre uma regra – diferente da regra da norma culta ou da regra da norma-padrão, mas ainda assim uma regra.

Claro, não se trata aqui de um lapso eventual ou de uma ocorrência única, mas de manifestações recorrentes. A esse respeito, o filólogo brasileiro Chaves de Melo (1917-2001) trazia à baila o velho adágio latino "*testis unus, testis nullus*" ("uma testemunha, nenhuma testemunha"), ou seja, uma ocorrência única não é suficiente para se postular a existência de uma regra (cf. Melo, 1957: 57).

Para demonstrar a plenitude formal de qualquer variedade, basta identificar um determinado fenômeno de pronúncia ou de morfossintaxe numa dada variedade, observar sua recorrência e reduzi-lo a um princípio (uma regra) que dê conta de sua regularidade, seja a variedade a que pertence prestigiada ou não. A regra pode ser diferente da que regula o mesmo fenômeno em outra variedade, mas a diferença não pode ser confundida, como se costuma fazer no senso comum, com ausência de regra ou de "gramática".

Considere a seguinte situação: você ganha de presente um sabonete, mas não gosta dele. Segundo a norma-padrão, para relatar esse acontecimento, você deveria dizer, por exemplo: *ganhei um sabonete de que não gostei* (oração relativa *pied-piping*, ou seja, o pronome relativo *que* leva consigo a preposição). Entretanto, a norma popular (e em alguma medida a norma culta também) prefere a construção que segue: *ganhei um sabonete Ø que não gostei*, em que a oração encaixada não é preposicionada (oração relativa cortadora). Mais rara, mas também usada no âmbito da norma popular, é a construção: *ganhei um sabonete que não gostei dele* (oração relativa copiadora), conforme análise proposta pelo linguista Fernando Tarallo. Veja também o volume sobre Sociolinguística da coleção "Para conhecer", de Coelho et al. (2015).

Foi o linguista estadunidense Edward Sapir (1884-1939), em artigo de 1924, que utilizou, pela primeira vez, a expressão *plenitude formal* para se referir ao fato de que toda e qualquer manifestação da linguagem humana (toda e qualquer língua, toda e qualquer norma, toda e qualquer variedade) tem organização, tem gramática (cf. Sapir, 1924: 33).

O senso comum, orientado pelo imaginário de que uma língua é uniforme, homogênea e estável, ou, em outras palavras, pela ideologia da língua-padrão/norma-padrão, tem grande dificuldade para assimilar esse fato fundamental da constituição e funcionamento da linguagem verbal. Costuma, então, tratar as variedades distantes de um certo modelo (considerado o padrão) como "erradas", desestruturadas, corrompidas, "sem gramática".

Um dos desafios mais difíceis para quem se inicia nos estudos científicos da linguagem verbal é precisamente aprender a reconhecer a plenitude formal de todas as variedades linguísticas, superando criticamente a ideologia da língua-padrão/norma-padrão. Sem isso, nenhuma discussão sobre língua consegue avançar adequadamente.

Em consequência do que acabamos de dizer, a própria noção de "erro" precisa ser relativizada. Embora haja socialmente – como apontamos antes, seguindo o linguista Otto Jespersen – um senso e um desejo de "correção do dizer", é preciso ter clareza de que não há "erro" em sentido absoluto, independentemente de fatores contextuais e estruturais.

Se todas as manifestações linguísticas recorrentes expressam um princípio regular (seguem uma regra), só se pode avaliar uma expressão como "errada" em relação a essa determinada norma. Não há "erro" em dizer ao garçom num bar "Mais duas cerveja" (ambiente em que predomina um estilo não monitorado, sendo que a construção segue uma regra amplamente descrita para as variedades de português, qual seja, a de marcar a pluralidade apenas na primeira posição do sintagma nominal), mas é errado escrever assim numa notícia de jornal em que se exija como parâmetro a norma-padrão.

Também não há "erro" na expressão "vende-se casas" se tomamos como referência a norma culta brasileira (é essa a estrutura sintática corrente no uso falado ou escrito dos falantes cultos – cf., por exemplo, Neves, 2003: 690), mas é "erro" se tomarmos como referência a norma-padrão tradicional.

Por fim, o que é considerado certo ou errado varia também historicamente. Camões, por exemplo, escreveu: "que um valor mais alto se alevanta". "Alevantar" era forma culta no século XVI; hoje é considerada própria do português rural e é estigmatizada. Desse modo, usá-la num texto formal orientado pela norma-padrão seria, em princípio, "erro", a menos que o autor quisesse reproduzir o texto de Camões ou a fala de um trabalhador rural; também não seria "erro" caso o objetivo fosse o de produzir algum efeito estilístico ou humorístico, por exemplo. Voltaremos à questão do "erro" no capítulo "Norma e ensino".

Assim como tem plenitude formal, toda e qualquer variedade tem também suficiente *potencial semiótico*, ou seja, qualquer variedade está, em princípio, apta a atender as necessidades cognitivas, expressivas e comunicacionais de seus falantes. Se estas necessidades mudam, as variedades são, todas elas, suficientemente elásticas para que seus falantes a(s) adaptem à(s) nova(s) demanda(s). E isso pode ocorrer por empréstimos de vocabulário e estruturas de outra(s) variedade(s) ou, até mesmo, de outras línguas, como, por exemplo, os vocabulários da música ou da informática que, originários do italiano e do inglês respectivamente, foram e têm sido absorvidos e adaptados por várias línguas, o português entre elas.

O linguista estadunidense Einar Haugen (1906-1994), um dos principais estudiosos no século XX de questões de variação linguística e de fenômenos relativos à padronização, dava, como exemplos de casos de ampliação sistemática e deliberada do potencial semiótico, o finlandês a partir de meados do século XIX e o hebraico no século XX.

O primeiro era uma língua usada apenas em situações coloquiais e era raramente escrita (a administração desde o século XV se fazia em sueco em decorrência de estar a Finlândia sob domínio da Suécia e em língua russa depois de sua anexação ao Império Russo em 1809); e o segundo era uma língua não mais falada que tinha uso exclusivamente religioso.

Atualmente, supridas por um planejamento deliberado, ambas são capazes de veicular, na oralidade e na escrita, todo e qualquer conceito do conhecimento moderno e são capazes de atender a todas as necessidades expressivas de suas respectivas comunidades, tendo, inclusive, cada uma delas, acumulado um considerável patrimônio literário.

Esse planejamento deliberado teve, nos dois casos, motivações socioculturais e políticas. De um lado, o surgimento do movimento nacionalista finlandês nas primeiras décadas do século XIX, que culminou com a independência da Finlândia em 1917; e, no caso do hebraico, o surgimento do movimento nacionalista judaico e o início da formação de comunidades judaicas na Palestina nos fins do século XIX e início do XX, que culminaram com a criação do Estado de Israel em 1948.

O que se diz sobre uma língua vale também para qualquer das suas variedades constitutivas. Assim, não custa repetir que, do ponto de vista estritamente linguístico, não há critério para hierarquizar as línguas ou, o que nos interessa mais de perto neste livro, as variedades constitutivas de uma língua. E, no entanto, estas são hierarquizadas socialmente. Se os critérios não são linguísticos, qual a base dessa hierarquização?

No fundo, a hierarquização das variedades linguísticas reflete a hierarquização econômica, social e cultural que alcança os diferentes segmentos sociais.

Os grupos sociais que impõem às variedades linguísticas uma hierarquia são os que estão em posição privilegiada econômica, social e culturalmente. Ocupam, por isso, posições de força nas redes de relações de poder e hegemonia. Atribuem superioridade a seu modo de vida e a seus valores. E adotam marcas simbólicas variadas para sinalizar suas diferenças e sua distância dos demais grupos sociais.

Assim também (e não por acaso, portanto) esses grupos consideram suas variedades linguísticas melhores, superiores, mais corretas que as demais e recobrem com valores negativos (estigmatizam) as variedades usadas por grupos sociais desprivilegiados econômica, social e culturalmente. Essas últimas variedades são classificadas como inferiores, erradas e até como não língua.

Nesse processo, transforma-se a diferença em marca de inferioridade. Essa transformação provém, no fundo, da necessidade de manter estáveis e sob controle os parâmetros da identidade do grupo que se autoprestigia, o que envolve tanto a adesão aos motivos, aos comportamentos e aos valores que tornam tais parâmetros desejáveis, quanto a identificação dos outros grupos como piores, inferiores, desqualificados.

Nesse sentido, é muito feliz a observação de Einar Haugen (2001: 102) de que os grupos dominantes não só podem dizer (à semelhança do rei Luís XIV) que "*l'État, c'est moi*" ("o Estado, sou eu"), mas também que "*le langage, c'est le mien*" ("a língua, é a minha").

Toda essa prática hierarquizadora é possível porque os grupos dominantes, por ocuparem os pontos altos da hierarquia econômica, social e cultural, detêm também o que o sociólogo francês Pierre Bourdieu (1930-2002), em seu esforço analítico de desvelar os mecanismos da dominação social, chamou de *poder simbólico* (cf. Bourdieu, 2006) – isto é, a capacidade de construir e disseminar um modelo da realidade social mais adequado a seu modo de vida e a seus interesses.

Esse modelo, embora relativo e arbitrário em suas bases (por ser representativo de um determinado e específico segmento social), é disseminado socialmente por esses grupos, graças à sua posição de força, como natural e universal e, por conseguinte, como devidamente legitimado e legitimador da ordem estabelecida.

É por isso que se diz que as variedades linguísticas são estigmatizadas não por si, mas porque seus falantes são estigmatizados. O estigma que os grupos sociais dominantes fazem recair sobre os grupos desprivilegiados (a quem atribuem, por exemplo, a pecha de ignorantes) se estende ao modo como estes falam a língua (tratando as suas variedades como "erradas" e até como não língua).

Esse quadro geral dos fundamentos da hierarquização social das variedades não diz respeito apenas à nossa sociedade, ao nosso tempo, à nossa língua. Já vimos, por exemplo, uma manifestação da cultura linguística normativa no antigo Israel.

Pulando para Roma, vamos encontrar, nas asserções sobre o latim feitas pelos escritores romanos, uma distinção entre o *sermo urbanus* (lit.: fala urbana) e o *sermo rusticus* ou *plebeiu* (lit.: fala rústica ou plebeia). A intelectualidade romana dava especial valor ao *sermo urbanus* (justamente a variedade que falava) e condenava o segundo grupo como errado. Esses juízos hierarquizadores apenas reproduziam a cultura normativa da aristocracia de Roma (da qual fazia parte a intelectualidade), que considerava fundamental se diferenciar claramente dos camponeses, dos escravos, dos pobres em geral (ou seja, dos segmentos desprivilegiados econômica e socialmente e sem acesso à educação formal e ao patrimônio cultural da aristocracia).

Seus teóricos, preocupados em dar balizas para a delimitação do latim correto, deixavam clara sua tese de que o uso social era o mestre mais seguro do falar, mas não qualquer uso, apenas o das pessoas letradas. É isso que lemos, por exemplo, em Marcos Fábio Quintiliano (35-96 d.C.), o autor do livro *Instituição oratória* – o maior tratado romano de retórica e da pedagogia linguístico-retórica, publicado no ano 95 d.C. e que viria a ter grande repercussão na cultura europeia a partir do Renascimento.

Quando revemos os caminhos históricos da cultura linguística normativa (e aqui ficamos com apenas dois exemplos dentre os muitos possíveis), percebemos que essa cultura tem evidentes raízes elitistas. Não há como negar, nem por que negar essa origem.

São os grupos privilegiados econômica, social e culturalmente que agregam valor positivo e prestígio às suas variedades linguísticas e desqualificam as variedades dos grupos desprivilegiados. São as variedades dos grupos dominantes que passam a ser tomadas como corretas e modelos a serem seguidos. A cultura linguística normativa chega a identificar as variedades prestigiadas (e apenas estas) com a própria língua. Há, por trás deste gesto, um processo de naturalização do prestígio: se essas variedades são a própria língua, é "natural" que sejam consideradas melhores, superiores, corretas.

Um dos estudiosos que mais detalhadamente analisou os fundamentos da cultura linguística normativa foi o sociólogo alemão Norbert Elias (1897-1990). Sua análise se centrou na sociedade francesa do período absolutista (do século XVI ao XVIII). Identificou nesta um determinado segmento social a que designou de *sociedade de corte*, entendida como a formação social aristocrática que girava em torno das cortes régias europeias, ocupando, portanto, posição dominante na estrutura social das monarquias absolutistas (também designadas de Antigo Regime).

Elias (1987: 17) considerava a sociedade de corte como a última grande formação social não burguesa do Ocidente, ou seja, a formação social que prevaleceu até as transformações econômicas, sociais, políticas e culturais trazidas pela Revolução Industrial.

Embora analisando um caso particular, Elias (1987: 69) observava que os princípios que presidiram a constituição da sociedade de corte na França se repetem, ainda que em formas e graus variáveis, na formação de qualquer "boa sociedade", ou seja, de qualquer segmento social dominante (a "boa sociedade") que se segrega e se isola em relação ao conjunto da sociedade.

A industrialização e a intensa urbanização que aconteceram a partir dos fins do século XVIII alteraram profundamente o perfil da estratificação das sociedades ocidentais, favorecendo a ascensão das camadas burguesas, desalojando a aristocracia do Antigo Regime, consolidando e expandindo os estratos médios e dando origem ao proletariado moderno. No entanto, não aboliram a estratificação como tal. Já não se encontram *sociedades de corte*, mas a sociedade continua estratificada e continua a haver um segmento que se assume como a "boa sociedade".

Em outras palavras, embora, nesse complexo processo histórico, a aristocracia do Antigo Regime tenha perdido seu espaço de poder, uma nova aristocracia – agora de origem burguesa – se formou. E, como mostra Elias (1987), quando começou a manifestar sua tendência para a autossegregação e isolamento em relação a outros estratos sociais (ou seja, a se assumir como "boa sociedade"), adotou como valor o espírito aristocrático, isto é, a mentalidade e os comportamentos da sociedade de corte. Passou a se exprimir igualmente por meio de símbolos de prestígio que visam manter a existência do grupo como elite e a glorificação dessa existência.

O filólogo e crítico literário alemão Erich Auerbach (1892-1957) identificou em meados do século XVII na França um processo de transição da formação sociocultural do Antigo Regime para uma nova formação a que deu o nome de *la cour et la ville* (lit.: a corte e a cidade). Com a progressiva ascensão econômico-política da burguesia e a simultânea perda de poder da nobreza foi tomando forma uma nova alta sociedade no contexto europeu amalgamando aristocratas (*la cour*) e burgueses (*la* ville) num ideal cultural comum.

Segundo a análise de Auerbach (1983), é nessa nova formação social que o chamado *bon usage* (lit.: bom uso), ou seja, o uso da linguagem assumido como correto, foi reforçado como o apanágio da "boa sociedade", da "sociedade polida". As camadas burguesas em ascensão, passando a conviver com a velha aristocracia e assimilando muitos de seus valores, encontraram no cultivo do *bon usage* um emblema que lhes permitia distinguir-se claramente das camadas populares.

O estabelecimento explícito e regulado desse novo *bon usage*, pelas mãos de gramáticos puristas (e Auerbach cita o francês Vaugelas), ocupou o centro da agenda linguística na política cultural desse período de transição.

Tal cometimento com o *bon usage* se manteve central mesmo quando o espaço da *cour* foi integralmente ocupado pelas personagens e pela cultura da *ville* já em meados do século XIX, como Diogo e Silvestre (1996) mostram especificamente para o caso da sociedade portuguesa.

Claude Vaugelas (1585-1650) foi um gramático francês que adquiriu fama ao publicar, em 1647, seu livro *Remarques sur la langue française, utiles à ceux qui veulent bien parler et bien écrire* (*Observações sobre a língua francesa, úteis aos que desejam falar bem e escrever bem*). Nesse livro, Vaugelas buscou definir e codificar o *bon usage* do francês, tomando como referência os usos da corte. Seu nome ficou como símbolo da cultura linguística aristocrático-burguesa da França, que se consolidou de meados do século XVII em diante e se espalhou, como valor linguístico-cultural, para outros pontos da Europa.

Uma "boa sociedade", portanto, qualquer que seja, desenvolve um *ethos* de casta (um conjunto de hábitos, atitudes, valores e ações) que manifesta o desejo de se diferenciar, de se distinguir dos que não fazem parte de seu grupo, de marcar com nitidez as diferenças sociais – um verdadeiro código de vida que funciona como um conjunto de prescrições, de normas reguladoras de conduta para quem pertence (e quer continuar a pertencer) ao grupo.

Entre os muitos componentes desse *ethos* de casta, está, evidentemente, a forma de falar. Ocorre aí a autoatribuição de prestígio às variedades linguísticas próprias desse grupo social e o desenvolvimento de estratégias para sua padronização e seu cultivo (a escrita de gramáticas, manuais de estilo e dicionários), sua reprodução (pelos processos educacionais informais e institucionalizados) e controle social de uso (que se faz, por exemplo, pela desqualificação, pelo deboche, pela reprimenda sarcástica de quem não usa adequadamente as formas de língua esperadas em determinados contextos; ou por mecanismos seletivos como a escolaridade diferenciada, que opõem grandes escolas de prestígio a redes escolares depauperadas e destinadas ao "povo"; e os exames de escolaridade e de ingresso em carreiras de alto prestígio).

No entanto, a marca simbólica que o *ethos* de casta agrega a seu modo de falar não se faz sem alguns claros paradoxos nas sociedades modernas oriundas do desenvolvimento do capitalismo industrial – sociedades densamente urbanizadas, populosas, altamente complexas em termos econômicos e bastante diversificadas em termos étnicos e culturais.

Vamos, então, analisar na próxima seção esses paradoxos.

6. OS PARADOXOS DA CULTURA LINGUÍSTICA NORMATIVA

Reconhecer as raízes elitistas da cultura linguística normativa não implica negar a relevância sociocultural que as variedades prestigiadas adquirem – e aqui reside o primeiro paradoxo da cultura linguística normativa.

Ao impor uma hierarquia às variedades linguísticas, os grupos dominantes, ao mesmo tempo que dão legitimidade e prestígio às suas próprias variedades, discriminam, rejeitam, estigmatizam as outras. No entanto, os grupos dominantes, pelas suas condições de privilegiados econômicos e socioculturais, acabam produzindo historicamente um acervo cultural (científico, tecnológico, filosófico, literário etc.), consolidado nas diversas manifestações da cultura escrita, que, embora sob apropriação desses mesmos grupos, é do interesse da sociedade como um todo.

Compreender esse paradoxo é um desafio para todos nós que queremos descrever e entender os processos hierarquizadores das variedades linguísticas, bem como o funcionamento social da cultura linguística normativa, inclusive suas implicações para nossas atividades de ensino.

Se não cabe negar as raízes elitistas da cultura linguística normativa, nem negar sua relevância sociocultural, cabe sim, no enfrentamento desse paradoxo, denunciar sua naturalização, ou seja, o processo de transformação do relativo linguístico em língua legítima (cf. Bourdieu, 1996). E, por consequência, criticar os gestos estigmatizadores que se fazem tendo a língua como base, crítica que deve partir do reconhecimento do fato de que todas as variedades linguísticas, quaisquer que sejam, têm plenitude formal e potencial semiótico.

Ao mesmo tempo, cabe – e muito – lutar pela democratização social do acesso ao acervo cultural acumulado historicamente pelas elites letradas, considerando que tal acervo, embora produzido e apropriado por essas elites, constitui, no fundo, patrimônio da sociedade como um todo.

Nesse sentido, basta lembrar que, mesmo os que não participam diretamente da produção desse considerável e inestimável acervo, contribuem – com seu trabalho e com a riqueza social que geram (em geral, concentrada nas mãos dos estratos superiores) – para garantir as condições materiais que viabilizam a produção daquele acervo. E, neste ponto, entra em cena o segundo paradoxo da cultura linguística normativa.

Essa cultura tem, como vimos, raízes elitistas e, em sua condição de marca simbólica de classe, funciona como um fator de delimitação de fronteiras e, portanto, de discriminação e exclusão.

No entanto, o capitalismo industrial demandou, desde o início, trabalhadores cada vez mais qualificados. Se, nos primeiros estágios, o camponês analfabeto podia se tornar operário da indústria, com o progressivo desenvolvimento e incorporação de novas tecnologias, foi preciso que os candidatos a emprego na indústria tivessem pelo menos quatro anos de escolaridade. Assim, já nos fins do século XIX, os países industriais avançados como Inglaterra, França, Alemanha e Estados Unidos tinham universalizado a educação primária de quatro anos.

Estes mesmos países, logo depois da Segunda Guerra Mundial, alcançaram novo patamar, universalizando a educação média – ou seja, garantindo 12 anos de escolaridade para toda a população entre 6 e 18 anos. No início do século XXI, alguns desses países já projetavam a universalização de pelo menos dois anos de educação superior.

> Esse processo de expansão e democratização do sistema de ensino teve um efeito antielitista na medida em que o acesso à escrita e à cultura escrita (e às variedades linguísticas aí praticadas) se disseminou, relativizando a marca simbólica das variedades cultas. Nas sociedades alcançadas por essas transformações, a referência passou a ser o uso comum, habitual (a "norma normal") da população urbana de escolaridade básica completa.

Por outro lado, a consolidação de sociedades altamente urbanizadas, populosas, de complexa organização econômica, com população amplamente escolarizada e coberta pelos meios de comunicação de massa contribuiu para disseminar uma relativa uniformização linguística tendo como referência justamente a norma da população escolarizada.

Nesse processo, as variedades cultas, antes restritas aos estratos socioeconômicos altos e podendo, por isso, funcionar como marca simbólica desses grupos, ganham funções sociais que transcendem sua função de delimitação de classe. À medida que essas variedades se disseminam socialmente como resultado das demandas do capitalismo industrial e de seus efeitos na configuração das sociedades modernas, passam a ter uma função de coesão social e, portanto, de inclusão.

Numa sociedade como a brasileira, na qual os processos que alcançaram as sociedades industriais avançadas ocorreram apenas tardiamente, de forma limitada e precária, os resultados são cheios de grandes contradições.

O país se industrializou, mas, por exiguidade de capital, o processo e suas consequências foram limitados; o país se urbanizou intensamente, mas de forma precária por não poder garantir trabalho para todos os migrantes que deixaram o campo; o país conta com uma cobertura praticamente universal dos meios de comunicação de massa, mas não distribuiu renda e não universalizou o acesso à educação básica, e onde a universalizou, a qualidade é, muitas vezes, discutível.

Por isso tudo, do ponto de vista linguístico, o Brasil continua a enfrentar impasses: a norma culta continua um bem de poucos (lembrando, por exemplo, que apenas 28% da população adulta tem educação básica completa, isto é, ensino fundamental e médio – cf. IBGE, PNAD/2008 ou Censo/2010); continua como um forte emblema de classe e continua a ter efeitos sociais excludentes.

Por outro lado, como veremos no capítulo "Breve histórico da normatização do português", o anacronismo da atual norma-padrão brasileira e as profundas discrepâncias entre esta e a norma culta atrapalham seriamente a democratização da educação linguística e do acesso aos saberes e às práticas da cultura escrita.

Como reforço desse entendimento de como fazer frente ao paradoxo da cultura linguística normativa, não custa lembrar aqui – além do saber constituído historicamente pela Linguística – dois princípios fundamentais consolidados na Declaração Universal dos Direitos Humanos conforme expressa na Carta das Nações Unidas de 1947: ninguém pode ser discriminado pela língua que fala (artigo II) e todos têm direito à cultura de sua sociedade (artigo XXVI).

Isso posto, vamos expandir nossa apreensão dos paradoxos da cultura linguística normativa.

É claramente perceptível, na dinâmica da história de uma sociedade estratificada, que os grupos dominantes se apropriam da parcela maior da riqueza social, têm melhor acesso (pela educação, por exemplo) ao patrimônio cultural da sociedade, usando-o em seu benefício. Garantem para si as posições de destaque não só nas instituições de governo, mas na produção de conhecimento, na geração de novas tecnologias, na criação de produtos artísticos – em suma, no desenvolvimento e crescimento da chamada alta cultura.

Isso tudo amplia substancialmente seu universo de referências, o que repercute na expansão do potencial semiótico das variedades da língua que usam: estendem e especializam seu vocabulário; exercitam novos estilos expressivos; elaboram instrumentos de registros de suas variedades – gramáticas, dicionários, vocabulários técnicos – que, por sua vez, sustentam o seu ensino, contribuindo assim para a reprodução do modo como está posta a estratificação social.

Esses complexos processos históricos distanciam as variedades linguísticas dos grupos dominantes das demais. No entanto, isso ocorre não porque elas são intrinsecamente melhores, mas porque seu potencial semiótico alcançou uma significativa expansão como resultado das dinâmicas econômicas, sociais e culturais: foi (e continua sendo) com elas que a cultura escrita em suas múltiplas dimensões recebeu (e continua recebendo) sua expressão.

Garantir a democratização do acesso ao patrimônio da cultura escrita significa também garantir o acesso às variedades linguísticas que lhe dão expressão.

Essas variedades são, por razões óbvias, normatizadas, isto é, passam por um processo de codificação de suas características. Agrega-se a elas uma "norma normativa" registrada em gramáticas e dicionários – instrumentos de referência do "bom uso" nos contextos em que, pelas expectativas sociais, tais variedades devem ocorrer.

Esse processo normatizador será analisado em detalhes no capítulo "Norma: descrição e prescrição". Por ora, é importante mostrar que ele tem semelhanças e diferenças em relação a outros processos sociais normatizadores.

7. O CONTEXTO SOCIAL NORMATIVO

A vida nas sociedades humanas é, em boa parte, regulada. Acredita-se, inclusive, que seria impossível a vida social sem regras, princípios, normas. As pessoas, em geral, agem em conformidade com certos padrões de comportamento que vão se estabelecendo no correr da história. O estar-junto cria, assim, expectativas mútuas de como se pode ou se deve agir em determinadas situações.

Alguns desses padrões são implícitos: aprendemos por observar o comportamento dos outros – por exemplo, o costume de aplaudir um espetáculo musical ou teatral.

Outros são explícitos, ou seja, são claramente enunciados – por exemplo, quando um pai diz a um filho que não se deve mastigar com a boca aberta. Dentre estes, alguns são consolidados por escrito na forma de regulamentos e leis – por exemplo, a convenção e o regimento de um condomínio, o Código Nacional de Trânsito ou a Constituição da República.

Algumas dessas regras passam, como se costuma dizer, de boca em boca (isto é, a vida em grupo vai se autorregulando e as regras vão sendo transmitidas de geração a geração); outras dependem de um processo formal: há instituições com autoridade social para enunciá-las, para torná-las efetivas e até mesmo para arbitrar conflitos decorrentes de sua aplicação. No caso das leis, por exemplo, sua redação, segundo estabelece a Constituição Federal, cabe ao Poder Legislativo; sua aplicação, ao Poder Executivo; e a arbitragem dos conflitos, ao Poder Judiciário.

O complexo jogo da regulação da vida social vai, então, das práticas e costumes tradicionalmente estabelecidos implícita ou explicitamente (pelos quais a sociedade como um todo ou cada um dos grupos sociais que a constituem vão se autorregulando) até rigorosos procedimentos institucionais.

Como a vida social é dinâmica e se transforma continuamente, mudam também as práticas, os costumes, as regras e as leis. Podemos lembrar aqui, por exemplo, como mudaram, na sociedade brasileira, as práticas da expressão do luto. Até a década de 1950 pelo menos, era costume os parentes mais próximos de uma pessoa falecida usarem, durante um certo tempo, em sinal de seu luto, roupas inteiramente pretas ou, para os homens, uma tarja preta no chapéu ou na lapela do paletó de um terno escuro. Esse comportamento – que era tido socialmente como obrigatório – praticamente desapareceu de nossos costumes sociais, em particular nos centros urbanos.

Podemos também observar como mudaram, no último século, as relações entre pais e filhos. O padrão rigidamente patriarcal que as regulava foi substituído progressivamente por um padrão mais liberal. De outro lado, as relações dos adultos com as crianças e adolescentes que, no passado, eram reguladas fundamentalmente pelos costumes, são hoje – sobretudo em razão de mudanças profundas na forma como as famílias se constituem – objeto de uma lei específica, o Estatuto da Criança e do Adolescente.

Um último, entre incontáveis outros exemplos: a lei que regula o trânsito de veículos no Brasil vem passando por sucessivas mudanças à medida que aumenta o número de veículos e se tornam mais complexos os eventos relacionados à sua circulação.

Em geral, comportamentos que desrespeitam as regras do costume ou da lei são alvo de algum tipo de sanção social. Estas são de diferentes graus e efeitos e também se alteram no desenrolar do processo histórico. Podem ir do riso e da crítica verbal à censura pública e a gestos de rejeição; podem ir da violência simbólica à violência física; e, no caso das leis, podem ir da multa em dinheiro à prisão por muitos anos.

Neste último caso, já se admitiu, em algumas situações e em outras épocas, a prisão perpétua e até a pena de morte, hoje abolidas na maioria dos países. Mesmo as sanções físicas (os castigos corporais, por exemplo) – embora ainda praticadas em certos países e contextos sociais – são hoje, em geral, condenadas.

Em síntese, podemos dizer que a sociedade como um todo ou cada um dos grupos que a constituem regulam, implícita ou explicitamente, com base no costume ou com base em regulamentos e leis, os comportamentos sociais; e aplicam algum tipo de sanção aos que fogem às regras. No entanto, a dinâmica social e histórica, assim como altera as regras, altera também as sanções.

Podemos estender essas considerações, pelo menos em parte, para a realidade linguística. Nossos comportamentos verbais são também regulados e o são em múltiplas dimensões. Antes de mais nada, são regulados pelo que podemos chamar de gramática implícita, ou seja, pelo conhecimento intuitivo que temos da organização da língua e que está registrado no nosso cérebro desde aproximadamente nossos 2 anos.

É ainda um grande mistério o processo pelo qual uma criança passa de não falante a falante da língua de sua comunidade. Sabemos que isso se dá por volta dos 2 anos e que não depende de ensino sistemático – basta a criança participar de interações com outros falantes.

Assim, antes mesmo de falar uma determinada língua, ela já responde à fala que lhe é dirigida, usando os recursos de que dispõe: inicialmente, o olhar, o sorriso e o gorjeio; depois o balbucio e os gestos, até começarem a surgir as palavras, por volta dos 12 meses. Essas podem ser nada convencionais e inovadoras, assim como podem ser tentativas de articulação vocal de palavras convencionais, porém fonologicamente simplificadas.

No período entre 12 e 24 meses, os progressos se acentuam na combinação de palavras que se caracterizam pela ausência de relações gramaticais explícitas e pela orientação fundamentalmente pragmática ou semântica. É quando a criança começa a fazer uso produtivo e variado de palavras ou morfemas gramaticais (preposições, artigos, determinantes, flexões de gênero e número) que se pode falar em aquisição da gramática, que costuma ser a gramática da variedade usada em sua comunidade.

Interessantemente, há evidências de que as crianças se orientam mais pela variedade usada por seus pares do que pela variedade usada por seus pais e familiares nesse processo. A própria diferenciação de gênero entre meninos e meninas é muito saliente já por volta dos 3 anos e inclui não só modos de vestir, de brincar e de aprender, mas também modos de falar. As identidades sociais, portanto, começam a se estabelecer muito cedo em processos altamente regrados, normatizados e, ao mesmo tempo, variáveis segundo a estratificação social.

Uma vez internalizada, a gramática implícita nos dá autonomia verbal, ou seja, nós nos tornamos capazes de produzir e entender um número indefinido (na verdade, praticamente infinito) de enunciados. No entanto, esse saber é não consciente – se quisermos explicar em pormenores como a gramática implícita funciona, pouco temos, de fato, a dizer porque pouco sabemos. Em outras palavras, sabemos sem saber, isto é, sabemos (somos capazes de) produzir e entender os enunciados, mas não sabemos como (isto é, não temos conhecimento consciente de todos os mecanismos aí envolvidos).

Assim, embora a construção dos nossos enunciados seja, neste nível básico, regulada, é impossível, na prática, falar em "infração" dessas regras (salvo, talvez, pequenos e insignificantes lapsos) e em "sanções" sociais. A gramática implícita, por ser em grande parte não consciente, é uma realidade cognitiva que, embora dependa da interação social para ser viabilizada, funciona de forma peculiar – não é propriamente suscetível a uma regulação externa explícita. Nesse sentido, não é sem razão que alguns filósofos chegam a afirmar que não somos nós que falamos, mas é a língua que fala em nós; é a língua que nos faz falar. E isso fica também particularmente claro quando observamos os processos de mudança linguística.

Como sabemos, as línguas (ou melhor dizendo, as variedades constitutivas de uma língua) mudam continuamente, em geral de forma lenta e gradual. As mudanças vão se difundindo entre os falantes na própria dinâmica da interação social sem que eles tenham delas consciência efetiva. Quando se apercebem das mudanças (se é que se apercebem de fato), elas já estão consolidadas e nada mais há para se fazer. Como se observa fartamente nos estudos de Linguística Histórica, as mudanças consolidadas não revertem, ou seja, escapa aos falantes o controle sobre esses processos.

Contudo, nossos comportamentos verbais não se limitam a seguir as regras da gramática implícita. Há outras dimensões deles que são reguladas socialmente. Basta lembrar que não dizemos qualquer coisa em qualquer lugar para qualquer pessoa. Por exemplo, há coisas que alguns homens só dizem quando estão conversando com outros homens; o mesmo vale para algumas mulheres. Há coisas que dizemos na intimidade, mas não em público; há restrições sobre quem pode iniciar uma conversa e quem pode interromper a fala de outro e como isso pode ser feito.

Por outro lado, não é qualquer pessoa que pode declarar casadas outras duas ou que pode abrir e encerrar uma reunião do Congresso Nacional, ou, ainda, sentenciar alguém a 30 anos de prisão.

Pelos exemplos, logo se vê que só uma parte pequena dessas regulações está explicitamente definida por escrito em regimentos e códigos. A maior parte delas decorre de práticas e costumes tradicionalmente estabelecidos e nós as aprendemos pelo simples fato de estarmos imersos nessas práticas e costumes.

Essas regulações alcançam não só o jogo da conversação e do exercício institucional da fala, mas também as variedades da língua que podem ser usadas nos diversos contextos da interação social. Assim como não dizemos qualquer coisa em qualquer lugar para qualquer pessoa, também não usamos qualquer variedade da língua em qualquer situação.

Algumas situações conhecem regulações mais tênues e, ao menos potencialmente, mais livres, como a fala de um grupo de jovens, de uma família ou das crianças entre si. Nesses casos, a variedade da língua que ocorre é menos controlada socialmente (ou, em outros termos, é menos monitorada).

Outras situações, porém, são mais estritamente reguladas. Podemos incluir aqui o modo de falar em um congresso científico, o modo de falar, escrever e ler textos escritos nos meios de comunicação social ou nos procedimentos do Poder Judiciário. Nesses casos, há uma forte expectativa social sobre a(s) variedade(s) da língua que pode(m) ocorrer e, em consequência, há certas "sanções" aos que não a(s) usam.

Em um estudo sobre o hibridismo de papéis de uma juíza, as analistas da conversa Amitza Torres Vieira e Débora Marques apresentam alguns excertos de uma audiência preliminar de um Juizado Especial Criminal de Minas Gerais. Na audiência, interagem a juíza "Lara", a vítima "Joana" e o réu "Juca". Como se vê no excerto a seguir, a juíza "Lara", em seu papel institucional de *inquiridora*, questiona a vítima "Joana" acerca das ameaças que ela teria recebido do réu. A vítima, porém, tem dificuldade de responder ao que se demanda dela, o que leva a juíza a refazer, a reformular sua pergunta a fim de garantir o apropriado andamento da audiência.

→ Lara: dona Joana, o que que ele falou com a senhora que a
senhora se sentiu ameaçada?
Joana: num acei↑to (.) nã:o é que eu fiquei olhando no meio da terra,
a entrada lá [da terra ( )]
→ Lara: [anhã (.) mas qual que]
que é a ameaça que ele fe:z?
Joana: num gosto [( )]
Lara: [anhã. tá] bom, dona Joana, vou perguntar pra
senhora ma:is uma vez, que a senhora não me respondeu. como
→ que ele ameaçou a senhora? ele falou assi:m Joana, eu vou te
mat↓ar ou ele pegou o revólver e apontou pra você (.)

Fonte: Excerto 2 de Vieira e Marques, 2013, p. 196.

Mais adiante na mesma audiência, é oferecido o *benefício da transação penal* ao réu. Neste momento, a juíza assume o papel de *especialista*, explicando detalhadamente ao réu o que se passa com ele. Observa-se que a juíza elege, para a explicação que faz ao réu sobre a transação penal, uma variedade linguística mais próxima daquelas que ela julga serem conhecidas por ele.

→ Lara seu Juca, pro senhor é o seguinte: esse proce:sso aqui é um processo criminal, tá? que ela moveu contra o senhor, alegando que o senhor teria ameaçado ela de morte. tudo bem? (.) o senhor é um réu primá:rio. o senhor sendo réu primário, o senhor tem o direito (.) o benefício que a gente chama de transação penal, tá? o benefício de transação penal consiste no quê? é uma oportunidade que a gente dá ao réu quando ele é primário de não responder um processo, tá? aí o senhor teria que paga:r uma prestação (pecuniária) que é no valor de um salário mínimo, que eu determino pra uma instituição de caridade que é credenciada com a gente aqui. aí o senhor não responderia esse processo, tá?
Juca tá bom
(0,5)
Juca aqui, eu tenho que ter uma testemunha?
Juíza tem.

Fonte: Excerto 6 de Vieira e Marques, 2013, p. 198.

Note-se, porém, que nos dois casos (de regulações tênues ou estritas) nada está explicitamente estipulado. Os falantes desenvolvem o senso de adequação da expressão linguística em cada situação em decorrência da experiência social que têm das respectivas práticas.

Os exemplos podem ser multiplicados. São mais livres e espontâneos o modo como os jogadores de futebol conversam durante o jogo; o modo como os torcedores comentam o jogo enquanto assistem a ele; o modo como a maioria dos usuários escreve mensagens em seus *smartphones*.

São mais controlados o modo como se escrevem as leis e os documentos oficiais; o modo como se escrevem textos universitários ou textos nos exames de escolaridade (como no Enem, por exemplo) e nos concursos públicos; o modo como são enunciadas as falas institucionais em contextos públicos. Trata-se de práticas discursivas marcadas por formalidade (por relativo distanciamento social) e, por isso, estão submetidas a elevado grau de monitoramento.

As formas linguísticas tidas como mais adequadas para uso nestas situações são, em princípio, objeto de um estudo mais sistemático, costumam (pelo menos em parte) ser registradas por escrito em dicionários, gramáticas e manuais de estilo e se tornam matéria de ensino escolar e cultivo dos falantes que se envolvem mais diretamente nessas práticas discursivas. Dá-se aí, em princípio, um processo de transmutação de aspectos da norma culta em norma-padrão, como, por exemplo, as regras de concordância verbal das gramáticas normativas do português que tentam ser um retrato do uso culto.

Numa síntese, podemos dizer, então, que nosso conhecimento linguístico envolve diferentes esferas: a gramática implícita (que nos permite produzir e entender um número infinito de enunciados na nossa língua); as balizas do jogo conversacional e do uso institucional da língua (que regulam a interação socioverbal); e os princípios do uso das diferentes variedades da língua (que nos permitem adequar a forma da língua às expectativas que cercam diferentes eventos interacionais).

Quando fazemos essa adequação, dizemos que o falante é um verdadeiro camaleão linguístico – ele adapta seu modo de falar e de escrever ao contexto em que se encontra, indo de expressões mais livres e informais até expressões altamente formais, percorrendo um contínuo de diferentes graus de informalidade/formalidade (cf. Bortoni-Ricardo, 2005).

Na maioria dos casos, os falantes seguem o que está posto pelo costume. Sua experiência e familiaridade com o modo como se dão as diferentes práticas sociointeracionais é quanto basta para se adequarem aos usos conformes às expectativas sociais.

Em língua, aprendemos já com os gregos antigos e romanos (há mais de dois milênios, portanto) que o uso é o melhor mestre do falar e do escrever. E esse postulado vale para qualquer circunstância.

Claro, se tivermos como objetivo a padronização de certos usos, ou seja, se vamos registrar por escrito quais formas devem, em tese, ser usadas em determinadas situações (em outras palavras, se vamos tentar estabelecer uma "norma normativa"), teremos de identificar o uso que tomaremos como referência.

Esse processo padronizador não é, porém, nada fácil. Em primeiro lugar, pelo fato de que não há autoridade formalmente constituída para essa tarefa. Se, para a escrita das leis, há um Poder formalmente constituído, tal não há para o estabelecimento da norma-padrão.

A autoridade aqui é dispersa e difusa. Muitas vezes, são autores de dicionários, gramáticas e manuais de estilo que se arrogam o direito de ditar as normas (pela sua intuição ou gosto) e acabam por receber o reconhecimento como "autoridades" pelos estratos sociais mais diretamente interessados e envolvidos nos processos padronizadores. Algumas vezes, são autores que procuram fundamentar no uso suas normas, relativizando-as em relação a contextos, eventos interacionais, propósitos comunicativos, graus de formalidade, modalidades oral e escrita etc.

Desse complexo quadro decorre a multiplicidade de critérios e fontes que historicamente serviram (e servem) de base para os esforços padronizadores, o que redunda, muitas vezes, em ditames contraditórios e conflituosos. Muito ainda é preciso avançar nesse sentido.

Os caminhos, no entanto, não são sempre retos e planos. Basta lembrar que o próprio senso do que é "bom uso" entre os falantes é também bastante difuso porque a densa heterogeneidade da realidade linguística dificulta, por si só, cortes estritos entre o "certo-certo" e o "errado-errado".

Há muitos fatos no entremeio sobre os quais mesmo os falantes habituais da norma culta têm lá suas dúvidas ("Um dos que foi ou um dos que foram?"; "Só 28% dos brasileiros completou ou completaram o ensino médio?"). Nesses casos, os resultados das pesquisas sobre os usos falados e escritos poderão contribuir com critérios para a escolha de uma ou outra forma ou para a aceitação de ambas. Afinal, são os falantes que lhes dão rumo e destino.

A escolaridade, pela insistência numa certa lista limitada de fatos (que se repetem nos manuais do tipo "Não erre mais"), dá algumas balizas para apontar os chamados "erros mais comuns" (que são recorrentemente mencionados na mídia ou nas interações sociais do cotidiano sempre que os envolvidos sentem a necessidade de jogar pedra nos que "falam errado" ou "não sabem falar direito"), mas deixa uma grande área sem maiores parâmetros.

Assim, se uma placa com a expressão "aluga-se salas" é fotografada e aparece num jornal como "grave erro de gramática", raríssimas vezes (para não dizer nunca ou quase nunca) alguém percebe que os falantes da norma culta brasileira pouco usam, na fala, as preposições junto aos pronomes relativos ("Esse é um filme que eu gosto muito", "O livro que ele se referiu está esgotado", "Os avanços e retrocessos que os brasileiros têm se defrontado quando o assunto é família"), fato que já alcança a própria escrita monitorada (cf. Bagno, 2001a: 81-97).

Em suma, nem tudo pode ou deve ser padronizado. Muito pouca coisa na língua é, de fato, do tipo "pão-pão-queijo-queijo". Assim, no processo padronizador é fundamental não perder de vista que a norma culta varia (e muda), que fatos correntes na fala culta tendem a ser passados para a escrita (mesmo em situações monitoradas) e que o contato contínuo de falantes de diferentes normas favorece o trânsito de características entre elas. É uma ilusão, portanto, perseguir uma padronização rígida e estrita. O ideal é que a norma-padrão tenha uma estabilidade flexível, conforme veremos na seção 5 do capítulo "Norma: descrição e prescrição".

8. OS CAMINHOS DA PADRONIZAÇÃO

Como vimos anteriormente, a construção histórica de padrões de linguagem para determinados contextos é um processo de origem elitista e serve, em primeiro lugar, para marcar com relativa nitidez (ao lado de outros vários fatores) as diferenças entre os estratos sociais.

Note-se que, ao tratar dos usos mais estritamente controlados, demos, como exemplos, situações em que estão tipicamente envolvidos os estratos sociais superiores. São privilegiadas aí as suas variedades linguísticas e, por consequência, são elas as mais sistematicamente estudadas e registradas em dicionários, gramáticas e manuais de uso.

Por outro lado, a consolidação de tais padrões de linguagem está direta e primordialmente vinculada à cultura escrita, ou seja, os saberes e as práticas culturais construídos e desenvolvidos pela humanidade desde que criou a escrita há aproximadamente cinco mil anos.

A criação da escrita deu às línguas um suporte mais permanente que os sons produzidos pelo aparelho fonador. Se a fala esvanece rapidamente, a escrita permanece enquanto dura seu suporte material. Com isso, o escrito pode circular muito além do espaço e do tempo em que foi produzido.

Essa sua condição de permanência favoreceu a busca de uma certa uniformização das formas da língua aí utilizadas, de modo a controlar, pelo menos em parte, a habitual diversidade das normas linguísticas ("normas normais") de qualquer comunidade e poder assim alcançar, em princípio, leitores de outros lugares, outros tempos, outras normas.

Estando a escrita e a cultura escrita limitadas, até muito recentemente na história das sociedades humanas, aos estratos superiores, essa relativa uniformização se fez tomando como base as variedades linguísticas próprias desses estratos. Passaram elas a pairar, nesses contextos específicos de escrita, sobre a habitual diversidade das normas linguísticas de qualquer sociedade. Em outras palavras, pelas vicissitudes históricas, foi a norma culta que passou a ser usada e cultuada na escrita.

O valor sociocultural da escrita e seu exercício continuado estimularam (e continuam estimulando) um exercício de refinamento constante da expressão. A escrita deu à humanidade a condição de ampliar ininterruptamente seu conhecimento, de sofisticar sua expressão literária e filosófica, de registrar e interpretar sua história, de ordenar, por meio do direito, a crescente complexidade das relações econômicas e sociais.

E deu-lhe também condições de trabalhar a própria língua, seja pela exploração das imensas possibilidades gramaticais que a língua oferece (inclusive em termos de linguagem figurada), seja pela incorporação de modos de dizer desenvolvidos em outras línguas (em geral, por meio de traduções), seja pelo aproveitamento expressivo das diferentes normas constitutivas da língua, seja ainda pela sedimentação e ampliação de um vocabulário mais preciso e apurado, ao menos nas áreas do conhecimento consideradas relevantes por esses estratos sociais.

Há, nesse longo processo histórico, um duplo acúmulo: com a escrita, acumularam-se saberes e modos de expressão. Assim, quando nos envolvemos mais a fundo com a cultura escrita (pela experiência escolar, pelo trabalho ou por outras vivências como o contato com a literatura, com a filosofia, com as ciências e a tecnologia), entramos nessa grande corrente histórica, nos beneficiamos de seus resultados, ampliamos nosso saber linguístico.

E, se nossas atividades incluem o ato de ler e escrever, temos de ir nos familiarizando com seus princípios e padrões, ou seja, com as regulações sociais (explícitas ou implícitas) que organizam as atividades escritas.

Entre elas, estão, por exemplo, os critérios do que é reconhecido como um bom texto nos diversos gêneros da escrita, aí incluído, para boa parte deles, o uso das formas linguísticas aceitas como adequadas nesses contextos específicos. O domínio de todo esse conjunto passa necessariamente pela escolarização e pelo acesso continuado aos bens da cultura escrita, o que nem sempre se tem alcançado devidamente em sociedades como a brasileira, em que ainda não se distribuiu razoavelmente a renda nem se democratizou suficientemente o sistema escolar.

Além dessa correlação direta entre cultura escrita e variedades monitoradas e prestigiadas da língua, há também uma dimensão política nos processos que buscaram (ou buscam) uma maior uniformidade da língua. Modernamente, tal dimensão é bem visível quando acompanhamos, na Europa dos séculos XVI a XVIII, o momento histórico da constituição dos Estados modernos centralizados.

A unificação e a centralização política ocorridas nessa época tiveram um efeito centralizador também sobre a língua. Um mundo que superava a fragmentação econômica, social e política própria da sociedade feudal passava a ter necessidade de uma referência em matéria de língua que pairasse acima da grande diversidade linguística regional e social, que permitisse mais facilmente o controle social e que ajudasse a forjar um senso de coesão social.

Os Estados centrais modernos, no momento de sua formação, reuniram não só falantes de diferentes variedades consideradas como constitutivas de uma só língua, mas também populações falantes de línguas diferentes.

Nesse sentido, a centralização política teve dois efeitos linguísticos diferentes: ou privilegiou uma determinada variedade nos instrumentos do Estado (como em Portugal, onde prevaleceram as falas urbanas do eixo Lisboa-Évora-Coimbra em contraste com as falas do norte do país); ou adotou uma política de imposição de uma língua como a única língua do Estado (como o caso do francês na França posteriormente à Revolução de 1789; ou do castelhano na Espanha da dinastia dos Bourbon, que assumiu o trono no início do século XVIII). Em qualquer dos casos, a referência foi ou a variedade ou a língua dos estratos que dominavam a estrutura estatal.

A sociedade feudal tinha um perfil que favoreceu o funcionamento das forças sociais descentralizadoras. Sua desconcentração política, sua economia basicamente agrária, os poucos vínculos de comunicação para fora dos limites regionais resultaram, em matéria de língua, numa grande diversificação.

Algumas das mudanças que a Europa conheceu na segunda metade da Idade Média, tais como a intensificação das práticas mercantis e da circulação de pessoas, o revigoramento e a expansão da vida urbana e a progressiva concentração política, alteraram substancialmente esse quadro, passando a favorecer forças centralizadoras.

Em resposta à profunda diversificação do mapa linguístico de cada um dos novos Estados, emergiu um projeto padronizador. Desde Antonio de Nebrija (autor da primeira gramática do castelhano, publicada em 1492), se buscou estabelecer, por meio de instrumentos normativos (gramáticas, dicionários e formulários ortográficos), um padrão de língua para os Estados modernos de modo a terem eles um instrumento de política linguística capaz de contribuir para atenuar a diversidade linguística regional e social herdada da experiência feudal.

Em suma, as tendências linguísticas uniformizadoras (pelo menos para determinados contextos) estão associadas tanto à experiência humana com a escrita quanto ao poder político. Nesse sentido, é importante dar destaque ao fato de que a formação de grandes Estados, desde os impérios antigos até as nações modernas, favoreceu práticas políticas de unificações linguísticas e estimulou o surgimento de línguas escritas normatizadas.

E isso não se fez – é preciso que se diga – sem conflitos e prejuízos à diversidade. Se um determinado grau de uniformização linguística é, em tese, necessário para o funcionamento do Estado moderno, tal processo não pode implicar (como já implicou e continua a implicar) a destruição da diversidade, o que representa sempre uma perda para a humanidade como um todo. Os Estados modernos multilíngues (e praticamente todos o são) têm, por isso, de encontrar o adequado equilíbrio entre políticas uniformizadoras e respeito à sua diversidade linguística.

A necessidade de políticas linguísticas que respeitem a diversidade se torna ainda mais imperiosa diante das migrações constantes, de massa ou não, de refugiados das guerras, da fome e da miséria, dos desastres da natureza, das perseguições políticas, entre outras tantas motivações mais pessoais que caracterizam a imensa mobilidade deste século XXI. Mobilidade que tem criado sociedades extremamente complexas pelas miríades de contatos linguísticos que se vão constituindo em todas as direções do planeta.

Ainda hoje esta não é uma questão politicamente bem equacionada. A ideologia do monolinguismo como condição de funcionamento do Estado – que tomou forma na França pós-Revolução de 1789 e se disseminou por várias partes do mundo – ainda prevalece, embora esteja sob forte crítica nas últimas décadas, desde, pelo menos, a "Convenção cultural europeia", assinada em 1954, pela qual o Conselho da Europa passou a estimular o estudo das várias línguas europeias em todos os Estados-membros.

Esse documento antecipava a política das línguas da União Europeia, que explicitamente promove o multilinguismo e a diversidade linguística, conforme se lê na "Carta dos direitos fundamentais da União Europeia" (proclamada em 2000). Nela se declara o respeito pela "diversidade cultural, religiosa e linguística" (art. 22) e se proíbe qualquer discriminação, inclusive a linguística (art. 21).

Nesse mesmo contexto da progressiva promoção do multilinguismo e da diversidade linguística, o Conselho da Europa aprovou, em 1992, a "Carta europeia das línguas minoritárias ou regionais" (incorporada em 2000 pela União Europeia), que define as diretrizes para a preservação das aproximadamente 60 línguas regionais ou minoritárias da Europa.

Em 1996, na conclusão da Conferência Mundial sobre Direitos Linguísticos, realizada em Barcelona (Espanha), foi proclamada a "Declaração universal dos direitos linguísticos", que busca balizar o necessário reconhecimento da igualdade do estatuto de todas as línguas, sublinhando-se o seu papel insubstituível na identidade individual e coletiva das comunidades.

As tendências uniformizadoras estão também relacionadas, como vimos no item anterior, com o desenvolvimento do capitalismo industrial e das sociedades modernas, densamente urbanizadas, populosas, altamente complexas em termos econômicos, bastante diversificadas em termos étnicos e culturais e largamente cobertas pelos meios de comunicação social de massa.

Nos processos de uniformização e padronização linguística – correlacionados ora com a expansão da cultura escrita, ora com a construção dos Estados centrais modernos, ora com a emergência das sociedades desenhadas pelo capitalismo industrial –, deu-se à escola a tarefa de ensinar às novas gerações as variedades normatizadas.

Há, portanto, relações muito estreitas entre cultura escrita, padronização linguística e escolaridade. Desse modo, a escola, em seu feitio moderno, tratou sempre de regular o uso linguístico dos estudantes, se não em sua totalidade, ao menos em parte e algumas vezes em conflito com suas vivências linguísticas, em especial quando as normas idealizadas e prescritas como referência estão muito distantes das "normas normais" correntes na sociedade. É o caso da sociedade brasileira, como veremos no capítulo "Breve histórico da normatização do português".

Os esforços padronizadores alcançam tanto a língua falada quanto a língua escrita. No entanto, o foco de atenção sempre caiu mais sobre a escrita e, diga-se de passagem, teve aí mais sucesso, o que não é difícil de entender. Basta lembrar o caráter de permanência da escrita (o que lhe garante ultrapassar o tempo e o espaço em que foi produzida, mas também facilita o monitoramento social sobre a forma como ela se apresenta desde a ortografia até o léxico e as estruturas morfossintáticas) e o fato de que praticamente até os tempos atuais ela foi e tem sido ainda atividade de poucos.

Embora a padronização da fala seja menos rígida (pela própria fluidez da língua falada), a sociedade contemporânea, caracterizada pela extensa presença de meios de comunicação social de grande alcance como o rádio e a televisão, amplifica a presença social de certas variedades da língua falada, fazendo-as funcionar como elemento de relativa uniformização linguística.

Essas variedades passam a se sobrepor aos limites da comunicação caseira, da comunicação restrita ao imediato, ao local, ao regional; respondem aos desafios postos pela urbanização intensa e pela complexificação das relações sociais daí advinda. Nesse sentido, a própria dinâmica da sociedade contemporânea produz uma certa uniformização da língua falada nos espaços públicos.

Esse processo tem sido de tal monta que passou a ser imperioso hoje reconhecer as variedades linguísticas correntes nos meios de comunicação social como a principal fonte da norma de referência para a língua falada. É o que diz, por exemplo, o linguista português Ivo Castro ao tratar da norma padrão de Portugal (Castro, 2002):

> Podiam os gramáticos do séc. XVI dizer-nos que a norma emanava da Corte e os do XIX que ela emanava de Coimbra, porque tinha a Universidade, mas hoje teriam de reconhecer que a norma portuguesa dotada de maior vitalidade e capacidade de fazer adeptos é a que transmitem os jornais, a rádio e a televisão.

No entanto, é preciso ficar claro que se trata aí de um processo sempre relativo. Ou seja, as forças uniformizadoras mencionadas não conseguem anular inteiramente a diversidade local. Primeiro porque inúmeras atividades continuam a ocorrer localmente e fora de seu alcance direto. E, segundo, porque a circulação das variedades amplificadas pelos meios de comunicação social acaba também por despertar, por contraste, a percepção do local, o que, muitas vezes, induz os falantes a valorizar e reforçar as suas diferenças.

Vivemos, nos tempos de hoje, entre as práticas formais de escrita, para as quais há uma tradição reguladora e padronizadora; as práticas de língua falada em grandes espaços públicos, que são alcançadas por um processo quase espontâneo de relativa padronização como efeito da difusão dos meios de comunicação social de massa; e a grande variedade de práticas locais de língua falada, que têm um forte efeito de diversificação linguística, seja por não serem alvo de padronização, seja porque são sentidas como emblemas das identidades locais.

Por outro lado, se o rádio e a televisão têm efeitos relativamente uniformizadores, a internet parece ir na direção contrária, favorecendo, pelo menos em parte, a dispersão e as forças descentralizadoras. Seu desenvolvimento ampliou, sem dúvida, o uso da escrita. Como nunca antes na história, acervos quase infinitos de textos (boa parte dos quais padronizada) estão ao alcance direto dos internautas. Ao mesmo tempo, tem-se a impressão de que nunca antes se escreveu tanto como nos meios eletrônicos (textos, porém, nem sempre padronizados). Mais ainda: a possibilidade quase ilimitada de incontáveis fontes criarem e difundirem vídeos, tornou audíveis as mais diferentes variedades da língua, nem todas presentes nos outros meios de comunicação social. Assim, no amplo espaço da internet, encontram-se em ação forças centrípetas e centrífugas (com aparente predominância destas), cujos efeitos não são ainda suficientemente perceptíveis. Que resultados trará a ampla circulação da escrita não padronizada? Que resultados decorrerão da abertura da internet às mais diversas variedades da língua? Só o futuro dirá.

Em síntese, podemos dizer que a dinâmica social da língua é atravessada, ao mesmo tempo, por forças padronizadoras e (relativamente) uniformizadoras e forças francamente descentralizadoras e diversificadoras. Dada a complexidade da sociedade contemporânea, nenhuma dessas forças consegue prevalecer inteiramente sobre a outra, ou seja, no grande embate sociolinguístico, a heterogeneidade relativiza os processos homogeneizadores e estes, por sua vez, atenuam a dispersão absoluta.

Na realidade linguística, nada é estático e cristalizado. Tudo se move permanentemente. Todas as normas variam com o passar do tempo, mesmo que as normas mais informais o façam numa velocidade e abrangência maiores que as das normas mais formais e submetidas a uma regulação mais rígida. Além disso, o contato entre as muitas normas sociais favorece um intercâmbio entre elas, desde o afrouxamento, reacomodação e renovação das normas e modelos mais rígidos pela influência da fala espontânea, até a eventual interferência nesta de modelos originários da escrita formal.

Leituras complementares

- O livro *Norma linguística*, organizado por Marcos Bagno (2001), traz um conjunto de artigos em que se discutem vários aspectos teóricos e empíricos sobre a questão da norma nos estudos linguísticos.
- Para se entender bem a questão da norma nos estudos linguísticos, é fundamental ter uma ampla visão da variação e da mudança linguística. Recomendamos, então, o livro *Para conhecer sociolinguística* (Coelho et al., 2015).
- O livro *Mapeamento sociolinguístico do português brasileiro* (Martins e Abraçado, 2015) é indispensável para se ter uma ampla visão da variação linguística do português brasileiro.
- O *Dicionário crítico de sociolinguística* (Bagno, 2017) é uma importante obra de referência para todos que estudam os temas de variação linguística.

Exercícios

1. Neste capítulo, apresentamos alguns conceitos que vão estar presentes em todos os demais capítulos do livro. Por isso, sugerimos que você deixe consolidado em seus apontamentos:

a) os dois conceitos de *norma* que ocorrem nos estudos linguísticos;

b) a diferença entre *norma culta* e *norma-padrão;*

c) a diferença entre *dialeto* e *registro.*

2. Fizemos duas afirmações sobre os falantes:

a) todo falante é um poliglota em sua própria língua;

b) todo falante é um camaleão linguístico.

Como podemos justificar cada uma delas?

3. Como podemos caracterizar a chamada ideologia da norma-padrão? Por que ela conflita com a realidade linguística empiricamente observável?

4. No português brasileiro, há variedades em que se diz *trabalho* e outras em que se diz *trabaio.* Do mesmo modo, a palavra *tia* é dita [tia] em algumas variedades e [tchia] em outras. Os dois casos são semelhantes ou diferentes?

5. O que significa afirmar que os critérios da hierarquização das variedades constitutivas de uma língua não são linguísticos?

NORMA: DESCRIÇÃO E PRESCRIÇÃO

Objetivos gerais do capítulo

- A atitude descritiva e a atitude normativa – as diferenças entre descrever e prescrever nos estudos linguísticos;
- Filólogos, gramáticos e linguistas – uma apresentação dos diferentes objetos, objetivos e métodos desses estudiosos da linguagem verbal;
- Os linguistas e a "norma normativa" – a questão normativa na perspectiva dos linguistas;
- Investigando o processo normativo – os vários critérios que têm sido usados no processo de estabelecimento de uma norma-padrão;
- Os linguistas entram em cena – as perspectivas trazidas pelos linguistas para o processo de padronização;
- Em busca de uma solução – alguns caminhos para a reconstrução da norma-padrão brasileira.

1. A ATITUDE DESCRITIVA E A ATITUDE NORMATIVA

No capítulo anterior, vimos que o termo *norma* tem dois sentidos:

(i) um geral, que designa toda e qualquer variedade constitutiva da língua – as "normas normais"; e
(ii) outro específico, que designa o conjunto de preceitos que definem o "bom uso" – a "norma normativa".

O reconhecimento do caráter próprio de cada uma dessas normas tem uma forte repercussão nos estudos linguísticos: ele separa, em princípio, a *atitude descritiva* frente aos dados, primordial no desenvolvimento da Linguística como ciência e no trabalho dos linguistas, da *atitude normativa*, característica da tradição gramatical iniciada no Ocidente pelos gregos por volta do século II a.C., que se orienta basicamente para a prescrição de comportamentos.

As duas atitudes coexistem e funcionam socioculturalmente cada uma a seu modo. A atitude descritiva é fundante das práticas científicas. Isso significa dizer que não é próprio das ciências emitir juízos de valor sobre o que constata na realidade. Para as ciências, falando *grosso modo*, os fatos são o que são, não o que gostaríamos que fossem.

As ciências se constituem como práticas sistemáticas de obtenção de conhecimento, paralelas a outras práticas, mas diferentes delas. A razão científica difere, por exemplo, da razão filosófica e da razão teológica; do saber prático, da percepção artística e assim por diante. A especificidade das ciências é dada por dois fatores conjugados: trabalha-se sempre a partir de modelos teóricos e num embate contínuo e sistemático com os dados empíricos. Sem modelos teóricos e sem respeito aos fatos as ciências não funcionam.

As ciências almejam descrever e explicar os objetos que recortam na realidade. Desse modo, na atividade científica, é preciso coletar dados, formular hipóteses descritivo-explicativas sobre eles e testar essas hipóteses em confronto com novos dados.

É por isso que se diz que nas ciências não basta afirmar: é preciso que a afirmação seja logicamente consistente com o modelo teórico adotado para o estudo de um determinado objeto e esteja sustentada em dados empíricos independentemente verificáveis. Em outras palavras, a ciência exige demonstração e prova.

Já a atitude normativa é, no fundo, uma reação de base elitista à heterogeneidade sociolinguística: busca impor um controle homogeneizador sobre a diversidade sociolinguística e sobre o comportamento dos falantes. Não é inerentemente, portanto, uma atitude científica (voltada à descrição dos fatos), mas fundamentalmente um esforço para estipular balizas comportamentais. Sua eventual relação com a pesquisa científica é um tema em aberto, pouco explicitado para além de declarações genéricas. É, contudo, um tema crucial e a ele voltaremos mais adiante.

No capítulo anterior, pudemos antecipar considerações sobre a atitude normativa, aspectos de sua construção histórica, seu funcionamento social, seus limites e paradoxos.

Antes, porém, de prosseguirmos com o estudo da questão normativa, é importante expandirmos nossas considerações sobre a atitude descritiva e seu vínculo com o compromisso que as práticas científicas têm com os dados empíricos.

Foi esse compromisso com o empírico que fez das ciências uma das grandes conquistas da humanidade em sua luta contra a ignorância e, em particular, contra o dogmatismo, contra esse dizer que (i) se funda exclusivamente numa voz de autoridade; (ii) tem pouco compromisso com os fatos; e (iii) se apresenta como indiscutível e incontestável.

Na prática científica, ao contrário, não interessa quem fala, mas o que fala; interessa o conteúdo do que é dito e não quem diz (cf. Lebrun, 2004, cap. II); interessa o que pode ser verificado empiricamente e não a autoridade de quem enuncia.

Embora identifiquemos, nos trabalhos científicos, os autores de teorias e hipóteses e com eles dialoguemos, o que está no foco dos debates são os enunciados (o que é dito) e não as pessoas (os enunciadores). Desse modo, nas ciências, os enunciados não adquirem credibilidade por si e menos ainda pela mera autoridade de quem os enuncia. Sua credibilidade advém de sua sustentação em uma base de dados empíricos.

São esses requisitos básicos que permitem pôr os enunciados científicos à prova; é essa possibilidade de verificação independente que valida os enunciados científicos. E eles se mantêm operativos enquanto não são falseáveis. Se novos fatos desestabilizam um enunciado científico, será preciso reformulá-lo ou abandoná-lo.

Esse contínuo embate com o empírico é que tem dado credibilidade social às práticas científicas e dinamicidade à cognição humana sistematicamente organizada.

A atitude descritiva não deve ser, contudo, entendida como mera estenografia do mundo. A prática cognitiva sistematizada nas ciências não é um trato direto com dados brutos, mas um trato indireto (mediado por modelos teóricos) com dados que são obtidos com base num determinado recorte. Para fazer frente à complexidade da realidade (à sua quase infinitude), as ciências operam sempre com modelos teóricos estruturados a partir de recortes da realidade e com um conjunto de pressupostos e hipóteses que balizam o embate empírico.

Esses recortes limitam necessariamente o escopo empírico das teorias, mas são inevitáveis porque não temos instrumentos cognitivos para apreender de uma só vez o todo da realidade.

> Como apontava o sociólogo alemão Max Weber (1864-1920) com bastante propriedade, todo o conhecimento da realidade infinita, realizado pelo cérebro humano finito, baseia-se na premissa de que apenas um fragmento limitado dessa realidade poderá constituir de cada vez o objeto da compreensão científica (cf. Weber, 2016: 233).

Na atividade científica, vamos, então, recortando parcelas da realidade e propondo análises com base num dado modelo teórico. Desse modo, os enunciados científicos devem estar ao mesmo tempo articulados logicamente com as premissas e hipóteses do modelo e sustentados empiricamente. E estarão sempre sob crítica sistemática: nossos enunciados científicos dão conta dos dados que a teoria recorta? Para sustentar os enunciados, é preciso ampliar o escopo da observação empírica? Ampliado o escopo empírico, os enunciados ainda se sustentam? O embate com o empírico nos obriga a alterar os pressupostos teóricos? No correr desse embate, o modelo continua em pé ou temos de reformulá-lo ou mesmo abandoná-lo e substituí-lo por outro?

Como a Linguística é uma ciência, esse quadro geral se aplica também a ela. Prevalece, em suas práticas, o compromisso com o empírico; também nela recortamos objetos teóricos e construímos modelos com base nos quais selecionamos os dados, desenvolvemos os trabalhos analíticos e nos submetemos ao embate empírico.

No entanto, em razão da força social da cultura normativa que recobre os fenômenos linguísticos, nem sempre é fácil separar a atitude descritiva da atitude normativa quando se disserta sobre fatos de linguagem. Há estudiosos que chegam a dizer que é impossível, no estudo da língua, separar de modo absoluto o descrever e o prescrever. O sociolinguista James Milroy (2011), por exemplo, afirma que a ideologia da norma-padrão pode influenciar subliminarmente a construção de modelos teóricos que, por isso, restringiriam o recorte dos dados (tomando como referência apenas a língua padronizada) e isso poria sob suspeição a atitude que se diz apenas descritiva.

No entanto, mesmo concordando com tal argumento, não parece que devamos simplesmente descartar a possibilidade de descrição de fenômenos linguísticos. O problema apontado por Milroy pede uma análise crítica dos fundamentos dos modelos e não o descarte puro e simples do princípio de que à ciência cabe descrever sistematicamente os fatos observados. Não podemos esquecer que foi justamente essa prevalência dos fatos sobre a opinião e a autoridade que fez da ciência uma das grandes conquistas da humanidade em sua luta contra o dogmatismo e o obscurantismo.

Por isso, um dos maiores desafios (senão o maior) dos linguistas, no seu trabalho científico, é manter-se fora do campo de influência da cultura normativa, tendo clareza de que, para a Linguística, todo e qualquer fato recorrente de língua – e não só os valorizados pela atitude normativa – tem valor, é relevante, interessa, pede análise. Aproximar-se desses fatos com suficiente isenção valorativa depende de um contínuo esforço para manter razoavelmente separados na mesma pessoa sua atividade de linguista e sua condição de falante imerso numa comunidade de fala atravessada por valores.

Isso não significa – como temos insistido e vamos continuar a fazê-lo neste capítulo – ignorar ou descartar a questão normativa ou negar validade à norma-padrão.

Vejamos isso em mais detalhes.

A Linguística é a ciência que tem como objeto empírico a linguagem verbal e suas manifestações nas chamadas línguas históricas consideradas em si mesmas, em sua ordem própria, e não em vinculação a projetos relacionados à lógica, à retórica, à poética ou ao "bom uso", como na tradição estabelecida na Antiguidade clássica.

Assim, todo e qualquer fato de linguagem (e não apenas o "bom uso") interessa à Linguística. Em outros termos, todas as "normas normais" e não apenas as normas prestigiadas ou os fatos alcançados pela "norma normativa" caem sob seu foco de observação e análise.

Em Linguística – como é próprio de todas as práticas científicas – a atitude descritiva (registrar e analisar, por meio de modelos teóricos, os fatos como eles se dão) prevalece necessariamente sobre a atitude normativa. Daí se dizer sempre que a Linguística como tal não é (nem deve ser) normativa.

Isso significa dizer que entre seus objetivos não está a tarefa de estabelecer regras de comportamento, ou seja, de prescrever como os falantes devem falar ou escrever em determinados contextos.

Isso, porém, não significa dizer que a "norma normativa" está fora do interesse dos linguistas. Sendo a "norma normativa" um fato de linguagem, ela entra também, como qualquer outro fato de linguagem, no escopo da linguística.

O linguista estadunidense H. A. Gleason Jr. (1917-2007), em seu famoso livro *Introdução à linguística descritiva* (que, escrito em 1955, teve uma edição revisada em 1961 e foi traduzido para o português em 1978), deixa isso claro quando diz que muitos linguistas rejeitaram sim as gramáticas prescritivas como distorções perniciosas, o que, segundo ele, é plenamente justificável sob vários aspectos (cf. Gleason Jr., 1985: 221).

Contudo, continua ele, o defeito dessas gramáticas não é serem prescritivas, mas sim serem baseadas numa descrição inadequada: prescrevem padrões que parecem de algum modo atraentes, embora não tenham utilização efetiva e sejam até incompatíveis com as construções correntes nos usos mais monitorados.

Nenhuma dessas falhas, prossegue Gleason Jr., é, porém, inerente às gramáticas prescritivas. Se elas se baseassem numa boa descrição e na observação acurada dos valores sociais, não estariam expostas tão facilmente a condenações.

Em outros termos, **os linguistas não rejeitam a normatividade, mas são críticos das regras normativas artificialmente postuladas**. Ou, como diz ainda o linguista francês Alain Rey (coordenador-geral da redação dos dicionários *Robert*, a principal referência lexicográfica do francês), não cabe recusar a normatividade (porque, no fundo, nenhuma sociedade pode dispensá-la), mas fiscalizar sua construção com base em análises científicas e compreender a atividade normativa como um setor da prática social menos inocente do que parece (cf. Rey, 2001: 144).

É preciso, aliás, que se diga, neste ponto, que os linguistas – ao estudar o funcionamento das variedades linguísticas em diferentes sociedades – têm sido os pesquisadores que mais têm contribuído para desvelar e esclarecer: (i) os processos de normatização (como se chega a uma "norma normativa"), bem como os modos como em cada sociedade a "norma normativa" circula; (ii) os mecanismos que subjazem às práticas sociais prescritivas; (iii) seus eventuais efeitos estigmatizadores; e assim por diante.

Além disso, considerando a importância sociocultural da "norma normativa", os linguistas têm sido também os principais críticos dos limites e insuficiências dos instrumentos normativos (dicionários e gramáticas): não são contrários à normatividade, mas questionam as regras normativas, em especial quando elas não têm adequado fundamento na realidade do uso culto da língua.

Além disso, os linguistas têm denunciado o preconceito linguístico e os gestos de violência simbólica que têm como motivação as características linguísticas dos falantes.

Por outro lado, dizer que a Linguística, como qualquer ciência, não é (nem deve ser) normativa não significa que os linguistas não possam ou não devam participar do processo normatizador. Ou seja, um linguista pode perfeitamente se tornar um gramático normativo. Terá, claro, de alterar, em parte, seus parâmetros, considerando que o estabelecimento da "norma normativa" não é um trabalho exclusivamente de base científica. Envolve também critérios políticos e socioculturais.

Mesmo, porém, que não se transmude em gramático normativo, o linguista ainda é um elemento indispensável ao processo normatizador. A normatização (a definição da "norma normativa") não se faz adequadamente se não envolver os linguistas: deixaria de ter uma adequada orientação e suporte empíricos.

Mas, repita-se, não só eles devem estar envolvidos nessa tarefa porque a normatização é também e primordialmente uma questão política e sociocultural (envolve valores e atitudes sociais), além de linguística. Nesse sentido, para definir a "norma normativa" não basta atender aos requisitos técnicos da descrição linguística; é preciso também alcançar um relativo consenso político e sociocultural.

Podemos dizer que, se a descrição e a análise das "normas normais" se esgotam nos limites da ciência, o trabalho de construção da "norma normativa" vai além da ciência, embora não possa (e não deva) desconsiderar seus resultados. Afinal, como já dissemos antes, não se pode normatizar de modo adequado sem dispor de descrições detalhadas da realidade sociolinguística. Ou – como é costume asseverar como princípio geral e em tese – **a gramática normativa depende da gramática descritiva**.

Apesar disso, é bom que se diga desde já que uma das fragilidades dos instrumentos normativos tradicionais é justamente não estarem eles devidamente sustentados em estudos empíricos preliminares e sistemáticos. Na história normativa, tem sido costume dar mais peso à opinião e ao gosto dos gramáticos do que aos fatos.

Para deixar mais claro esse nosso argumento sobre a distinção entre o linguista-cientista e o linguista que eventualmente se transmuda em gramático normativo, vamos revisitar, na próxima seção, as diferenças entre três estudiosos da linguagem verbal: o filólogo, o gramático e o linguista.

2. FILÓLOGOS, GRAMÁTICOS E LINGUISTAS

A origem histórica de cada um desses profissionais é distinta e as características de seu trabalho também, muito embora as três atividades possam ser exercidas pela mesma pessoa. Nesse caso, ela terá de seguir parâmetros, objetivos e métodos diferentes dependendo do tipo de trabalho que vai desenvolver.

O primeiro desses estudiosos da linguagem verbal a surgir foi o filólogo. Sua emergência histórica está diretamente vinculada à importância e ao prestígio que a escrita e os textos escritos – em especial os textos canônicos (religiosos ou artísticos) – foram adquirindo na vida das sociedades humanas.

O cuidado em garantir o registro e a transmissão sem alterações do texto religioso (como na cultura hindu) ou do texto literário (como na cultura grega) redundou no desenvolvimento de ramos do conhecimento dedicados especificamente ao estudo do texto escrito e da linguagem verbal como um todo.

Dentre esses estudos, está a *filologia* criada pelos eruditos agregados à biblioteca de Alexandria, a maior biblioteca do mundo antigo, fundada no século III a.C.

Nela se reuniu uma grande coleção de manuscritos gregos antigos com textos de poetas, dramaturgos, filósofos e historiadores. Seu corpo de estudiosos se dedicou não só a catalogar todo esse precioso acervo, mas principalmente a estabelecer, a partir do estudo criterioso dos fragmentos disponíveis, o texto que se poderia considerar como definitivo da obra de cada um dos autores gregos clássicos. Por serem considerados grandes monumentos da cultura grega, os poemas épicos de Homero (*Ilíada* e *Odisseia*), escritos provavelmente no século VIII a.C., receberam particular atenção dos estudiosos alexandrinos.

Esse criterioso trabalho se fazia necessário porque os manuscritos do mesmo texto variavam entre si ou estavam danificados e rasurados; tinham lacunas, trechos obscuros, acréscimos ou cortes indevidos. Dedicando-se a fixar uma forma aceitável dos textos clássicos, os sábios alexandrinos preservaram e nos legaram todo um conjunto de obras fundamentais da cultura humana.

Para realizar esse trabalho inestimável, esses sábios tiveram de criar métodos que, mesmo aperfeiçoados posteriormente, constituem ainda hoje a base de qualquer atividade de edição crítica dos textos reconhecidos como clássicos da cultura – textos literários, filosóficos, religiosos.

Os livros da Bíblia, por exemplo, têm sido objeto de intenso trabalho filológico desde o século XVI, período em que se iniciaram suas traduções para as línguas modernas. Foi preciso, então, fixar bons textos de referência a partir dos manuscritos antigos, trabalho que se estende até hoje como consequência da eventual descoberta de novos manuscritos.

Em resumo, podemos dizer que o objeto de estudo do filólogo são manifestações escritas culturalmente importantes e seu objetivo é fixar esses textos numa forma que possa ser considerada confiável, isto é, a mais próxima possível do original. Para isso, o filólogo tem de comparar diferentes manuscritos ou (depois da invenção da imprensa) diferentes edições de um mesmo texto, buscando livrá-lo de defeitos decorrentes do processo de sua transmissão. O produto de seu trabalho é uma edição crítica do texto (cf., para um exemplo contemporâneo, o trabalho de Ivo Castro com os textos poéticos de Fernando Pessoa – Castro, 2013).

Como parte desse trabalho envolve um estudo pormenorizado das palavras e de seus sentidos nos textos, os filólogos se dedicam também ao estudo da etimologia (isto é, a investigação da origem e da história semântica das palavras) e se envolvem diretamente com a feitura de dicionários. Assim é que os organizadores dos dois mais importantes dicionários brasileiros contemporâneos da língua portuguesa – Aurélio Buarque de Holanda Ferreira e Antônio Houaiss – se consideravam filólogos.

O produto do trabalho do filólogo é visível nos dicionários. Se você consultar o *Dicionário Houaiss da Língua Portuguesa*, por exemplo, vai perceber que em boa parte dos verbetes existe uma informação etimológica, ou seja, uma informação sobre a origem da palavra. Assim, na entrada *companhia* está dito que a palavra vem de *companha+ia*.

Indo ao verbete *companha*, você fica sabendo que: (i) sua primeira ocorrência na escrita foi registrada no século XIII (já no período medieval, portanto); (ii) é hoje palavra fora de uso (é um arcaísmo); e (iii) é uma palavra originada do latim vulgar **companĭa*, formado de *cum* 'com' + *panis* 'pão', paralelo ao latim gaulês *companio* (o asterisco indica que é palavra de que não se tem um registro, mas cuja existência se pode prever em decorrência dos processos que se deram na longa história da passagem do latim ao português).

Companhia, portanto, ou seja, o estar-junto, o convívio, se associa, na sua origem, à partilha do pão.

Se, na sequência, você quiser ter acesso a textos medievais que documentam a ocorrência de *companha* ou *compa-*

nhia, poderá, mais uma vez, se valer do trabalho dos filólogos. No *Vocabulário histórico-cronológico do português medieval*, organizado por pesquisadores da Fundação Casa de Rui Barbosa (Rio de Janeiro) e publicado, em edição revista, em 2014, você encontra uma ampla documentação textual das ocorrências e fica também sabendo que ambas as palavras ocorriam em diferentes formas gráficas: *companha, companna, conpanna, conpaña, conpanha, cõpãha, cõpanha;* e *companhia, compãhia, companhiia, companhjas, companhya, compannia, conpanhia, conpanhya, conpannia, cõpanhia, cõpanhya.*

Todo esse conjunto de informações advém do trabalho filológico com os textos.

O estudo criterioso dos textos levou os filólogos alexandrinos a descrever e comentar a língua que ali encontravam: aspectos de métrica, ortografia e pronúncia; a distribuição das palavras por classes (nomes, pronomes, verbos, advérbios, conjunções etc.); a estrutura sintática da oração simples (sujeito, predicado, complementos, adjuntos) e dos períodos (coordenação e subordinação); o uso das figuras de linguagem, as características da individualização estilística, e assim por diante.

Com o tempo, esses estudos passaram a constituir um ramo autônomo do conhecimento: a *gramática*. Costuma-se atribuir a um desses filólogos alexandrinos, Dionísio Trácio, do século II a.C., a autoria da primeira gramática conhecida. Ao consolidar descrições de aspectos da língua grega, sua obra foi tomada como modelo dos estudos gramaticais posteriores.

Dionísio Trácio conceituava a Gramática como "o conhecimento empírico do comumente dito nas obras dos poetas e prosadores" (cf. Chapanski, 2003), ou seja, o estudo da língua conforme usada comumente pelos escritores em seus textos. Enquanto a Filologia estudava e comentava os textos dos grandes escritores (fixando-lhes a melhor forma), a Gramática se concentrava no estudo das características da língua correntes na sua escrita.

O objeto do gramático era, portanto, a língua escrita exemplar, ou seja, a língua dos escritores culturalmente prestigiados. E o gramático perseguia dois objetivos: descrever essa língua e, ao fazê-lo, estabelecer um modelo, um padrão a ser seguido por todos os que se dedicassem a escrever. Por isso, a gramática já de início teve um caráter normativo e se tornou matéria da escola – instituição que, em princípio, teria como uma de suas tarefas ensinar as pessoas a escrever bem.

A Filologia e a Gramática são, portanto, ramos do conhecimento criados pela cultura helenística nos três últimos séculos anteriores à nossa era. Já a *Linguística*, o terceiro ramo do conhecimento dedicado ao estudo sistemático da linguagem verbal, se constituiu no contexto da ciência moderna, a partir do século XVIII.

Dos três especialistas, o mais conhecido do público em geral é o gramático. E isso certamente porque, bem ou mal, todos nós estudamos um pouco de gramática na escola. Essa antiga ligação entre gramática e ensino da língua contribui para familiarizar o público com o trabalho do gramático.

Já dos outros dois especialistas o público sabe muito pouco. A razão disso talvez seja o fato de que suas respectivas atividades se realizam basicamente no contexto da pesquisa universitária, que é, em geral, menos visível para o público pelo seu grau maior de especialização.

Dos três, o gramático é o especialista que tem uma preocupação nitidamente normativa, isto é, ele se ocupa em estabelecer, a partir daquilo que é corrente nos escritores (embora nem sempre isso ocorra – como veremos adiante), as normas do chamado "bom uso" para a escrita, isto é, os modelos de língua consagrados pelas tradições discursivas para as principais práticas sociais da escrita.

O gramático é também o especialista que mais recebe críticas. E a razão principal para isso é o fato de que muitos deles não pesquisam criteriosamente o uso corrente entre os escritores (como defendia Dionísio Trácio). Contentam-se em reproduzir, talvez por inércia, usos que já não são comuns (a língua é um fenômeno que muda continuamente) e condenam, sem muito fundamento, novas formas de expressão já amplamente disseminadas entre os que escrevem.

Com isso, a gramática vai perdendo sua funcionalidade como instrumento de referência normativa. Em consequência, a escola e quem escreve ficam sem um manual confiável. Alguns dos nossos gramáticos, talvez por terem sólida formação filológica e linguística, produziram gramáticas um pouco mais arejadas (mas ainda muito tímidas na renovação efetiva da norma-padrão brasileira). É o caso de Celso Cunha (cuja gramática foi escrita em coautoria com o filólogo português Lindley Cintra), Evanildo Bechara e José Carlos de Azeredo. Há ainda um longo caminho a ser percorrido até alcançarmos, no Brasil, uma boa gramática normativa de referência, isto é, atualizada e realista.

Não nos faltam, para isso, bons materiais resultantes de pesquisas empíricas sistemáticas. Vale aqui mencionar a *Gramática do português culto falado no Brasil* (coordenada por Ataliba de Castilho), a *Gramática de usos do português* (organizada por Maria Helena Moura Neves), o *Dicionário de usos do português do Brasil* (organizado por Francisco da Silva Borba), as gramáticas de Ataliba de Castilho (2010), Marcos Bagno (2011) e Mário Perini (2016), além dos muitos estudos de Sociolinguística e Dialetologia da realidade linguística brasileira (para mais informação, cf., entre outros, Martins e Abraçado, 2015).

Por outro lado, é preciso ter claro que o modelo de descrição gramatical criado pelos gregos é insuficiente para descrever toda a complexidade de uma língua ou para dar conta da enorme diversidade gramatical das línguas do mundo. Não obstante, é um modelo ainda útil (a classificação das palavras, por exemplo, é a que se usa na organização dos dicionários) e pode ser um bom ponto de partida para a descrição linguística.

Contudo, desde o século XIX, no contexto da ciência moderna, tem havido sucessivos esforços no sentido de encontrar modelos mais adequados para a tarefa de descrever uma língua e de dar conta da diversidade estrutural das línguas do mundo.

A tarefa é hercúlea e está longe de ser alcançada. Só para se ter uma ideia da complexidade dos fenômenos linguísticos, basta lembrar que nenhuma língua do mundo foi ainda satisfatoriamente descrita. Quer dizer: embora a(s) língua(s) seja(m) tão banal(is) na nossa vida, não conseguimos ainda dar a ela(s) uma representação científica abrangente.

E aqui entra em cena a Linguística, que é a disciplina científica moderna que tem como objeto a linguagem verbal e as línguas em si mesmas consideradas.

O que distingue, então, o linguista dos outros especialistas? São muitas as diferenças, mas podemos resumi-las às seguintes:

a. o linguista se interessa por todo e qualquer fenômeno linguístico. Nesse sentido, segue *ipsis litteris* a diretriz epistemológica de Ferdinand de Saussure (1857-1913), um dos grandes sistematizadores da Linguística moderna, que dizia que a matéria da Linguística é constituída por *todas* as manifestações da linguagem humana. O filólogo só se interessa por uma parte das manifestações linguísticas, ou seja, pelos textos escritos canônicos; e o gramático só se interessa, no fundo, pela "norma normativa";
b. enquanto o filólogo e o gramático dirigem seu foco de atenção para a língua escrita, o linguista dá prioridade aos fenômenos da língua falada. Isso porque a fala é a modalidade de expressão universal: todas as línguas têm uma face oral, mas apenas algumas têm também uma face escrita. Apesar dessa primazia, o linguista, na medida em que se interessa por todo e qualquer fenômeno linguístico, se volta também para a língua escrita (a chamada Linguística Textual, por exemplo, tem trazido muitas contribuições para uma compreensão mais refinada da prática da escrita). Nesse caso, o linguista não se limita à escrita de prestígio, mas estuda toda e qualquer manifestação escrita;
c. por fim, enquanto o gramático é essencialmente normativo, o linguista não o é. Em termos simples, o linguista diz como a língua é; o gramático diz como certos comportamentos linguísticos devem ser em determinados contextos.

Esse último ponto tem gerado vários equívocos. Alguns gramáticos e, por consequência, pessoas da mídia e mesmo professores têm dito que os linguistas são contra a "norma normativa" e seu ensino porque, segundo eles, para os linguistas "tudo vale".

Embora algumas vezes a falação contra os linguistas chegue a ser sanguínea e raivosa, tudo não passa de um tigre de papel. Claro que para os linguistas tudo vale: como bons cientistas, eles querem descrever e compreender todo e qualquer fenômeno linguístico, inclusive a "norma normativa".

Essa atitude (como já argumentamos anteriormente) não implica, porém, negar validade a essa norma (seria um contrassenso, já que ela é um fato de linguagem) e a seu ensino (as funções socioculturais da "norma normativa", tão bem descritas pelos sociolinguistas, justificam plenamente seu ensino).

> Os linguistas brasileiros têm sido críticos das insuficiências das gramáticas normativas produzidas no Brasil e do anacronismo e irrealismo da norma-padrão estipulada nelas. Mostram os efeitos negativos dessa situação para o ensino e o uso da língua e defendem uma redefinição da nossa norma-padrão, fundando-a em boas bases descritivas. Nada disso significa – vamos repetir – que, ao não aceitarem o atual perfil da norma-padrão brasileira, os linguistas estejam negando validade ao ente "norma-padrão" e a seu ensino.

É preciso também que se diga que os linguistas brasileiros, ao escreverem seus textos acadêmicos, o fazem no registro culto (seguindo mais ou menos estritamente a norma-padrão atual). Curiosamente, isso tem sido apontado como uma espécie de cinismo dos linguistas: seriam, pretensamente, contra a norma-padrão e seu ensino, mas, ao escreverem, a seguem.

Ora, essa crítica não procede. Como temos argumentado à exaustão, os linguistas não são contra a norma-padrão e seu ensino: são sim, no caso do Brasil, críticos do anacronismo e irrealismo da atual norma-padrão brasileira.

Por outro lado, ao usarem em seus textos o registro culto, seguindo mais ou menos estritamente a norma-padrão atual, o fazem porque têm plena clareza das funções desse registro nas tradições discursivas da ciência e do dizer acadêmico em geral.

É a experiência com o fazer científico e a prática com os procedimentos do pensar científico que garantem aos linguistas a possibilidade de circularem sem problema entre a atenção que dão a todo e qualquer fato de linguagem, à análise da normatividade (incluindo a crítica, no caso brasileiro, ao anacronismo e irrealismo da atual norma-padrão) e o uso nos seus textos do registro culto, seguindo ou não mais estritamente a norma-padrão atual. Não há, portanto, nesse conjunto de comportamentos nem contradição nem cinismo.

Resumindo a discussão deste tópico, vale destacar que as três especialidades – Filologia, Gramática e Linguística – não se excluem. Ao contrário. Cada uma delas tem suas tarefas específicas e deve cumpri-las bem, sendo absolutamente indispensável o intercâmbio dos respectivos resultados.

Sem uma sólida base filológica e linguística, uma gramática deixa muito a desejar. Por outro lado, a informação filológica é indispensável para o linguista que estuda a história da língua: conhecer o saber gramatical acumulado é sempre ponto de partida para os estudos linguísticos e filológicos. Por fim, os instrumentos descritivos desenvolvidos pela Linguística, seguindo os pressupostos da atividade científica moderna, são fundamentais para renovar a Gramática e a Filologia.

Na próxima seção, vamos expandir a afirmação que fizemos aqui sobre os linguistas não serem antinormativos.

3. OS LINGUISTAS E A "NORMA NORMATIVA"

A diferença entre descritivo e normativo costuma ser muito mal-entendida pelo senso comum. E isso porque neste é corrente a crença (forte) de que no universo linguístico há formas que são boas, corretas (e devem, por isso, ser usadas) e outras que são ruins, erradas (e devem, por isso, ser condenadas e evitadas). Assim, para o senso comum, a única atitude que faz sentido é a normativa. Há nele uma expectativa de que asserções sobre fatos linguísticos se pautem por essa crença e a reforcem.

Desse modo, ao se dar conta de que as asserções científicas sobre os fatos linguísticos têm caráter descritivo e não se restringem aos fenômenos prestigiados, o senso comum deduz que a Linguística nega o normativo. Daí serem frequentes afirmações de que os linguistas descartam as gramáticas normativas e são contra o ensino da "boa linguagem", da "linguagem correta". Assim, aos olhos do senso comum, os linguistas são, muitas vezes, tachados de relativistas e, por isso, de "perigosos inimigos" da cultura.

Nada disso é verdade, como já pudemos mostrar anteriormente. E vamos continuar argumentando neste livro para deixar ainda mais clara esta questão.

Por ora, lembremos que a atitude descritiva (apresentar o "assim se diz", isto é, os fatos como eles se dão) é condição intrínseca das práticas científicas. Não cabe à ciência valorar os fatos e, menos ainda, definir regras de comportamento em qualquer campo que seja.

O processo de criação de normas de comportamento pode apelar aos resultados da investigação científica, mas não cabe exclusivamente aos cientistas como tais a tarefa que tem também dimensões socioculturais e políticas. Se estes se envolvem em tarefas normatizadoras, já será principalmente na condição de cidadãos e não mais apenas como cientistas.

Assim, por exemplo, não cabe aos cientistas proibir o fumo em lugares públicos, embora seja resultado do trabalho científico a demonstração de que o fumo, além de prejudicial à saúde de quem fuma, afeta também os que não fumam – os chamados fumantes passivos. Coube ao Poder Legislativo, depois de vários debates públicos, em que os cientistas participaram como tais, mas também e especialmente como cidadãos, produzir a norma proibitiva.

Se, para certas normas (as leis, por exemplo), a sociedade dispõe de mecanismos explícitos e formalmente definidos (a aprovação das leis, pela Constituição, é da competência exclusiva do Poder Legislativo) e pode, por consequência, determinar também punições claras, como multas, prisão, perda de direitos, para quem descumprir as normas; para outras, não há tais mecanismos e a autoridade (isto é, quem pode estipular as normas) é difusa e não está claramente localizada: como se criam, por exemplo, as normas morais; ou as normas de polidez social?

Da mesma forma, não existem, nesses casos, determinações punitivas claras e formalmente definidas para quem não seguir as normas, embora não deixe de haver algum tipo de consequência negativa, de sanção social para quem não as segue.

Como dissemos no capítulo anterior, as normas do "bom uso" linguístico estão, em geral, neste segundo caso. Um dos problemas cruciais da definição da norma-padrão é justamente saber como e donde ela deve emergir. A autoridade é difusa, os critérios têm sido muitos e o processo de seu estabelecimento não é explícito e formalmente definido.

Cabe, portanto, uma discussão mais detalhada do próprio processo normativo, o que faremos na próxima seção.

4. INVESTIGANDO O PROCESSO NORMATIVO

Pode-se dizer que o processo linguístico-normativo no Ocidente se tornou mais sistemático ao tempo da cultura helenística que se desenvolveu na famosa biblioteca de Alexandria entre os séculos III e I a.C., pois foi nesse contexto cultural que nasceu a Gramática como área de estudo, definida por Dionísio Trácio como "o conhecimento empírico do comumente dito nas obras dos poetas e prosadores".

A Gramática deveria, portanto, descrever os usos dos escritores, os fatos de língua que fossem costumeiros, habituais, normais em seus textos. Deduz-se daí que a norma-padrão (o como se deveria dizer) deveria emergir, em princípio, desse estudo empírico. Estabeleceu-se, assim, um primeiro critério normativo – o uso dos escritores (ou seja, abona-se o "bom uso" apelando à autoridade dos escritores).

Como o modelo inicial de referência na cultura helenística eram os escritores antigos (clássicos da cultura grega, como o poeta Homero), agregou-se a esse primeiro critério o princípio de que a norma-padrão deveria privilegiar as estruturas antigas sobre os usos contemporâneos, como se tivesse havido uma idade de ouro da língua que deveria ser preservada e imitada.

Adotado o critério da antiguidade, não demorou a se configurar no imaginário social a ideia equívoca de que a norma-padrão seria imutável. Por consequência, desenvolveu-se toda uma trama discursiva que passou a avaliar os usos cultos contemporâneos não conformes com a norma-padrão como sinais de corrupção, deterioração e decadência da língua: se a "boa língua" é aquela da (pretensa) idade de ouro, todas as expressões linguísticas que vieram depois e dela se afastaram devem ser condenadas e refugadas. A tarefa normativa deveria ser, pois, a de preservar a "pureza" daquela que era a língua "verdadeira". Antiguidade, imutabilidade e purismo se juntaram nesse arcabouço que ainda hoje, milênios depois, continua a afetar as discussões normativas.

Houve quem criticasse esse apego à antiguidade como critério de "boa língua". O grande mestre romano Quintiliano (35-96 d.C.), por exemplo, embora considerasse a antiguidade como um dos fundamentos da "boa" linguagem e até afirmasse que o uso moderado de arcaísmos poderia conferir ao discurso certa majestade, não desprovida de encanto, considerava ridículo preferir a linguagem antiga em detrimento dos usos contemporâneos. Apesar disso, o critério de antiguidade sobreviveu ao passar dos séculos.

O critério da antiguidade aparece, por exemplo, com força na famosa "*questione della lingua*", debate que ocupou intelectuais italianos no início do século XVI sobre qual referência se deveria tomar para construir uma norma-padrão para a península itálica (cf. Migliorini, 1960).

Havia em pauta três possibilidades que assim podemos resumir: criar uma *koiné* – uma norma que combinasse traços das diversas variedades praticadas nas várias cortes da península; ou adotar o toscano contemporâneo; ou adotar o toscano dos grandes poetas e prosadores dos séculos XIII/XIV (Dante, Boccaccio e Petrarca) – tese esta defendida pelo Cardeal Pietro Bembo (1470-1547) num texto publicado em 1525 com o título *Prose nelle quali si ragiona della volgar lingua*.

Venceu o debate a tese da antiguidade. Adotou-se a proposta de Bembo, mesmo sob pena de completa ineficácia: raríssima foi a disseminação social dessa norma-padrão e a questão teve de ser retomada e reformulada depois da unificação da Itália no fim do século XIX (cf., para detalhes da história e da situação linguística italiana, De Mauro, 1963 e 2014).

O critério da antiguidade vai aparecer também como baliza no processo de criação de uma norma-padrão para o português, atravessando os séculos XVIII, XIX e XX, como veremos no capítulo seguinte.

Nesse caso, o apego ao chamado português clássico (que, em tese, seria o dos escritores do século XVI e XVII) mereceu, por exemplo, a crítica de Machado de Assis. Em seu texto "Instinto de nacionalidade" (cf. *Obra completa*, III: 801-9), reconhecendo que as línguas mudam e "alteram com o tempo e as necessidades dos usos e costumes", não via razão naqueles que querem que a "nossa pare no século de quinhentos".

Apesar disso tudo, o critério da antiguidade continua ainda hoje circulando. Temos um exemplo bem próximo de nós no caso das justificativas contrárias a construções como "o guarda mandou eles saírem", que são de uso corrente na norma culta brasileira, mas condenadas nos manuais da norma-padrão por não seguirem – pasmem! – a sintaxe latina originária (as chamadas "construções de acusativo com infinitivo"). Por esse critério, tais construções deveriam espelhar a sintaxe latina e ser construídas sempre com o pronome oblíquo: "o guarda mandou-os sair".

No século XVI, quando se começou a produzir gramáticas para as línguas europeias modernas, recuperou-se a referência ao uso como critério normativo. Não necessariamente o uso antigo (até porque não se havia ainda estabelecido para boa parte dessas línguas um cânone de autores consagrados), mas o uso culto corrente.

Seguia-se aí o ditame de Quintiliano, cujo texto integral, reencontrado num mosteiro na Suíça em 1416, passou a exercer grande influência sobre o pensamento linguístico-retórico europeu até pelo menos o século XVIII.

Quintiliano, como já apontamos, dizia que o uso era o mais seguro mestre do falar. Alertava, porém, que não se tratava de qualquer uso, mas do uso consensual entre os eruditos.

Pondo em termos de hoje, poderíamos dizer que Quintiliano propunha que a norma-padrão emergisse da norma culta corrente. E, em seus próprios termos, era o que diziam os primeiros gramáticos da língua portuguesa – Fernão de Oliveira e João de Barros.

O primeiro declarava, já na dedicatória de sua *Grammatica* (cf. 1975 [1536]), que seu compromisso não era o de impor, mas o de registrar "o bom costume" da fala dos que "mais sabem" com o intuito não de ensinar a estes, mas para que "outros muitos aprendam e saibam quanto prima é a natureza dos nossos homens".

Por sua vez, João de Barros, na sua obra gramatical (cf. Barros, 1971 [1540]: 2), conceituava gramática como "o modo certo e justo de falar e escrever, colhido do uso e da autoridade dos barões doutos".

Essa tendência, porém, perdeu espaço quando, no século XVII, o uso observado na fala dos que "mais sabem" ou no modo de falar e escrever dos "barões doutos" (ou seja, o *consensus eruditorum* postulado por Quintiliano; ou "o comumente dito nas obras dos poetas e prosadores", nas palavras de Dionísio Trácio) cedeu lugar à lógica como critério normativo.

Por essa concepção teórica, não era no uso que se deveria buscar o critério normativo, mas nos "verdadeiros fundamentos da arte de falar" (conforme se lê na *Gramática de Port-Royal* – Arnauld e Lancelot, 2001 [1660]: 5) – fundamentos esses que seriam encontrados na estrutura lógica do pensamento. Em outras palavras, a norma-padrão deveria ser construída com base nos princípios da lógica (a estrutura da língua como espelho da estrutura lógica do pensamento) e não com base no uso dos barões doutos.

Assim é que Jerónimo Soares Barbosa (1737-1816), autor da mais importante das gramáticas do português inspiradas no logicismo (publicada postumamente em 1820), vai – no correr de seu livro IV, todo ele dedicado à sintaxe – apontar "erros" em Camões, em Vieira e em outros vários autores consagrados, justificando sua avaliação não porque as estruturas fugissem ao uso habitual dos eruditos, mas por não se adequarem a princípios de base lógica.

Em suma, da Alexandria dos séculos III a I a.C. até a Europa do século XVIII d.C., o processo normativo foi adotando vários critérios – o uso (não qualquer uso, mas o comum entre os escritores consagrados); a antiguidade (não qualquer escritor, mas só os "clássicos"); e a lógica (só é padrão o que não fere os princípios do pensamento lógico).

Além dessa crescente multiplicidade de critérios, é importante notar que eles nem sempre são compatíveis entre si. O uso linguístico, por exemplo, contradiz muitas vezes a lógica e isso se dá basicamente porque as estruturas da língua não espelham, de fato, as estruturas da lógica – a língua não é o espelho da lógica, mas tem sua ordem própria. Assim, querer impor um critério lógico sobre a estrutura gramatical vai necessariamente conflitar com os critérios da organização gramatical.

Por outro lado, a adoção do critério de antiguidade acaba por conflitar, primeiro, com a vivência que o falante tem da língua (o arcaico ou o que está fora do uso corrente já nada mais lhe diz e está fora de seu domínio espontâneo); e, segundo, com o fato incontornável de que as línguas mudam continuamente no tempo, mesmo quando rigidamente padronizadas. Um dos maiores impasses a que costuma chegar o processo normativo é precisamente este: como se deve proceder para combinar padrão e mudança?

Por fim, é importante também notar que, em geral, os critérios não são adotados de modo consistente: ora se apela ao uso dos escritores consagrados, ora ao uso antigo, ora a motivos de ordem lógica. Um sistema criado assim não tem como escapar de abrigar enunciados incoerentes e contraditórios. Desse modo, serve pouco como instrumento padronizador eficaz e, muitas vezes, acaba por desembocar num discurso normativo dogmático a que temos dado o nome de *norma curta* e ao qual voltaremos mais à frente.

Depois dessa retrospectiva histórica, vamos, na próxima seção, acompanhar o modo como os linguistas começaram a tratar da questão normativa.

5. OS LINGUISTAS ENTRAM EM CENA

Os linguistas começaram a dirigir sua atenção ao processo normativo pelos fins do século XIX. Seu foco era a questão dos fundamentos da norma-padrão ou, mais especificamente, investigar quais critérios adotar para a definição do padrão. Uma das primeiras reflexões sobre o tema tomou forma no contexto de um debate sobre a padronização da língua sueca (cf. Thelander, 2011).

Desde o século XVIII, predominava na Suécia uma perspectiva purista que, além de condenar empréstimos lexicais de línguas românicas e mesmo das germânicas, defendia como referência do "bom uso" o chamado sueco livresco (*boksvenska*), uma forma conservadora e arcaizada da língua. Pelo fim do século XIX, surgiram os defensores da adoção, como referência para a padronização, do *talsvenska*, ou seja, o sueco corrente na fala monitorada das elites de Estocolmo.

Foi nesse contexto histórico que o linguista Adolf Noreen (1854-1925) entrou nos debates. Sua primeira preocupação foi identificar e analisar criticamente diferentes perspectivas existentes sobre os fundamentos da questão normativa.

Em estudo publicado em 1895, no volume I de seu *Spridda Studier* (*Ensaios esparsos*), Noreen listou três perspectivas do normativismo: a histórico-literária (a referência normativa deve ser o uso encontrado em antigos escritores consagrados); a histórico-natural (a referência é pura e simplesmente o uso porque a língua se desenvolve melhor sem normatização explícita); e a racional (a melhor forma linguística é a que une a necessária inteligibilidade com a maior simplicidade possível).

Em outros termos, Noreen apontava três possíveis respostas à pergunta "Que referência se deve tomar para definir o bom uso, o uso correto em determinados contextos?": (a) as formas correntes nos textos dos antigos escritores consagrados; (b) qualquer forma que o uso normal, habitual consagrar; ou (c) as expressões que, sendo o mais simples possível (sem os rebuscamentos típicos do purismo arcaizante), garantam inteligibilidade.

A primeira é claramente conservadora e purista; a segunda é, em princípio, realista: aceita que a própria dinâmica da língua nas interações sociais defina o que é melhor (o padrão, isto é, a relativa uniformização dos usos, se estabelece sem normatização explícita); a terceira é uma diretriz de fundo pragmático (o importante é a fluidez e a inteligibilidade do discurso).

Noreen criticava as duas primeiras. Entendia que não há nenhuma razão para os falantes de hoje serem regidos pelo modo como se dizia num período antigo. A língua muda inexoravelmente com o passar do tempo. Assim, variedades muito distantes no eixo temporal podem se tornar de difícil inteligibilidade, dificultando a interação e, por isso, não há nenhuma razão para adotá-las como padrão.

Por outro lado, Noreen considerava que a ausência de normatização (isto é, deixar tudo por conta do uso) favoreceria o predomínio das forças diferenciadoras e levaria à completa dispersão linguística.

Essa crença, diga-se de passagem, tem sido recorrente nas discussões sobre a normatividade. Em tese, acredita-se que, sem regras normativas, a língua tenderia a se desmembrar, terminando por dar origem a novas línguas. Cita-se, em geral, como exemplo empírico, o caso do latim que, com a dissolução do Império Romano e com o consequente desaparecimento de forças políticas e socioculturais centralizadoras, se diferenciou em cada ponto do antigo Império a ponto de se desdobrar em várias línguas diferentes.

Não se pode, porém, assumir essa crença categoricamente porque há sempre nuanças que a relativizam. No caso do latim, por exemplo, não se pode perder de vista que foram muitos os fatores que contribuíram para sua transformação nas línguas românicas, não só a eventual ausência de um padrão (que, aliás, até havia para os meios mais intelectualizados mesmo depois de dissolvido o Império – o chamado latim clássico).

Por outro lado, é importante ter claro que as forças descentralizadoras e diferenciadoras não atuam sempre livremente, isto é, sem a interferência das forças contrárias (centralizadoras e padronizadoras). Estas, por sua vez, não dependem apenas de regramento explícito. No Brasil, por exemplo, embora não haja normas padronizadoras explícitas para a língua falada (salvo algumas tentativas sem efetivos resultados práticos, como as feitas no Primeiro Congresso de Língua Cantada, em 1936; e no Congresso Brasileiro de Língua Falada no Teatro, de 1956), ainda assim há forças centralizadoras atuando por meio das variedades privilegiadas nos meios de comunicação social de massa (rádio e televisão).

Em suma, a crença de que, sem normatização, a língua fica submetida às forças descentralizadoras e diferenciadoras, embora pertinente, precisa ser adequadamente ponderada caso a caso, lembrando que é da tensão permanente dessas forças com suas contrárias que se faz a dinâmica social e histórica das línguas.

Retornando à argumentação de Noreen, vamos encontrá-lo defendendo, então, a terceira perspectiva. Tinha o entendimento de que o purismo e o conservadorismo, por privilegiarem formas que estão muito distantes da experiência dos falantes, sobrecarregam desnecessariamente a comunicação e o ensino da língua, além de não levarem em conta um fato linguístico elementar: as línguas mudam continuamente no eixo do tempo.

Por isso tudo, argumentava a favor da adoção do sueco corrente na fala culta como referência normativa que, por estar próximo da vivência dos falantes, seria o que melhor garantiria a inteligibilidade, a comunicação e o ensino da língua.

Defendia também a inclusão da estilística em lugar de destaque no currículo escolar, visando oferecer aos alunos a possibilidade de ampliarem seu repertório linguístico e sua sensibilidade para a variação e adequação estilística.

De certa forma, com seu princípio da adequação à finalidade comunicativa, Noreen dava os primeiros passos para a compreensão científica de que não há formas corretas em sentido absoluto (ou seja, nada é correto em si, independentemente de qualquer situação interacional), mas o correto é o que está adequado a cada contexto, o que atende as expectativas socioculturais para cada situação interacional.

Por outro lado, ao propor um critério pragmático como referência (padronizar sem sobrecarregar desnecessariamente os falantes e o ensino), Noreen dava, de certa forma, uma resposta às demandas de seu tempo, às demandas de uma sociedade que se urbanizava, se massificava, e na qual as relações sociais se tornavam cada vez mais complexas e menos aristocratizadas.

Essa nova configuração social ampliava também o acesso à escola e, no plano comunicacional, punha no horizonte a necessidade de superar concepções e referências linguísticas puristas e conservadoras, aproximando o padrão da norma urbana culta corrente.

Pode-se dizer que essa postura contrária ao purismo e favorável a um padrão que venha a emergir da norma culta corrente caracteriza, desde Noreen pelo menos, o pensamento dos linguistas que se envolvem com a questão normativa.

Trata-se de uma visão que podemos classificar de pragmática porque busca estabelecer, com base nos usos cultos contemporâneos (e não num passado já arcaico) uma referência padronizadora eficaz (não mero exercício estético), tendo em conta as funções da norma-padrão numa sociedade moderna – garantir, pela relativa uniformização das formas, a interação pública supradialetal para além dos limites espaciais e temporais; ou, como sintetizará posteriormente o linguista estadunidense Einar Haugen, alcançar a variação mínima na forma e a variação máxima na função (cf. Haugen, 2001: 110).

É essa mesma perspectiva geral que orientou, por exemplo, a intervenção dos linguistas do Círculo Linguístico de Praga num debate público sobre o padrão da língua checa contemporânea (cf. Nekvapil, 2010).

O Círculo Linguístico de Praga reuniu, entre 1926 e 1939, na capital checa, um grupo de linguistas e críticos literários que deram importantes contribuições seja para a Linguística, seja para os estudos da literatura. Seu criador foi o linguista checo Vilém Mathesius. Participaram também desse grupo os linguistas russos Roman Jakobson e Nikolai Trubetzkoy. Dentre seu legado, podemos destacar as bases de uma fonologia estrutural, o estudo funcional da sentença e proposições relativas ao processo normatizador.

No início da década de 1930, os linguistas de Praga, liderados por Vilém Mathesius (1882-1945), o criador do Círculo, polemizaram com os editores da revista *Naše řeč* (*Nossa Língua*), que defendiam um padrão purista para a língua checa, tendo como referência o uso de escritores do século XVI e XVII – uso anterior ao período em que se intensificou a germanização da Boêmia e da Morávia, como consequência das medidas centralizadoras do Império Austríaco, ao qual pertenciam essas duas regiões de língua checa.

Os linguistas do Círculo de Praga organizaram um ciclo de conferências em 1932 e publicaram em seguida um livro organizado por B. Havránek e M. Weingart (*Spisovná čeština a jazyková kultura – O checo padrão e a cultura da língua*) com as chamadas *Teses de 1932* (por analogia com as famosas *Teses de 1929*, apresentadas pelo mesmo grupo no I Congresso Internacional de Eslavistas, realizado em Praga, e que sintetizaram a visão estrutural e funcional da Linguística defendida pelo Círculo).

Nessas teses de 1932, Mathesius e seus pares argumentaram que a atitude purista não era sustentável, em primeiro lugar, porque ignorava o fato elementar de que não há padrão absoluto e universal de correção (não há o correto em si e válido para todas as situações), mas, considerando a existência da variação estilística/funcional (os registros), só se pode pensar o correto como um critério relativo, isto é, sempre em relação a cada contexto de uso. Nesse sentido, a norma-padrão não é necessariamente adequada em todos os contextos. E qualquer padrão de referência não pode ser rígido: deve ser dotado do que Mathesius chamava de *estabilidade flexível*, ou seja, deve ser relativamente estável, mas, ao mesmo tempo, adaptável a seus múltiplos usos e aberto às inevitáveis mudanças linguísticas.

Por outro lado, o apego a uma referência linguística antiga prejudica a funcionalidade da norma-padrão e seu ensino por mantê-la distante da vivência concreta e do senso linguístico dos falantes. É, portanto, ineficaz e deve ser evitado.

Note-se que tanto Noreen quanto os linguistas de Praga se puseram a questão normativa a partir de um debate social concreto. Ao mesmo tempo que investigaram possíveis critérios subjacentes à normatização, posicionaram-se politicamente a favor de um critério antipurista e pautado pela eficácia comunicacional, com repercussões para o ensino e o cultivo da língua. Envolveram-se, portanto, com a questão normativa sob duas condições: (a) como linguistas, buscando explicitar as bases do processo normativo; e (b) como cidadãos, recomendando, no debate público, a adoção de critérios funcionais, realistas e eficazes na postulação do padrão.

Outro linguista que se dedicou a perscrutar o intrincado processo subjacente à criação da "norma normativa" foi o dinamarquês Otto Jespersen (1860-1943). Dedicou seu livro *Mankind, Nation and Individual: From a Linguistic Point of View* – publicado em 1925 em dinamarquês e traduzido para o inglês em 1946 – ao estudo das comunidades linguísticas, da variação geográfica, social e estilística, e dos critérios de correção.

A esse último tema, Jespersen destinou dois dos capítulos desse seu livro. Defendeu a importância de os linguistas se dedicarem a deslindar os principais fatores que funcionam nas situações em que se desenvolve um processo de padronização linguística, não deixando de considerar que esse funcionamento se dá de formas e graus diferentes em diferentes sociedades.

Ao resenhar o trabalho de Noreen, manifestou sua concordância com as críticas que este tinha feito às perspectivas histórico-literária e histórico-natural. No entanto, criticou a defesa que Noreen fazia da perspectiva racional porque, segundo seu entendimento, ela não fornecia um critério efetivo para decidir se uma forma pertence ou não ao "bom uso", mas apenas para decidir se seu uso é comunicativamente vantajoso.

Não se nega razão a Jespersen nessa observação. De fato, não é apenas o critério da vantagem comunicacional em si que dá parâmetros para decidir se uma forma pertence ou não ao "bom uso". No entanto, é importante que se diga que Noreen justificava a adoção do sueco culto contemporâneo como a referência padronizadora precisamente porque o considerava comunicativamente vantajoso por estar próximo da vivência dos falantes.

Jespersen, ao organizar sua própria argumentação, levantava duas questões cruciais sobre a "norma normativa": em que bases uma forma é considerada mais correta que outra? E, em casos de dúvida, o que se tomará como referência para decidir?

Ao formular sua resposta a essas questões, Jespersen começou por mostrar que, nas discussões sobre correção linguística nos manuais normativos, nas escolas, nos jornais e nas interações do cotidiano, não existe um critério único e inteiramente consistente: ora apela-se para um critério de autoridade, ora para um modelo geográfico, ou literário, ou aristocrático, ou democrático, ou lógico ou, ainda, estético.

No correr do capítulo V de seu livro, Jespersen comenta e critica cada um desses critérios. Vamos resumir aqui sua exposição porque ela traz à tona muitos dos problemas de fundo do estabelecimento de uma norma-padrão. Repassemos, a seguir, cada um dos critérios identificados por Jespersen nos processos padronizadores:

O critério aristocrático

Ao tratar do critério aristocrático, pelo qual a referência para a construção da norma-padrão seriam as variedades dos estratos socioeconômicos altos, Jespersen reconhece que a "boa língua" tem vínculos históricos com esses estratos cujo uso influenciou e continua a influenciar os juízos de correção. Nesse sentido, haveria, no senso linguístico dos estratos sociais que têm a correção linguística na sua pauta de interesses, uma espécie de princípio geral – "Evite falar como as pessoas dos estratos socioeconômicos baixos".

No entanto, diz Jespersen, embora haja esse vínculo histórico entre a norma dos estratos socioeconômicos altos e a norma-padrão, não se pode pôr toda a confiança nesse critério porque não se sabe com exatidão como torná-lo integralmente efetivo: não há uma clara linha de corte para selecionar os falantes-referência – seria suficiente recortar os falantes pelo nível de renda? Ou o nível de escolaridade seria mais importante (considerando, por exemplo, que nem todos os falantes dos estratos socioeconômicos altos têm escolaridade básica completa ou alcançaram o ensino superior)? Ou a atividade profissional deveria também ter peso (recortar, por exemplo, só os que se dedicam recorrentemente às práticas sociais de escrita)?

Na ausência dessa linha clara de corte, Jespersen se pergunta se seria, então, plausível um critério democrático – um critério que, com base num levantamento estatístico, apontasse os usos majoritários e os incorporasse à norma-padrão?

O critério democrático

Jespersen considera que tal critério, sem outras reservas, seria inalcançável na prática, não só em decorrência da heterogeneidade linguística, mas também porque, embora o uso seja, desde os romanos, dado como a grande autoridade em língua, sabe-se que a aceitabilidade dos usos como padrão não se pauta apenas por critérios estatísticos gerais, já que sempre se tomou apenas certos usos como referência (a norma culta) e não todo e qualquer uso.

O critério lógico

Na sequência de sua exposição, Jespersen exclui o critério lógico pelo mesmo motivo que já expusemos: a língua tem uma ordem própria que não se confunde com a ordem lógica. Ou, como diz Jespersen com muita propriedade, a língua não é lógica ou ilógica, mas alógica.

E acrescenta duas observações interessantes. Na primeira diz que, em muitos casos, o que se dá como lógico por alguns gramáticos normativos não passa de gramática latina disfarçada, considerando que, por muito tempo, circulou a concepção de que a estrutura gramatical do latim era o suprassumo da lógica.

Na segunda, diz que quando uma expressão é condenada como incorreta pelo fato de ser ilógica, em geral, numa análise mais cuidada, fica claro que a condenação deriva de uma visão estreita da lógica ou da gramática, ou de ambas.

Deveríamos, então, adotar um critério geográfico, ou seja, identificar a variedade do lugar onde (supostamente) melhor se fala a língua?

O critério geográfico

Na crítica a esse critério, Jespersen mostra que há aí pelo menos dois equívocos. O primeiro é desconsiderar que a vantagem de uma norma-padrão, até para garantir sua ampla aceitação, é precisamente estar livre de marcas fortes de localismo.

O segundo equívoco é não considerar o fato elementar de que não há superioridade intrínseca de uma variedade regional sobre as demais e nem sequer é possível identificar um português, um francês, um inglês etc. puro, genuíno, verdadeiro.

Por outro lado, mesmo quando se diz que a norma-padrão está correlacionada com a variedade de uma certa região, o teórico e crítico britânico Raymond Williams (1921-1988) apontou, no capítulo intitulado "The Growth of Standard English" do seu livro *Long Revolution*, que o que aí ocorre, de fato, não é propriamente a promoção a padrão de um dialeto regional como tal e sim a de um dialeto de classe social, o que traz de volta o critério aristocrático.

Assim, o inglês britânico padrão, embora tenha emergido no eixo Londres-Oxford-Cambridge, mostrou-se, desde o início, muito diferente da fala da maioria dos que nasceram naquele espaço geográfico. Identifica-se antes com as variedades dos estratos socioeconômicos altos da região e dos que se mudaram para lá para ocupar os principais cargos no governo ou para estudar nas duas grandes universidades (Oxford e Cambridge) – duas possibilidades que raramente se abriam para pessoas oriundas de outros estratos socioeconômicos (cf. Williams, 1961: 215 *ss.*).

O critério literário (o uso corrente entre os grandes escritores)

Quanto ao critério literário, o uso dos grandes escritores (talvez o mais antigo na nossa tradição normativa ocidental), Jespersen levanta o problema de como identificar os autores que deveríamos seguir, ou seja, quais são os grandes escritores. Argumenta que ficamos na dependência de uma avaliação externa ao domínio apenas linguístico – uma avaliação de excelência literária para a qual não há padrões genericamente aceitos e, portanto, sempre circularíamos numa esfera de incerteza já que os juízos avaliativos diferem muito.

Podemos – diz ele – concordar sobre os clássicos. Contudo, muitos aspectos de sua língua são atualmente obsoletos. Menciona Shakespeare, por exemplo, que não é um modelo a ser seguido hoje sem reservas.

Acrescenta, porém, que não devemos abandonar totalmente o uso dos escritores como referência, mas tendo clareza de que tal uso não resolve, por si só, a questão normativa. Aqui é preciso levar em conta que os escritores não seguem sempre a norma-padrão: algumas vezes, abrem seus textos para usos inovadores da fala culta numa busca de renovação da língua literária; outras vezes, exploram esteticamente construções de variedades menos formais. De qualquer forma, diz Jespersen, dar atenção aos usos dos escritores é muitas vezes útil para calar aqueles que gostam de apontar erros nos outros.

Por outro lado, com essas dificuldades inerentes ao critério literário, tendemos a cair muito facilmente num argumento circular: dizemos que a boa língua (a norma-padrão) é a que encontramos nos melhores escritores; mas arrolamos como melhores escritores os que escrevem a língua segundo a norma-padrão pré-definida.

E isso fica muito claro quando observamos que só são retirados das obras dos grandes escritores exemplos que corroboram as regras normativas definidas aprioristicamente. Quando nos mesmos escritores ocorrem regularmente usos linguísticos que não o fazem, tais casos são ignorados ou, eventualmente, até condenados. Trechos retirados de Machado de Assis, por exemplo, são muito frequentes nas exemplificações das gramáticas normativas. No entanto, estas nunca trazem o famoso trecho em que ele descreve "a cabeça de Rubião *meia inclinada*", porque a tradição normativa estipulou que *meio*, sendo advérbio, não pode flexionar. Ou seja, nosso grande romancista serve apenas quando corrobora as regras. Se não as segue, é ignorado como modelo.

O critério estético

Pelo critério estético, seria correto o que é belo, o que não fere nosso senso estético. Mas, diz Jespersen, também esse não é um critério consistente porque não se pode negar que há beleza mesmo onde não há correção, isto é, onde não se segue a norma-padrão, como, por exemplo, na poesia e nas narrativas populares.

O critério da autoridade

Este critério toma como referência de correção o que dizem as Academias oficiais (nos raros casos em que elas existem, como na França e na Espanha) ou os gramáticos que se apresentam como "legisladores". Sobre esse critério, Jespersen observa o que já apontamos aqui: não existe nenhuma autoridade com soberania em matéria de língua. Por outro lado, as gramáticas têm várias regras para as quais não há base real na língua – ou são inventadas pelos gramáticos, ou são muito gerais, ou muito rígidas ou caem em minúcias e preciosismos inúteis, ou não acompanham as mudanças.

Diante desse quadro de total dispersão, Jespersen conclui que nenhum dos critérios se mostra capaz por si só de ser usado como um padrão cientificamente confiável para sustentar um juízo de correção e para resolver os casos duvidosos. Ou seja, Jespersen deixa evidente o fato de que, no fundo, a "norma normativa" costuma ser profundamente aleatória. E encerra o capítulo V de seu livro se perguntando se a questão normativa é insolúvel.

Jespersen dedica, então, o capítulo VI de seu livro à tentativa de estipular um critério que pudesse servir de base para definir uma forma como mais correta que outra. Não considera insolúvel, portanto, a questão normativa. Sua proposta, contudo, se mostra também claramente insuficiente.

Reconhece que uma "norma normativa" não pode ser fixada uma vez para sempre (pelo simples fato de que a língua muda continuamente). Assim, nem tudo que, com o passar do tempo, começa a conflitar com a tradição normativa é necessariamente condenável ou inaceitável.

A mudança linguística é visível no caso de várias regências verbais inovadoras em português que ocorrem não só na fala, mas também na escrita de autores consagrados. Estão nessa categoria verbos transitivos diretos que se tornaram transitivos indiretos, tais como *implicar em*, *namorar com*; ou o contrário, como *obedecer*, *aspirar*, *atender*, *visar* etc.

Citamos aqui alguns exemplos coletados por Celso Luft:

– "E o dr. Carmo, namorando agora com aquela sem-vergonha." (José Lins do Rego)
– "...ele não teria por que obedecê-la." (Clarice Lispector)
– "...aspira 'branquear' toda a população." (Darcy Ribeiro)
– "O ataque visava cortar a retaguarda da linha de frente." (Euclides da Cunha)

Embora seja comum em alguns instrumentos normativos a insistência nas regências antigas como as únicas aceitáveis,

Celso Luft, em seu clássico dicionário de regência verbal (cf. Luft, 2009), não condena as novas regências (nem poderia, dado o seu uso extensivo em autores de prestígio sociocultural), apenas **recomenda** as antigas.

Em outras palavras, cabe ao falante optar: se deseja uma expressão mais conservadora, segue a recomendação; se não, usa a regência inovadora sem que se deva ou se possa recriminá-lo por isso.

Jespersen reconhece também que, no fundo, são poucos os casos sobre os quais há efetiva rigidez normativa. Na maior parte das vezes, os falantes têm, de fato, escolhas à sua disposição, ou seja, um amplo espaço de liberdade nem sempre percebido pelos que entendem equivocadamente que o padrão não admite variação e deve ser inflexível. São exemplos aqui os casos de concordância verbal apresentados pelas gramáticas normativas do português: a maior parte deles é constituída de construções alternativas ("a maioria dos alunos chegou cedo" ou "a maioria dos alunos chegaram cedo") que, por isso mesmo, dispensam normatização.

No entanto, ao tentar explicitar o critério com que se define uma forma como mais correta que outra, Jespersen não passa do reconhecimento da dinâmica das "normas normais", isto é, não chega, de fato, aos fundamentos da criação da "norma normativa".

Diz ele (2007: 103) que é linguisticamente correto o que é demandado pela comunidade de fala a que pertence o falante. Ora, esse postulado dá conta do fato de que os falantes aprendem a falar no interior da comunidade de fala a que pertencem e tendem a se conformar, como mostram os estudos de Psicologia Social, com as práticas linguísticas dessa comunidade: falam como falam seus pares (isto é, usam o mesmo dialeto sociorregional de seus pares) e adequam sua fala e escrita aos registros correntes em sua comunidade.

O postulado de Jespersen tem o mérito de reconhecer que não há critério absoluto de correção – em princípio, só pode ser considerado "erro" o que vai contra o que é esperado no interior de cada comunidade de fala. Se a expressão linguística está de acordo com as "normas normais" da comunidade (aí incluídas, como vimos, as tendências partilhadas de mudanças – cf. Lucchesi, 2015), está, portanto, correta. Não há como raciocinar de outra forma, salvo negando a própria organização estrutural das variedades constitutivas da língua ou considerando-as como não língua – atitudes claramente absurdas.

Ora, esse postulado de Jespersen é de aceitação geral (e pacífica) na linguística porque decorre do fato de que toda e qualquer variedade tem plenitude formal (isto é, tem organização estrutural) e, portanto, todas as expressões que emergem regularmente dessa organização são estruturalmente justificáveis e corretas na comunidade de fala que as usa.

No entanto, esse postulado não elucida suficientemente como se dá o processo de construção da "norma normativa" (da norma-padrão), ou seja, o que fundamenta a escolha, pelos criadores dessa norma, das formas que são nela incluídas como corretas com o intuito de controlar explicitamente o dizer dos falantes (buscando uniformizá-lo) em determinados contextos.

Comentando o texto de Jespersen, o gramático brasileiro Evanildo Bechara, em conferência proferida em 2000 com o título "A norma culta em face da democratização do ensino", afirma que o postulado de Jespersen apenas diz que nenhum modo de falar é correto em si mesmo. Ao contrário: é correto por ser um "assim se diz" costumeiro, habitual, normal numa determinada comunidade de fala.

Por consequência, também não há "erro" em si; o que se classifica eventualmente de "erro" é o que foge ao "assim se diz", à "norma normal" de cada comunidade de fala, incluindo, como já ressaltamos, as direções que as mudanças vão tomando em seu interior.

Indo adiante, Bechara acrescenta que, igualmente, nenhum modo de falar é em si mesmo exemplar, ou seja, nenhum modo de falar entra na norma-padrão por si, mas é eleito como exemplar, é incluído na norma-padrão. E sugere que isso se dá por dois caminhos: ou por tácita aceitação dos falantes, ou pela ação dos gramáticos.

Bechara aponta, com propriedade, que a 'língua' exemplar (a norma-padrão) resulta de seleção. No entanto, não esclarece como se dá tal processo seletivo, ou seja, como (e por que) se dá a aceitação tácita de um fato como exemplar pelos falantes ou quais fundamentos sustentam a ação dos gramáticos "legisladores". Continuamos, pois, no âmbito da norma-padrão, sem resposta para a questão levantada por Jespersen (em que bases uma forma é considerada mais correta que outra?).

Bechara diz apenas que se elege o modo de falar dos falantes cultos como o modo exemplar de falar. No entanto, se é essa a referência de fato, ficamos sem saber como se deve explicar as muitas discrepâncias que, no caso brasileiro, são evidentes entre os ditames da norma-padrão e os usos dos falantes cultos.

Se é eleito como exemplar o modo de falar dos falantes cultos, que justificativa se pode dar (para ficarmos num só exemplo) para a condenação que ainda hoje é comum nas gramáticas normativas brasileiras do uso existencial do verbo *ter* ("Tinha uma pedra no meio do caminho"), considerando que sua ocorrência é quase universal na norma culta falada no Brasil?

A asserção geral de Bechara retoma, no fundo, a tese de Quintiliano de que o melhor mestre do dizer é o uso dos eruditos, dos letrados. Em outras palavras, defende que a norma-padrão seja, em princípio, espelho da norma culta. Por essa ótica, uma gramática normativa deveria, em tese, encontrar seu fundamento numa gramática descritiva da norma culta. Seria essa descrição que forneceria as bases para uma forma ser considerada mais correta que outra.

E é isso mesmo que pensa Bechara, conforme podemos ler no texto em que apresentou sua gramática na mesa-redonda sobre gramáticas contemporâneas do português que ocorreu em 2013 durante o IV Simelp – Simpósio Mundial de Estudos de Língua Portuguesa (texto reproduzido em Neves e Casseb-Galvão, 2014: 19-30).

Diz ele aí que, para não ser caprichosa e contraproducente, a gramática normativa (a gramática que estipula o "como se deve dizer") depende da gramática descritiva (a gramática que põe seu foco no "assim se diz").

Duas páginas à frente, reitera que a gramática normativa deve apoiar-se na realidade que lhe apresenta a língua comum escrita, sedimentada tanto nos textos literários quanto nos técnicos e científicos. E lembra, por analogia, que regras jurídicas que não se assentam na realidade social, depreendidas pelo estudo sociológico puro, caem no vazio e são inoperantes e até negativas.

Impossível, claro, não concordar com essa tese genérica. Nesse sentido, não cansamos de voltar sempre às palavras de Dionísio Trácio e reiterar que a norma-padrão deve resultar do "conhecimento empírico do comumente dito nas obras dos poetas e prosadores"; ou, nos termos de Bechara, da "língua comum escrita" (que, em sua exposição, se apresenta ampliada: envolve, como tradicionalmente, os textos literários, mas inclui também os técnicos e científicos).

Em outras palavras, não há como, ao selecionar as estruturas que comporão a norma-padrão, escapar de observar e descrever o que é recorrente, habitual, normal, costumeiro no dizer dos falantes cultos em situações monitoradas e nas suas práticas de escrita. De outra forma, as regras normativas serão caprichosas e contraproducentes; cairão no vazio; serão inoperantes e até negativas (aproveitando aqui as palavras do próprio Bechara).

Ora, é justamente assim que se apresentam muitas das regras da norma-padrão brasileira, que há mais de um século e meio são repetidas sem efeito prático; há mais de um século e meio os mesmos "erros comuns" são apontados e condenados pelos manuais normativos sem que haja qualquer efeito prático seja no uso, seja no ensino da língua. O máximo que esses manuais conseguem é criar confusão e insegurança nos falantes.

A raiz disso está precisamente na falta de suporte descritivo sistemático para muitas das disposições normativas correntes no Brasil, ou seja, a declaração genérica de que a gramática normativa depende da gramática descritiva não funciona de fato na prática, não é levada às últimas consequências.

Os gramáticos normativos, pelo menos na tradição luso-brasileira, nunca assentaram, de fato, suas estipulações num estudo empírico sistemático da norma culta, da "língua comum escrita". Selecionaram construções muito mais por intuição ou por gosto pessoal (ou, ainda e pior, por pura invencionice) do que por pesquisa empírica efetiva.

Um exemplo simples de regra inventada pela nossa tradição normativa é a distinção de *este* e *esse* (que já comentamos no capítulo anterior). A "tradição normativa" estipula uma vinculação entre *este* e a primeira pessoa, e entre *esse* e a segunda pessoa: entes próximos da pessoa que fala serão determinados por *este*, e os próximos da pessoa com quem se fala o serão por *esse*.

Essa regra jamais teria sido proposta se tivesse havido um estudo empírico sistemático das ocorrências dos referidos pronomes em grandes escritores como Camões ou o padre Vieira. Ela, de fato, não tem nenhum respaldo no uso efetivo da língua. Foi antes uma invenção do gramático Antônio de Moraes Silva em seu *Epítome da grammatica da lingua portuguesa*, publicado em 1806 (cf. Silva, 1806: 27). Talvez incomodado com a existência, na mesma área gramatical, de dois termos morfologicamente muito parecidos, se sentiu ele na obrigação de diferenciá-los por conta própria (e tendo as gramáticas latinas como referência) sem se dar ao trabalho de uma investigação empírica sistemática, que revelaria um uso em geral indistinto dos dois termos na "língua comum escrita".

Desde então, a "tradição normativa" repete essa regra por absoluta inércia. Tem ela pouco efeito prático (grandes escritores posteriores, como Machado de Assis, a ignoraram). Contudo, continua servindo para testar "conhecimento gramatical" em exames de escolaridade, em concursos públicos etc., com claros prejuízos aos examinandos: perdem ponto (e, portanto, lugares na classificação final) por não seguirem uma regra inventada, uma regra para a qual não há nenhum respaldo empírico.

Não há também respaldo empírico para o acréscimo que se fez posteriormente estipulando que, no interior do texto, *esse* deve ser usado para fazer remissão ao que foi dito (o chamado uso anafórico) e *este*, ao que será dito em seguida (o chamado uso catafórico).

De novo, um estudo empírico sistemático mostraria a total ausência de respaldo para tal regra no uso dos grandes escritores ou na "língua comum escrita".

Outro caso de regras normativas inventadas é o das regras de colocação dos pronomes oblíquos, que, desde fins do século XIX, têm atormentado (e prejudicado) sucessivas gerações de estudantes e de profissionais da escrita. Elas foram inventadas no Brasil em meio aos debates sobre um possível abrasileiramento da "língua comum escrita" (cf. a discussão na seção 6 do capítulo "Breve histórico da normatização do português"). Percebeu-se, nesses debates, que havia diferenças entre a colocação pronominal brasileira e a portuguesa. Em vez de registrar simplesmente os usos brasileiros, os polemistas passaram a condenar esses usos (a diferença foi transformada em "erro") e deram início a um processo de fixação de regras de colocação sem se darem ao trabalho de um estudo empírico mais sistemático.

O resultado foi um (interminável) rol de regras, boa parte das quais não passa de invenção, a justificar rudes condenações da escrita brasileira. O escritor Mário de Alencar, filho de José de Alencar, escreveu, em 1919, uma síntese crítica dessa questão, que classificou de "fetiche gramatical" que, segundo ele, se tornou fanatismo (cf. Pinto, 1978: 457-68). E o paradoxo disso tudo é que a colocação brasileira reflete os usos antigos da língua dos quais o português europeu se afastou desde o século XVIII.

Sem efetivo estudo empírico, os gramáticos "legisladores" foram criando arbitrariamente uma "tradição normativa" que não assume em nenhum momento seus defeitos de base e que se perpetua por inércia (e em nome de uma suposta autoridade) apresentando regras para os dados como se elas estivessem ali e fossem aceitas assim desde tempos imemoriais. Nesse sentido, não é certamente por acaso que o discurso da "tradição normativa" deu vida própria, personalizou a norma-padrão, que passou a ter até vontade própria: ela "não aceita", "não admite", "condena", "proíbe", "insiste em" este ou aquele uso.

Considerando que, como vimos, não existe autoridade soberana em matéria de língua, é preciso entender os diferentes motivos pelos quais essa "tradição normativa" arbitrariamente construída foi recebendo, no caso brasileiro, legitimidade social dos estratos socioeconômicos para os quais a correção linguística é uma questão relevante.

Em primeiro lugar, é preciso considerar o fato de que, mesmo arbitrária, essa "tradição" foi respondendo às expectativas da cultura normativa, satisfazendo o desejo de ter parâmetros de correção, em especial numa sociedade como a nossa em que, em razão de suas origens coloniais, era (e continua sendo) grande a distância social (e linguística) entre os estratos socioeconômicos.

Os segmentos populacionais, numericamente expressivos, que compunham os estratos mais baixos da pirâmide social não tinham qualquer acesso à educação e aos bens da cultura escrita e, por sua história sociocultural, falavam variedades profundamente estigmatizadas da língua. Nessa configuração sociolinguística, os estratos altos sentiam a necessidade de marcar, pela língua, sua distância social da maioria da população. Por isso, ansiavam por padrões de correção e acolhiam prazerosamente qualquer invencionice de gramáticos desde que enunciada com ares de autoridade.

Em segundo lugar, observa-se que os autores dos instrumentos que delinearam a norma-padrão brasileira no século XIX estavam, em geral, vinculados a instituições de ensino tomadas como referência (como o Colégio Pedro II). Desse modo, o prestígio sociocultural das instituições se transferia para os gramáticos "legisladores" que ali atuavam como professores.

E, por fim, a "tradição normativa" adquiriu legitimidade pelo respaldo que recebeu do Estado. Se, como veremos no capítulo seguinte, houve, no século XVIII, um ato do rei tornando oficial no sistema escolar português a gramática de Reis Lobato (publicada em 1770); no Brasil, o Estado legitimou a "tradição normativa" ao transpô-la para os programas escolares já no final da década de 1880. Esses programas foram sendo repetidos, ao longo do século XX, a cada vez que se reformou o sistema de ensino; e passaram a servir de parâmetro tanto para os exames de escolaridade (os vestibulares, por exemplo) quanto para as provas dos concursos para cargos e empregos públicos.

Sem base efetiva na realidade dos registros cultos da língua, a norma-padrão estipulada pela "tradição normativa" brasileira, apesar de ter recebido certa legitimidade, se mostrou sempre pouco eficaz – nunca conseguiu orientar efetivamente o modo como se fala ou se escreve a língua no Brasil. Como dissemos antes, continuamos, um século e meio depois, a "cometer", nos usos cultos, os mesmos "erros mais comuns".

No entanto, essa norma-padrão aleatoriamente criada tem se mantido útil como instrumento de controle social: é preciso conhecê-la em suas minúcias para poder transpor as barreiras que limitam o acesso aos postos educacionais e profissionais mais prestigiados e ambicionados socialmente.

Por isso tudo, essa norma-padrão logo se degenerou, caindo num discurso categórico, dogmático, inflexível a que temos dado o nome de *norma curta* (cf. Faraco, 2008: 91 *ss.*), uma súmula grosseira de preceitos normativos – o reino do certo e do errado tomados em sentido absoluto.

Infelizmente, é essa *norma curta* que tem servido de referência no nosso sistema escolar e tem sido reforçada por boa parte dos consultórios gramaticais da mídia, pela ação dos revisores das editoras, por manuais de redação dos grandes jornais e por elaboradores de questões de concursos públicos, alimentando um imaginário social de que a língua portuguesa é difícil e de que no Brasil se fala muito mal e se escreve ainda pior.

Talvez por se dedicarem ao estudo da história da língua, boa parte dos filólogos brasileiros sempre criticou essa situação. Afinal, como dizia Jespersen (em seu livro *The Philosophy of Language*, publicado em 1924), o conhecimento linguístico histórico é da maior importância para o estudioso da língua: abre sua mente e contribui para eliminar aquela tendência à condenação dos fatos que é o pecado habitual dos gramáticos normativos que conhecem pouco a história, pois é ela que deixa evidente que a língua muda constantemente e o que foi considerado "má gramática" num período pode perfeitamente se tornar "boa gramática" num período posterior (cf. Jespersen, 1951: 345).

A crítica dos filólogos, no entanto, nunca teve maiores resultados práticos. O máximo que se conseguiu foi uma relativa flexibilização de alguns preceitos nas gramáticas cujos autores eram também filólogos, como Gladstone Chaves de Melo, Celso Cunha e Evanildo Bechara.

A maioria dos linguistas brasileiros, em especial os especialistas em Dialetologia, Sociolinguística e Linguística Histórica, também têm sido críticos da norma-padrão tradicional. Alguns têm, inclusive, escrito gramáticas que dão visibilidade aos resultados dos estudos da realidade sociolinguística brasileira (cf. Faraco e Vieira, 2016).

Apesar disso tudo, o imbróglio normativo brasileiro continua inalterado, com evidentes prejuízos para o ensino e para o uso e o cultivo dos registros cultos da língua.

Será que a questão normativa – como um dia se perguntou Jespersen – é insolúvel?

Vamos tentar responder essa questão na próxima seção.

6. EM BUSCA DE UMA SOLUÇÃO

Gostaríamos de encerrar esse capítulo com uma perspectiva positiva: a questão normativa não é insolúvel. Há, certamente, saídas para o imbróglio normativo brasileiro.

A primeira e mais urgente tarefa é limpar a pauta normativa, submetendo todos os preceitos da atual norma-padrão brasileira a uma crítica rigorosa e sistemática, eliminando o que notoriamente é pura invenção. Por outro lado, o que notoriamente conflita com os usos cultos correntes, em geral por ter sido proposto com base em certos usos típicos de escritores portugueses do século XIX, deve ser apresentado como possibilidade, não como obrigatoriedade.

Paralelamente, porém, é preciso continuar ampliando nossas referências. Não queremos regras normativas vazias, inoperantes, contraproducentes, sem base efetiva nos usos linguísticos. Sabemos, pela observação de situações concretas, que se procedermos de forma aleatória, as regras normativas terão esses defeitos (como é o caso de várias regras da atual norma-padrão brasileira). Sabemos também que tais regras serão igualmente contraproducentes, vazias, ineficazes se tomarmos como referência os usos antigos da língua não mais correntes.

Assim, não temos como escapar do estudo empírico sistemático; e de levar a sério o princípio de que **a gramática normativa depende da gramática descritiva**. Podemos alcançar esses desideratos dando continuidade ao trabalho de registro e descrição da norma culta brasileira (o modo como é falada a língua em situações monitoradas pelos estratos urbanos médios e altos, com escolaridade completa e com amplo acesso aos bens da cultura escrita), assim como do modo como esses estratos avaliam os diversos usos sociais da língua (lembrando sempre que os valores sociais têm também impacto na constituição da norma-padrão).

É fundamental também continuarmos investindo na constituição de bancos de dados de língua escrita que sejam numericamente expressivos e efetivamente representativos de um amplo espectro de gêneros típicos da cultura escrita: literários, científicos, técnicos, filosóficos e jornalísticos.

Podemos concordar com as ressalvas de Jespersen tanto a propósito da identificação precisa dos falantes-referência (no caso da norma culta), quanto da identificação dos autores consagrados (no caso da língua escrita).

No entanto, para identificar os falantes-referência, temos algumas coordenadas para tomar como ponto de partida (que, claro, deverão ser refinadas à medida que os estudos avançam). Não podemos deixar de considerar, por exemplo, o nível de escolaridade e letramento dos informantes (que pode ser avaliado, por exemplo, pelo maior ou menor grau de envolvimento profissional com as práticas de escrita). No entanto, é preciso estar sempre alerta para as eventuais nuanças da situação brasileira.

Nesse ponto, temos, como parâmetro para as nossas discussões, a interessante lição do projeto Norma Linguística Urbana Culta (Nurc), desenvolvido no Brasil no início da década de 1970. Assumiu-se naquele projeto que a norma culta seria característica de falantes com escolaridade superior completa. Nesse sentido, ela seria, no Brasil, a variedade linguística de uma parcela ínfima da população, considerando que aqui, mesmo no início do século XXI, apenas aproximadamente 10% da população adulta tem escolaridade superior. Desse modo, a norma culta não estaria, entre nós, desvencilhada de um certo matiz aristocrático.

No entanto, para surpresa de alguns estudiosos dos dados coletados, a fala em situações monitoradas desse grupo restrito não diferia substancialmente do que o linguista Dino Pretti chamou de *linguagem urbana comum* (cf. Pretti, 1997), ou seja, o conjunto das variedades faladas pelas populações tradicionalmente urbanas, situadas num estrato médio e médio-alto de renda e que, por isso, têm garantido para si, historicamente, bons níveis de escolaridade (pelo menos a educação média completa e não necessariamente a educação superior) e condições materiais de acesso aos bens da cultura escrita. Essas variedades são dominantes nos meios de comunicação de massa. Seus diferentes estilos estão aí razoavelmente bem representados, desde os menos monitorados (nas novelas, programas humorísticos e *sitcoms*, por exemplo) até os mais monitorados (em noticiários e programas de entrevistas mais formais).

> A norma culta brasileira falada pouco se distingue, pois, dos estilos mais monitorados dessa linguagem urbana comum, conforme ficou evidenciado pelos dados do Nurc. Essa constatação desconcertou os estudiosos que, antes da coleta dos dados, imaginavam que os falantes com escolaridade superior completa tinham uma variedade bem distinta da linguagem urbana comum. Acreditavam, por exemplo, que esses falantes, nas situações mais monitoradas, seguiam mais de perto os preceitos da tradição normativa. A realidade, porém, desbancou o imaginário. E isso serve como um alerta importante para os momentos de seleção dos falantes-referência para nossos estudos da norma culta brasileira.

Quanto à questão dos autores consagrados, entendemos que a ressalva de Jespersen se minimiza caso não nos limitemos aos textos literários (ampliando, portanto, o espectro de referências do que seja a "língua comum escrita") e pela quantidade de dados coletados e armazenados. É, certamente, da quantidade que vai emergir a qualidade, ou seja, ampliando o espectro de observação, teremos melhores condições de alcançar indicadores mais precisos dos usos cultos correntes.

Não se pode, pois, ignorar a relevância dos bancos de dados extensivos para uma percepção adequada dos usos cultos contemporâneos e, assim, renovar a norma-padrão em bases mais realistas. É o que mostra o linguista finlandês Mark Kaunisto (2017) num estudo em que compara manuais normativos americanos fundados na "tradição" com manuais escritos com base em bancos de dados de textos autênticos.

Nesse quantitativo, vamos nos deparar com textos não autênticos por terem sido submetidos à revisão. Como se pode facilmente observar, os revisores, em boa parte, costumam seguir estritamente a *norma curta*. Desse modo, higienizam de tal forma os textos que acabam por esconder o que está ocorrendo, de fato, em boa parte da escrita dos letrados brasileiros contemporâneos. Em última análise, essas intervenções afetam a própria vitalidade da língua escrita brasileira, que não se renova em razão do bloqueio de pontos porosos pelos quais entram na escrita inovações da norma culta falada.

Se voltarmos à discussão de Jespersen, vamos observar que ele não descartou da mesma forma todos os critérios que analisou. Descartou integralmente os critérios lógico, estético, democrático e geográfico. E seus argumentos são suficientes para fazermos o mesmo na reconfiguração da norma-padrão brasileira.

No entanto, ele viu em alguns a possibilidade de serem tomados em conta, desde que devidamente nuançados, como os usos dos escritores e dos estratos socioeconômicos altos. E é precisamente isso que acabamos de propor aqui como contribuição para a abertura de um debate científico e político com vistas à superação crítica do caráter aleatório e anacrônico da atual norma-padrão brasileira.

Ao delinearmos essas contribuições, não deixamos de considerar, primeiro, que a norma-padrão tem um vínculo primordial com a língua escrita. Isso não significa dizer que não há modelos padronizadores para práticas da oralidade. Eles existem, mas, dada a fluidez da fala, os parâmetros são diferenciados.

A ideia de uma norma-padrão consolidada em instrumentos normativos específicos (gramáticas e dicionários) surgiu para orientar fundamentalmente o uso dos que escrevem. Estes deveriam seguir o modelo dos "poetas e prosadores". Para isso, a norma-padrão deveria ser construída tomando como referência objetiva os seus usos costumeiros, habituais, normais. Daí a importância de termos hoje bancos de dados amplamente representativos do "assim se escreve comumente".

Não deixamos, igualmente, de considerar que a norma-padrão tem de ter vínculos com a norma culta, ou seja, com os usos dos falantes escolarizados e letrados em situações monitoradas. Daí a importância de darmos continuidade ao registro e à descrição da norma culta brasileira.

Em todo esse processo, não cabe simplesmente descartar os atuais instrumentos normativos (gramáticas e dicionários) cujos autores tiveram formação filológica e linguística. Mesmo que tenham feito seu trabalho sem uma ampla e consistente base empírica, revelam intuições e perspectivas que podem auxiliar a análise e discussão dos dados coletados e armazenados. Devemos, sim, lê-los criticamente, mostrando inclusive os pontos em que se contradizem.

Em suma: para a superação crítica do caráter aleatório e anacrônico da atual norma-padrão brasileira e para a elaboração de uma norma-padrão realista e atualizada, é preciso:

a. limpar a pauta normativa;
b. levar a sério o princípio de que a gramática normativa depende da gramática descritiva;
c. ampliar nossas referências;
d. dar continuidade ao registro da norma culta brasileira; e
e. detalhar as características dos segmentos socioculturais que podem servir de referência para o processo padronizador.

Leituras complementares

- O livro *Políticas da norma e conflitos linguísticos*, organizado por Xoán Lagares e Marcos Bagno (2011), traz uma série de estudos sobre a questão normativa, incluindo análises dos processos padronizadores de várias línguas (francês, italiano, alemão, galego, francês do Quebec e espanhol americano).
- O livro *A norma oculta: língua e poder na sociedade brasileira*, escrito por Marcos Bagno (2003), traz uma análise de vários aspectos do processo padronizador no Brasil.
- O livro *Linguística da norma*, organizado por Marcos Bagno (2002), reúne uma série de estudos de linguistas brasileiros sobre questões normativas. Há várias discussões teóricas e várias análises de aspectos específicos da questão normativa brasileira.

Exercícios

1. O poeta Ferreira Gullar começou uma crônica publicada em 2005 num jornal de grande circulação nacional com a seguinte afirmação:

> Sei muito bem que, de acordo com a linguística moderna, não existem o certo e o errado no uso do idioma nacional, ou melhor, não existe o errado, o que significa que tudo está certo e que minha an-

tiga professora de português, que me ensinou a fazer análise lógica e gramatical das proposições em língua portuguesa, era uma louca, uma vez que a língua não tem lógica como ela supunha e a gramática é de fato um instrumento de repressão.

Considerando o que você leu neste capítulo, escreva um texto que deixe claro o equívoco dessas afirmações.

2. Transcrevemos a seguir um trecho de uma matéria assinada por Luiz Costa Pereira Jr. e publicada na *Revista Língua Portuguesa*, ano 9, n. 96, out. 2013, pp. 38-43. A matéria tinha como título "Prestígio em xeque" e incluía várias citações de outros autores. O trecho abaixo aparece na p. 42 atribuído a José Augusto de Carvalho sem outra referência:

> Citação de escritores
>
> É um equívoco a citação de escritores como abono de regras. A um escritor compete subverter a sintaxe, escrever diferentemente dos outros e não como os outros. Não foi a linguagem dos escritores que sedimentou a norma culta, mas a jurídica e, depois, a dos cronistas. A tradição das gramáticas latinas é o que há de pior. Um gramático do latim precisava recorrer aos escritores para saber como funcionava o latim imperial, porque não havia outro jeito, mas um gramático de uma língua moderna pode mostrar como funciona a sintaxe recorrendo não a escritores, mas a autores de obras em que a linguagem é denotativa, como as de ciências sociais, filosofia e história, os editoriais de jornais etc. (p. 42)

As afirmações do autor desse trecho têm pontos convergentes e divergentes em relação ao que Otto Jespersen e Evanildo Bechara defenderam em relação a tomar o uso dos escritores como referência no processo normativo. Identifique esses pontos.

8

BREVE HISTÓRICO DA NORMATIZAÇÃO DO PORTUGUÊS

Objetivos gerais do capítulo

- A língua em construção – as origens e o desenvolvimento da língua portuguesa até o século XV;
- Rumo a uma norma-padrão – os primeiros instrumentos normativos de língua portuguesa;
- A norma ortográfica – a longa e tumultuada história da ortografia do português;
- A norma-padrão portuguesa – a construção da norma-padrão em Portugal;
- O discurso purista – a elaboração do purismo linguístico em português a partir do século XVIII;
- O problema normativo do Brasil – os caminhos e descaminhos do processo normativo brasileiro;
- Outras normas em gestação – o surgimento de novas normas nas sociedades pós-coloniais de língua oficial portuguesa.

1. A LÍNGUA EM CONSTRUÇÃO

A língua portuguesa recebeu este nome apenas no século XV, pois até então, era simplesmente chamada de *(nosso) vulgar*, *(nossa) linguagem*, como veremos adiante. Ela é o desdobramento histórico dos falares românicos que, nos séculos posteriores à dissolução do Império Romano do Ocidente, se desenvolveram no noroeste da península ibérica, numa área que corresponde, na atualidade, ao norte de Portugal e à Galiza (região autônoma da Espanha).

Qualificamos de *românicos* os falares que se constituíram pela evolução do chamado latim vulgar (isto é, as variedades do latim falado pelas populações das diferentes regiões do Império Romano) e desembocaram nas línguas românicas modernas: português, galego, castelhano, catalão, provençal, francês, romanche, italiano, romeno.

Durante a Reconquista (séculos X e seguintes), o processo da retomada pelos reinos cristãos dos territórios ibéricos ocupados pelos árabes, os falares românicos do Noroeste expandiram sua área geográfica até o Algarve, passando a ocupar toda a faixa ocidental da península – espaço que ficou claramente distinto do ponto de vista linguístico do restante do território ibérico e é ocupado atualmente pelo galego na região ao norte do rio Minho e daí até o Algarve pelo português.

O galego e o português são as duas línguas modernas que tiveram, portanto, a mesma origem – os falares românicos do Noroeste ibérico. Vários fatores contribuíram para uma clivagem posterior dessa unidade linguística originária, em especial a criação do reino de Portugal e a permanência da Galiza como região da Espanha.

Esses falares românicos constituíam uma língua de uso exclusivamente oral. Toda a produção escrita se fazia em latim, como nas demais regiões da Europa Ocidental. Progressivamente essa língua românica começou a ganhar funções sociais para além da fala. Em Portugal, ela apareceu escrita pela primeira vez nos fins do século XII, mas seu uso escrito só tomou corpo e se consolidou a partir da segunda metade do século XIII.

Esse processo histórico esteve vinculado, em boa parte, à própria constituição do reino de Portugal no século XII. A definição dessa nova unidade política autônoma trouxe como consequência, entre muitas outras, a necessidade de se construir toda uma ordem jurídica, o que se fez principalmente pela incorporação de preceitos do direito romano e das práticas costumeiras (o chamado direito consuetudinário), mas também criando regras específicas para a nova realidade do reino.

A criação desse edifício jurídico se iniciou com D. Afonso II (rei de Portugal de 1211 a 1223) e daí para frente foi num contínuo crescendo, assentando as bases do que viria a ser o Estado português moderno. Foi também no reinado de D. Afonso II que foi criado, já em 1211, o *Livro de registro da Chancelaria*, no qual se passou a fazer o registro de todos os atos jurídico-administrativos emanados do rei.

Ficaram assim valorizados a escrita e seus agentes na organização administrativa e jurídica do reino. Com o passar do tempo e com o aumento da atividade burocrática, foi preciso formar especialistas em leis, o que levou D. Dinis (rei de 1279 a 1325) a criar, em 1290, o primeiro Estudo Geral (nome que designava a Universidade na época).

Duzentos anos depois, no século XVI, esses letrados jurisconsultos (profundos conhecedores das leis que davam consultas sobre questões jurídicas) haviam já se consolidado como o principal estamento da administração superior (conjunto de pessoas que constituía a chamada *nobreza de cargo*, em contraste com a *nobreza de sangue*), zelando pela supremacia do poder civil em oposição à nobreza tradicional e ao poder econômico (cf. Faoro, 1984: 50).

A crescente atividade jurídica inovadora desde D. Afonso II e a necessidade de tornar as leis conhecidas por um sempre maior número de pessoas motivaram a progressiva substituição do latim pela língua românica na redação da documentação emitida pela Chancelaria Real, um movimento que ocorreu mais ou menos na mesma época em vários pontos da Europa Ocidental (cf. Burke, 2010: 89).

Em Portugal, esse processo se iniciou no reinado de D. Afonso II com a redação de seu testamento na língua românica em 1214. Foi, contudo, só no reinado de D. Dinis que, nas últimas décadas do século XIII, se consolidou o uso sistemático da língua românica na documentação da Chancelaria Real portuguesa.

Esse evento foi, sem dúvida, um fato cultural da maior importância, na medida em que ampliou as funções sociais da língua vernácula e, por decorrência, constituiu, na Chancelaria real, um apreciável ambiente de desenvolvimento da escrita na língua românica.

Apesar disso, é preciso deixar claro que foi ainda longo o percurso histórico até que essa língua românica viesse a ocupar todas as funções sociais, desalojando definitivamente o latim. O receituário médico, por exemplo, só deixou de ser feito em latim no século XVII (embora já nas Cortes de 1498 tivesse havido uma determinação nesse sentido).

Diferentemente de *corte* (o conjunto formado pelo monarca e seu séquito), as *Cortes* em Portugal eram a reunião da nobreza, do clero e dos representantes das cidades para propor ao rei as leis julgadas úteis, votar impostos e tratar de temas de interesse geral. Essas assembleias, comuns em vários reinos europeus, foram, nesse sentido, os antecedentes dos parlamentos modernos.

Por fim, o ensino só deixou de ser feito em latim nas últimas décadas do século XVIII. Foram necessários, portanto, quase quinhentos anos para que se concluísse o processo pelo qual o português foi transformado de língua secundária (frente ao latim) em língua principal na realização de todas as funções socioculturais relevantes.

Desde o tempo de D. Dinis, a língua românica passou também a ser usada na atividade de tradução, acolhendo muitos textos religiosos, literários e jurídicos, como, por exemplo, o *Livro das partidas*, conjunto de leis escrito, por volta de 1260, na língua românica de Castela, por iniciativa de D. Afonso X, o Sábio. Esse texto foi uma das obras jurídicas mais importantes do período medieval.

Essa atividade de tradução vai crescer no século XV, impulsionada pela geração liderada pelos filhos de D. João I (rei de 1385 a 1433), ele mesmo um erudito, autor do *Livro da montaria*.

D. João, o Mestre da Ordem de Avis, foi aclamado rei em 1385 ao cabo da chamada Revolução do Mestre de Avis, que ocorreu entre 1383 e 1385. Vivia-se uma conjuntura de confronto com o reino de Castela na esteira da crise sucessória de D. Fernando, que morrera sem descendente.

Na disputa pelo poder, a nobreza tradicional (de raízes setentrionais) se aliou a Castela (o que, de certa forma, comprometia a independência do país), mas acabou derrotada pelas forças lideradas por D. João. Uma nova nobreza, aliada aos estratos urbanos que, no meio tempo, haviam ganhado poder e prestígio econômico, ocupou o espaço da tradicional, o que implicou um redesenho do quadro sociopolítico de Portugal.

O historiador português Bernardo Vasconcelos e Sousa considera que ocorreu nesse período uma autêntica refundação do reino, que acentuou suas diferenças em relação a Castela e adquiriu um novo reconhecimento no plano das demais monarquias europeias (cf. Sousa, 2010: 147-8).

Figura 2 – Mapa da península ibérica em 1400.

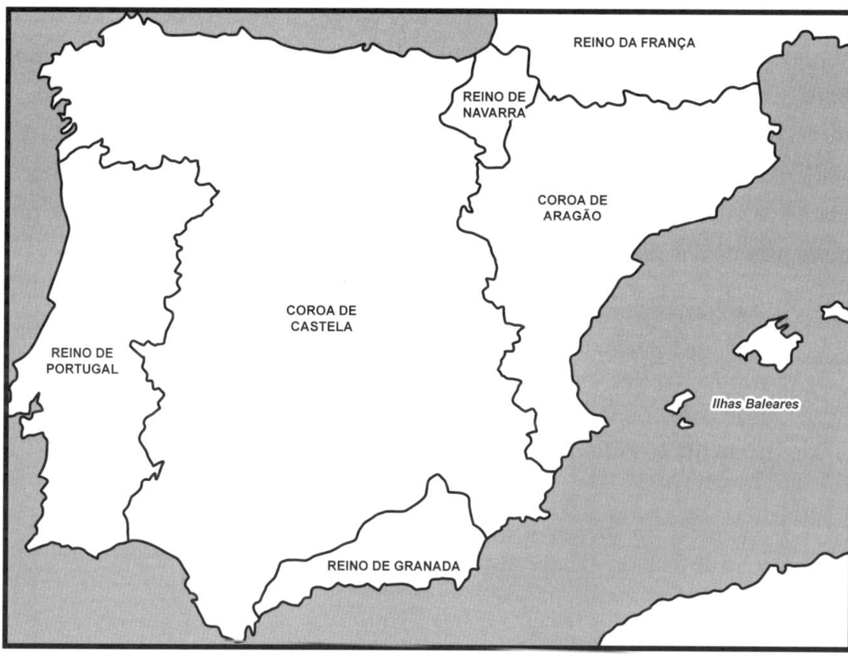

Os filhos de D. João I – D. Duarte, D. Pedro e D. Henrique – eram todos intelectuais refinados e ativos, que liam, colecionavam manuscritos, escreviam e traduziam. Essa sua intensa atividade intelectual teve um impacto cultural e linguístico nada desprezível (cf. Castro, 2008: 150).

Os filhos de D. João I, em razão de sua erudição, de seu importante trabalho intelectual e do envolvimento direto com as questões políticas do reino de Portugal, mereceram de Camões, em seu poema épico *Os Lusíadas* (cf. Canto IV, estância 50), o epíteto de *ínclita geração*, no sentido de geração notável e brilhante.

Pode-se localizar nessa época dos inícios do domínio da dinastia de Avis o período em que se deu forma à norma culta portuguesa. Vários fatores contribuíram para isso, a começar pelo fato de que, da reconquista territorial aos árabes, havia resultado uma relativa uniformização linguística do centro-sul de Portugal.

E isso porque essa região foi, em certo sentido, uma área de colonização. As regiões setentrionais tinham ficado de fora da ocupação árabe e, portanto, tinham mantido suas populações românicas originárias. Já o centro-sul, à medida que se foram conquistando os territórios aos árabes, começou a ser repovoado com levas populacionais vindas do norte da faixa ocidental da península, mas também de outras regiões setentrionais ibéricas e até mesmo de regiões transpirenaicas (principalmente, neste último caso, nobres e monges).

A sequência de mapas da Figura 3 (a seguir) mostra o avanço da Reconquista, que vai progressivamente diminuindo a área de ocupação árabe na península ibérica. Observa-se que somente o norte da península não foi ocupado pelos árabes.

Figura 3 – Progressão geográfica da reconquista da península ibérica entre 760 e 1300.

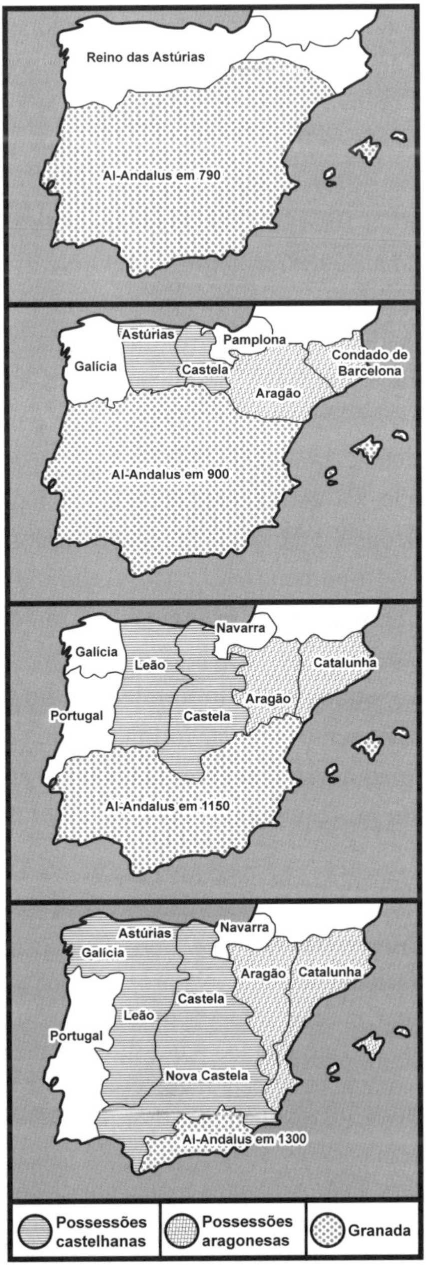

É bem conhecido o fato de que em regiões de colonização, pelo encontro de falantes de diferentes variedades, acaba por ocorrer uma relativa uniformização linguística. E foi isso precisamente o que aconteceu no centro-sul de Portugal: essa dinâmica demográfica de repovoamento do território contribuiu para o desenvolvimento de uma dialetação relativamente mais uniforme que progressivamente distanciou as variedades centro-meridionais das setentrionais.

Por outro lado, a fixação definitiva da corte em Lisboa, o incremento da vida urbana posteriormente à Revolução do Mestre de Avis e as atividades intelectuais centradas na própria corte tornaram as variedades centro-meridionais modelares no uso culto falado e escrito, implicando uma hierarquização sociolinguística com a consequente desvalorização das variedades setentrionais, que passaram a ser vistas, à época, como rústicas e arcaicas.

Até a atualidade, as características setentrionais continuam sendo sentidas como "dialetais", precisamente porque a norma assumida como modelar se desenvolveu no centro-sul, acolhendo alguns traços dessa região e rejeitando, em grande parte, os traços mais marcadamente setentrionais (cf. Mateus e Cardeira, 2007: 34).

Nesse processo todo, o trabalho intelectual dos filhos de D. João I contribuiu significativamente para dar forma à norma culta portuguesa – o "geral bom costume do nosso falar" (aproveitando aqui a expressão que o rei D. Duarte usou no cap. 99 de seu livro *Leal conselheiro*, escrito em 1438).

O manuscrito da obra *Leal conselheiro* encontra-se na Biblioteca Nacional de Paris. No próprio Prólogo, D. Duarte informa que a obra foi escrita a pedido de sua esposa, D. Leonor de Aragão, e reúne anotações que havia realizado ao longo da vida, de caráter ético e prático, visando as virtudes, aos bons sentimentos e à lealdade. O leitor pretendido é a própria corte, a nobreza.

Na Figura 4 apresentamos a imagem da parte inicial do capítulo 99 e, na Figura 5, a transcrição do início da reflexão de D. Duarte sobre a tradução de textos do latim para o português, ali chamado de "a nossa linguagem".

Figura 4 – Fac-símile digitalizado do início do capítulo 99.

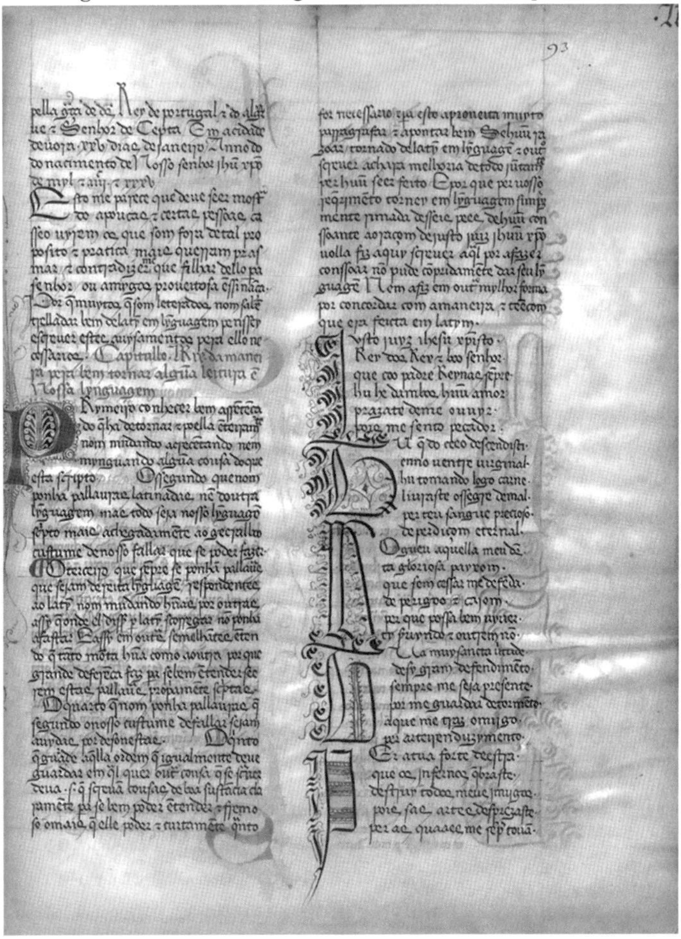

Fonte: Disponível em: <http://digicoll.library.wisc.edu/cgi-bin/IbrAmerTxt/IbrAmerTxt-idx?type=div&DID=leal101&isize=M.>. Acesso em: 23 jun. 2017.

Figura 5 – Transcrição dos primeiros seis parágrafos do capítulo 99, segundo a edição crítica organizada por João Dionísio (Duarte, 2012); negritos acrescidos pelos autores.

Capitullo LRIX

Da maneira pera bem tornar algũa leitura em nossa lynguagem

[f. 93 recto]

§1 Porque muytos que som leterados nom sabem trelladar bem de latym em lynguagem, penssey escrever estes avysamentos pera ello necessarios.

§2 Prymeiro, conhecer bem a ssentença do que ha de tornar e poêlla enteiramente, nom mudando, acrecentando, nem mynguando algũa cousa do que està scripto.

§3 O ssegundo, que nom ponha pallavras latinadas, nem doutra lynguagem, **mas todo seja em nosso lynguagem scripto**, mais achegadamente **ao geeral boo custume de nosso fallar** que se poder fazer.

§4 O terceyro, que sempre se ponham pallavras que sejam dereita lynguagem, respondentes ao latym, nom mudando hũas por outras, assy que onde el disser per latym "scorregar", nom ponha "afastar", §5 e assy em outras semelhantes, entendendo que tanto monta hũa como a outra; porque grande deferença faz, pera se bem entender, seerem estas pallavras propriamente scriptas.

§6 O quarto, que nom ponha pallavras que segundo o nosso custume de fallar sejam avydas por desonestas.

[Ao citar textos antigos, atualizamos a ortografia. Mantivemos, porém, a ortografia original dos títulos dos livros.]

Ao mesmo tempo, é importante lembrar que foi a dinastia de Avis que criou a função de cronista-mor do Reino, colaborando assim para o desenvolvimento da prosa histórica, na qual se destacou Fernão Lopes (1385-1459), o primeiro desses cronistas, nomeado em 1434. Sua atividade e a de seus sucessores contribuíram significativamente não só para criar e registrar a memória do reino português, mas também e especialmente para consolidar a língua escrita e a norma culta portuguesa.

Foi também nessa conjuntura que a língua românica de Portugal foi designada, pela primeira vez, pelo nome de *português*. O primeiro registro histórico conhecido se encontra na tradução, feita provavelmente entre 1433 e 1438, do livro *De Officis*, de Cícero, pelo infante D. Pedro (1392-1449), duque de Coimbra e regente do Reino entre 1439 e 1448 (cf. Piel, 1948).

Durante boa parte da Idade Média, a referência aos falares românicos não era feita por meio de qualificativos específicos, mas por termos genéricos como *vulgar, nosso vulgar, romanço/romance, linguagem, nossa linguagem.*

O progressivo desenvolvimento de uma consciência de que o latim e os falares românicos não constituíam mais a mesma língua e o surgimento dos reinos donde emergiriam os Estados modernos favoreceram a criação de identidades próprias que se acoplaram também às línguas românicas aí faladas. Estas, então, começaram a receber os nomes pelos quais são conhecidas na atualidade.

Nos finais do século XV, a imprensa chegou a Portugal, criando condições para uma relativa vulgarização do livro e o incremento da atividade literária, difundindo assim a norma escrita modelar (a norma culta escrita).

Por outro lado, a partir de meados do século XV, a língua portuguesa, na esteira da expansão marítima de Portugal, saiu de suas fronteiras europeias e se tornou uma língua internacional. Essa expansão teve várias consequências, algumas das quais discutiremos na sequência deste capítulo.

2. RUMO A UMA NORMA-PADRÃO

No século XVI, ao mesmo tempo que crescia, em Portugal, a produção literária e a indústria do livro, começaram a surgir os primeiros instrumentos de caráter normativo – gramáticas, dicionários e ortografias.

O linguista francês Sylvain Auroux deu o nome de *gramatização* a esse momento especial da história das línguas europeias modernas. Ele considera que esse processo foi uma verdadeira revolução tecnológica que deu ao Ocidente um meio de conhecimento das línguas e, em consequência, de dominação sobre as outras culturas do planeta. De modo um tanto hiperbólico, ele chega a dizer que a gramatização foi tão importante para a história da humanidade quanto a revolução agrária do Neolítico ou a Revolução Industrial do século XIX (cf. Auroux, 1992: 8-9).

Esse movimento de gramatização aconteceu mais ou menos simultaneamente em Portugal e em outros países da Europa. Vivia-se uma conjuntura que favorecia focar a atenção nas línguas vernáculas: consolidavam-se as bases dos Estados europeus modernos e estes encontravam na língua das respectivas cortes um dos elementos legitimadores de sua unidade política.

Essas línguas – embora ainda tendo de conviver ou mesmo de disputar espaços com o latim na realização de certas funções – já gozavam de suficiente prestígio sociocultural para serem registradas em gramáticas e dicionários, instrumentos que contribuíram para a progressiva fixação da norma-padrão.

É bem verdade que ainda se sentia a necessidade de "defendê-las", escrevendo "elogios" às suas muitas (presumidas) virtudes. O historiador britânico Peter Burke (2010: 81 *ss.*) observa que esses "elogios" constituíram um verdadeiro gênero discursivo do Renascimento e entende que eles podem ser duplamente interpretados: como manifestações de confiança nas capacidades expressivas da língua (eram entendidas como tão boas quanto o latim), mas também como sinais de um complexo de inferioridade relativo ao latim ou a outras línguas vernáculas que progressivamente ganhavam mais prestígio além-fronteiras, como o francês a partir do século XVII.

Dois "elogios" do português foram publicados no século XVI – o *Dialogo em louvor da nossa linguagem*, escrito por João de Barros (1540); e o *Dialogo em defensam da lingua*, escrito por Pero de Magalhães de Gândavo (1574).

Figura 6 – Imagem de excerto da obra *Dialogo em louvor da nossa linguagem*, de João de Barros, obra publicada em 1540. No texto F ou (F) significa Filho e P ou (P) significa Pai. A transcrição é apresentada a seguir.

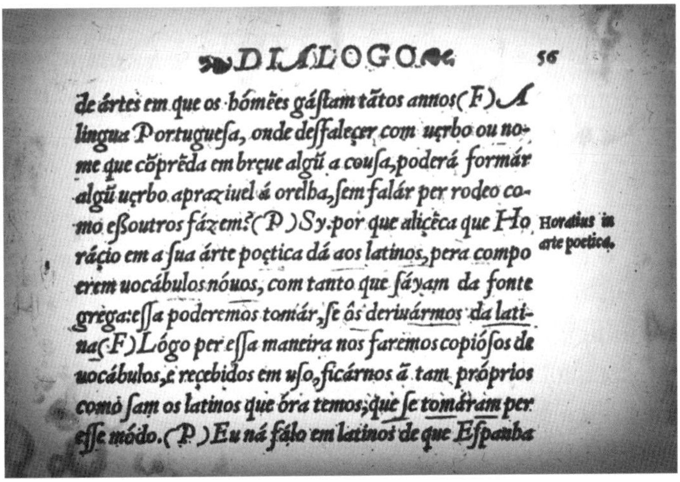

DIALOGO 56

de ártes em que os hómẽes gáſtam tãtos annos(F) A
lingua Portugueſa, onde deſſaleçer com uęrbo ou no-
me que cõprẽda em bręue algũ a couſa, poderá formár
algũ uęrbo aprazíuel á orelha, ſem falár per rodeo co-
mo eſſoutros fázem?(P) Sy. por que alicẽça que Ho- Horatius in arte poetica.
rácio em a ſua árte poętica dá aos latinos, pera compo
erem uocábulos nóuos, com tanto que ſáyam da fonte
grèga: eſſa poderemos tomár, ſe ôs deriuármos da lati-
na(F) Lógo per eſſa maneira nos faremos copióſos de
uocábulos, e reçebidos em uſo, ficármos ã tam próprios
como ſam os latinos que óra temos, que ſe tomáram per
eſſe módo.(P) Eu ná fálo em latinos de que Eſpanha

Fonte: Hue, 2007.

Transcrição do texto da Figura 6.

Filho: A língua portuguesa, quando esmorecer por falta de verbo ou nome que compreenda sucintamente alguma coisa, poderá formar algum vocábulo aprazível ao ouvido, sem precisar falar por rodeios, como fazem alguns?

Pai: Sim, porque a licença que Horácio, em sua Arte poética, dá aos latinos para comporem vocábulos novos, conquanto saiam da fonte grega, essa poderemos tomar, se os derivarmos da latina.

Filho: Logo, por essa maneira, nos faremos copiosos de vocábulos e, aceitos usualmente, tornar-se-ão tão próprios como são os latinos que ora temos – que se tomaram por esse modo.

Pai: Eu não falo naqueles vocábulos latinos de que a Espanha [...]

Fonte: Disponível em: <https://ciberduvidas.iscte-iul.pt/outros/antologia/dialogo-em-louvor-da-nossa-linguagem-/2168> Acesso em: 26 jun. 2017.

Os eixos que norteavam esses textos eram dois: de um lado, demonstrar as "excelências" da língua portuguesa por ser ela, segundo a argumentação dos autores, a mais próxima do latim; e, com base nesse argumento, mostrar sua superioridade frente especificamente ao castelhano, como se pode ler no texto de Gândavo.

Não foi por acaso que o castelhano apareceu aí na comparação com o português. Como nos lembra o linguista francês Paul Teyssier (1915-2002), em seu livro *História da língua portuguesa* (1982: 37), o castelhano, do século XV ao XVII, funcionou como segunda língua para os portugueses letrados. Era, portanto, língua de prestígio entre boa parte da intelectualidade de Portugal, o que mexia com os brios dos que manifestavam uma certa forma de "patriotismo" linguístico, Gândavo entre eles.

Esse bilinguismo foi reforçado quando o país passou a ser domínio da Coroa espanhola em 1580 e só começou a perder terreno depois de 1640, com a restauração da independência e a subida ao trono de D. João IV (rei de 1640 a 1656).

Paralelamente às gramáticas, dicionários e "elogios", a produção de livros trazia a necessidade de dotar essas línguas vernáculas de estabilidade ortográfica, como veremos na próxima seção.

3. A NORMA ORTOGRÁFICA

Até a chegada da imprensa de tipos móveis a Portugal, o português era grafado de múltiplas formas. Os textos eram manuscritos e não tinham ampla circulação social (não se faziam deles várias cópias). Eram basicamente documentos jurídico-administrativos (testamentos, escrituras, ordenações) de interesse pessoal, local, ou das ordens religiosas ou da Chancelaria Real. Em seguida, começaram também a ser registrados por escrito textos poéticos da rica tradição oral.

Os escribas, em geral, criavam uma espécie de "ortografia" pessoal, combinando as grafias latinas tradicionais com tentativas de representações fonético-fonológicas, em especial no registro gráfico dos novos fonemas, surgidos no processo de evolução da língua. Daí decorria uma grande diversidade gráfica: a mesma palavra tinha diferentes grafias conforme a região em que o texto era escrito e até dentro de um mesmo texto.

A invenção da imprensa de tipos móveis no século XV e a consequente possibilidade de se publicar livros em grande escala e para um público amplo, distribuído por diferentes regiões, trouxeram a necessidade de se fixar uma ortografia, ou seja, uma norma gráfica geral para cada uma das diversas línguas europeias modernas.

Essa meta foi alcançada em épocas e por caminhos diferentes para cada uma dessas línguas. A língua toscana (que ficou, depois, conhecida como língua italiana) foi a primeira a ter sua ortografia fixada já no correr do século XVI. O francês fixou sua ortografia no século XVII e o castelhano, no século XVIII.

O português, porém, só conseguiu atingir esse desiderato em 1911 e, mesmo assim, apenas parcialmente porque não incluiu o Brasil, como veremos mais adiante. Foram precisos quase quatrocentos anos para se resolver o dilema que cercou a questão ortográfica portuguesa – ser ou não ser etimológica. Durante este período, muitos estudiosos defenderam para o português o uso do princípio etimológico, segundo o qual a grafia das palavras deveria preservar ao máximo sua origem histórica.

Embora os primeiros gramáticos (Fernão de Oliveira e João de Barros) tivessem defendido a adoção de uma ortografia não etimológica, acabou prevalecendo a perspectiva contrária. Desde o fim do século XVI até o início do século XX (quando se deu a adoção da chamada ortografia simplificada em 1911), a ortografia do português viveu sob a égide de um pensamento fortemente etimologizante, fundado no princípio de que se devia conservar, na forma gráfica das palavras, as letras que ocorriam na escrita originária grega e latina, mesmo que não representassem nenhum valor fonológico. Foi o período das consoantes dobradas sem valor fonológico, das consoantes ditas mudas e dos símbolos de etimologia grega (*ph*, *th*, *rh*, *y*, como em *pharmacia*, *theatro*, *rhetorica*, *hymno*).

Pero de Magalhães de Gândavo (1540-1580), autor do primeiro tratado de ortografia (*Regras que ensinam a maneira de escrever e orthographia da lingua portuguesa*), publicado em 1574, afirmava que quanto mais fizermos chegar ao latim a ortografia das palavras "tanto mais será nossa língua mais polida, e ficará nesta parte mais singular & apurada que as outras" (1576: 31). Uma escrita etimologizante era, portanto, vista como nobilitadora da língua e tinha, por isso, ampla aceitação social, tomando em conta os quatro séculos de sua hegemonia.

A mesma perspectiva foi defendida por Duarte Nunes de Leão (1530-1608) em seu tratado *Orthographia da lingoa portuguesa*, publicado dois anos depois, em 1576, assim como por todos os tratadistas que vieram daí para a frente, nos séculos XVII e XVIII, até João de Moraes Madureira Feijó (1688-1741), o grande tratadista ortográfico do século XVIII e referência importante até praticamente 1911.

Ao publicar, em 1734, seu livro *Orthographia ou arte de escrever e pronunciar com acerto a Lingua Portugueza*, Madureira Feijó defendeu, ainda uma vez, a necessidade de se reproduzir a ortografia latina na portuguesa, argumentando que os contrários a esse princípio estariam propondo uma ortografia "bastarda" para a língua.

A única exceção nesse período todo foi Luís António Verney (1713-1792), autor do livro que mais polêmica causou em Portugal no século XVIII, *Verdadeiro método de estudar* (1746). E foi polêmico não pela sua proposta de reforma ortográfica (que mereceu pouca atenção, embora muito bem fundamentada e tendo como modelo a ortografia do toscano/italiano), mas por suas críticas às práticas educacionais vigentes em Portugal.

Observe-se, de passagem, que a ortografia do toscano/italiano foi fixada por um consenso entre escritores e editores já no século XVI – consenso que deixou integralmente de lado a perspectiva etimológica e deu forma a uma ortografia com alto grau de consistência e transparência fonológica que ainda vigora sem maiores mudanças, salvo pequenos ajustes.

Esse ideal nunca foi possível para o português. Quando se fixou finalmente uma ortografia para a língua em 1911, deu-se um passo importante na direção de uma ortografia com grande transparência fonológica (livre, portanto, dos excessos etimologizantes), mas se manteve ainda, para uma parte do léxico, um parâmetro etimológico. E é esta duplicidade que caracteriza a ortografia moderna do português: ela é fundamentalmente de base fonológica, mas com uma dose de memória etimológica.

Como resultado da manutenção da etimologia como critério para uma parcela da representação ortográfica do português, temos, para ficar no exemplo mais gritante, nove maneiras diferentes de grafar o fonema /s/: *s*, *ss*, *c*, *sc*, *ç*, *sç*, *z*, *xc*, *xs*, como em *sapo*, *passa*, *céu*, *nascer*, *caça*, *nasça*, *paz*, *excelen-*

te, exsudar. Isso, claro, não é um grande problema. Embora dê algum trabalho para os que escrevem, o nosso cérebro opera, nestes casos, com uma representação da forma total da palavra e não com sua estrutura fonológica (cf. Faraco, 2012).

Foi, portanto, necessário esperar quatro séculos para alcançar uma relativa padronização da ortografia do português. Não se passa imune por um período tão longo de predomínio do pensamento etimologizante. Esse longo período assentou uma tradição que, mesmo com a eliminação de seus excessos, não foi possível abandonar integralmente porque, como já dizia o gramático Fernão de Oliveira (1975 [1536]: 63), em ortografia "o costume vale muito".

A permanência de uma memória etimológica é, certamente, um fator de complicações, seja para o falante nativo, seja para quem aprende o português como língua estrangeira. Mas não são complicações intransponíveis, na medida em que o cérebro humano tem seus mecanismos para dominar o que, à primeira vista, parece ser inconsistente. Quando lemos, nos orientamos por um léxico ortográfico mental que registra a forma gráfica da palavra e nos permite ler não letra por letra ou sílaba por sílaba, mas identificando a palavra visualmente mais do que fonicamente (cf. Fayol, 2014).

Este mesmo léxico ortográfico mental é ativado quando grafamos as palavras. É para sua consolidação cognitiva que a pedagogia da alfabetização deve encaminhar os alfabetizandos, ajudando-os a superar a hipótese cognitiva inicial que elaboram de que a ortografia representa a fala. Trata-se, pois, de desenvolver métodos adequados para ensinar a ortografia e não criar ficções reformadoras de suas características básicas.

Apesar disso, de tempos em tempos reaparecem os defensores de uma reforma ortográfica radical que eliminasse todos os traços etimológicos. Embora suas propostas sejam, à primeira vista, bastante sedutoras para o público em geral, elas deixam de considerar que uma reforma ortográfica radical é, na atualidade, totalmente inviável e indesejada.

Claro, do ponto de vista meramente técnico e dissertando em tese, não é irracional defender uma ortografia inteiramente não etimológica. No entanto, a ortografia não é apenas uma questão técnica que possa ser discutida em abstrato. É também uma questão de amplo alcance educacional, cultural, político e econômico. Nela se emaranham costumes, disposições políticas, preferências de certos momentos históricos, além, claro, de referências às propriedades fonológicas da língua. Trata-se, portanto, de um complexo tecido de filigranas no qual não cabe mexer sem cuidadosa análise e nunca além de pequenos ajustes.

As repercussões de uma reforma ortográfica radical seriam, atualmente, de tal monta que é impensável propô-la. Reformas radicais, como a que se fez na escrita do turco na década de 1920, na qual se chegou a trocar até mesmo o alfabeto (abandonando-se o alfabeto árabe e adotando-se o latino, o que implicou, inclusive, a mudança de direção da escrita e da leitura – antes da direita para a esquerda e, depois, da esquerda para a direita), só foram possíveis porque 98% da população era analfabeta, a indústria do livro era insignificante, assim como a circulação de outros materiais impressos (jornais e revistas).

Se, no passado, houve condições semelhantes para fazer uma reforma radical da ortografia do português, este tempo já passou há muito. O índice de analfabetismo já não é o de 150 anos atrás (está, neste início do século XXI, abaixo dos 10% da população adulta brasileira e portuguesa – praticamente o oposto da situação existente no fim do século XIX); a indústria do livro é de grande porte, assim como a imprensa; e o acervo de textos escritos é gigantesco. Uma reforma ortográfica radical nessas circunstâncias seria um desastre monumental. Teria custos econômicos, sociais, culturais e educacionais incalculáveis. Basta pensar, por exemplo, quanto custaria dotar as bibliotecas com um novo acervo completo de livros; quanto custaria adaptar os maiores dicionários da língua a tais mudanças; quanto custaria para o cidadão comum atualizar sua biblioteca pessoal.

Por outro lado, uma reforma ortográfica radical tornaria, do dia para a noite, incapaz de ler esta nova ortografia toda a população adulta, como se fossem analfabetos em sua própria língua; acarretaria profunda descontinuidade cultural intergeracional e introduziria grave instabilidade no sistema educativo. Economicamente poderia levar parte da indústria editorial à falência em decorrência dos custos para sua implantação.

Por isso tudo é que dissemos anteriormente que uma reforma ortográfica radical é totalmente impensável e indesejada. Há que se conviver com os traços etimológicos que restaram, considerando que eles não constituem mais o critério central do sistema ortográfico do português, o qual, com a reforma de 1911, adquiriu bases simplificadas, mais transparentes e menos aleatórias do que anteriormente.

É sempre bom lembrar que os estudiosos costumam designar de *pseudoetimológico* o período de quatrocentos anos em que se defendeu uma ortografia etimologizante para o português. E o fazem com razão, porque, em muitos casos, não se conhece a etimologia ou ela é controversa. Em consequência, as soluções ortográficas, nesses casos, seriam puramente arbitrárias.

Acrescente-se a esse problema o fato de que muitos teóricos propunham grafias com consoantes dobradas não porque fossem etimológicas, mas por "analogia", aumentando ainda mais, e sem limite plausível, o grau de arbitrariedade da ortografia.

Assim, se escrevíamos *affetar* e *afferir* com dois efes para lembrar que eram palavras compostas em latim, escrevíamos *affamado* e *affastar* com dois effes por "analogia", já que nenhum fato etimológico justificava tal duplicação da consoante. O resultado era uma ortografia oscilante e não padronizada.

Em 1885, quando os filólogos Gonçalves Viana (1840-1914) e Guilherme Vasconcelos de Abreu (1842-1907) publicaram o livro *Bases da ortografia portuguesa* com o intuito de fornecer subsídios para a simplificação e fixação da ortografia, denunciaram precisamente essa situação, mostrando quão divergentes eram as ortografias das várias redações e editoras, bem como as usadas pelo próprio Estado e pela imprensa da Universidade de Coimbra.

Mais fortes foram as palavras do filólogo brasileiro Mário Barreto (1879-1931) num artigo que publicou em 1911, comentando a reforma ortográfica que estava se propondo em Portugal. Dizia ele que havia um estado anárquico na ortografia do português. Havia muitos tratados de ortografia, mas não existia uma ortografia assente e harmônica. "O que existe é uma cacografia alabirintada, uma escrita incerta, contraditória, arbitrária, caótica" (1911: 35).

Quatro séculos não tinham sido, portanto, suficientes para se padronizar a ortografia do português. E a situação não se resolveu inteiramente com a reforma de 1911. A instabilidade ortográfica perdurou durante todo o século XX e ainda agora, em pleno século XXI, mais de cem anos depois da grande reforma simplificadora, a questão não está devidamente pacificada. Se há uma ampla área padronizada, restam ainda alguns pontos instáveis, alvo de controvérsias.

De certa forma, essa instabilidade teve origem nos procedimentos adotados em 1911. A chamada ortografia simplificada ou nacional, estabelecida por uma comissão de filólogos que tomou como referência as propostas de Gonçalves Viana e Guilherme de Abreu, foi adotada em Portugal por ato do ministro do Interior. Desse modo, a gestão da ortografia passou a estar subordinada a ações legislativas dos poderes do Estado, adquirindo, portanto, um estatuto oficial.

A adoção dessa ortografia, no entanto, se fez sem consulta ao Brasil. Só em 1931, o governo brasileiro – na sequência do primeiro Acordo Ortográfico assinado naquele ano pela Academia Brasileira de Letras e pela Academia das Ciências de Lisboa – oficializou a ortografia simplificada, tornando-a obrigatória no país em 1933.

Essa decisão, porém, foi revertida pela Assembleia Constituinte que redigiu a Constituição de 1934. Nela foi incluída, como último artigo, uma disposição determinando a adoção para todo o país da ortografia em que tinha sido escrita a Constituição de 1891.

Foi um ato arbitrário (reflexo tardio das reações brasileiras contrárias à reforma de 1911 e ao Acordo de 1931), do qual resultou um retrocesso nos caminhos da solução do problema ortográfico. O país viveu num limbo ortográfico até que, pelo Decreto n. 292, de 23 de fevereiro de 1938, emitido pelo governo do Estado Novo – que, por ato de força, tinha substituído, na esteira do golpe de Estado de novembro de 1937, a Constituição de 1934 pela de 1937 –, voltou-se aos termos do Acordo de 1931.

Como se pode observar, os governos português e brasileiro, no esforço de superar o problema ortográfico, delegaram, no início da década de 1930, a gestão da ortografia à Academia das Ciências de Lisboa e à Academia Brasileira de Letras, respectivamente.

Nem isso, porém, foi suficiente. Em 1943, a Academia Brasileira de Letras publicou o Formulário Ortográfico e o Pequeno Vocabulário Ortográfico da Língua Portuguesa (Volp). Como havia divergências entre este e o Vocabulário publicado pela Academia das Ciências de Lisboa em 1940, os dois países assinaram novo Acordo Ortográfico em 1945 que, no entanto, não foi ratificado pelo Parlamento brasileiro. Em consequência, a Lei n. 2.623, de 1955, oficializou no Brasil a ortografia do Pequeno Volp de 1943. E assim cada país ficou com sua própria ortografia.

Essa duplicidade de ortografias não constituía em si um problema. As diferenças eram poucas e não impediam a mútua compreensão de seus respectivos usuários. Poderíamos, portanto, em tese, mantê-las e continuar convivendo com suas peculiaridades. No entanto, o caráter oficial (e, em consequência, mutuamente excludente) de ambas trazia embaraços de diferentes naturezas: era um inconveniente político-diplomático nos organismos internacionais que adotam o português como língua de trabalho (era necessário sempre ter duas equipes redatoras); tinha efeitos econômicos negativos (em especial na circulação de livros, com a necessidade de duplicar as edições); e dificultava o desenvolvimento de ações conjuntas na gestão da difusão internacional da língua – como a mútua aceitação de certificados de proficiência ou o desenvolvimento conjunto das chamadas indústrias da língua (os produtos tecnológicos relacionados com a edição de textos, a localização de informações na internet, a internacionalização de páginas da web, a tradução, o ensino de língua, a gestão terminológica etc.).

Assim, decidiu-se fazer, na década de 1980, uma nova tentativa de unificar as bases ortográficas. Nesse processo, foram envolvidos os outros países que, com o fim do colonialismo português em 1974, tinham se tornado independentes e adotado o português como língua oficial. A questão ortográfica tinha deixado de ser da responsabilidade de apenas dois países.

Figura 7 – Mapa da Comunidade de Países de Língua Portuguesa (CPLP).

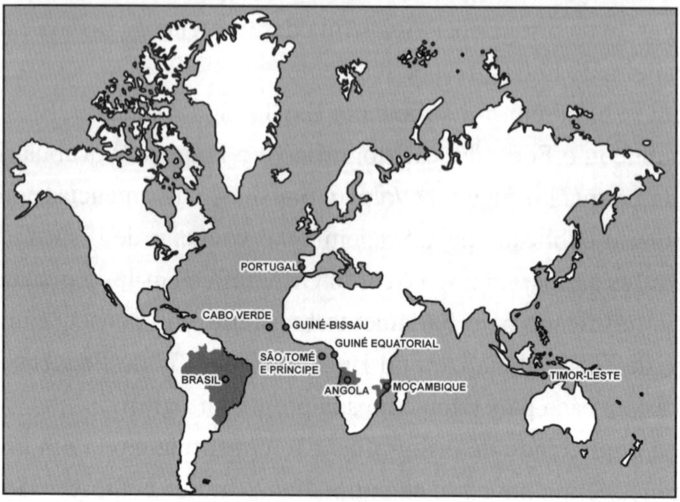

Os países de língua oficial portuguesa se reuniram, pela primeira vez, em 1989, em São Luís do Maranhão. Nessa reunião, criaram o Instituto Internacional da Língua Portuguesa (IILP), com o objetivo de coordenar ações conjuntas de promoção da língua. O Instituto foi, posteriormente, incorporado à Comunidade dos Países de Língua Portuguesa (CPLP), órgão internacional criado em 1996 com três grandes objetivos: a concertação política, a cooperação em todos os níveis e a promoção da língua portuguesa.

Chegou-se, então, ao Acordo Ortográfico de 1990 que aboliu a dualidade de ortografias oficiais e definiu bases únicas para reger a ortografia: eliminaram-se algumas diferenças sistemáticas entre as ortografias de 1943 e de 1945 e criou-se a possibilidade de formas ortográficas duplas para alguns poucos casos (como *fenômeno/fenómeno*).

A intenção do Acordo de 1990 não foi, em nenhum momento, propor uma reforma ortográfica (ou seja, alterar os critérios constitutivos do sistema), mas apenas fazer ajustes que viabilizassem a unificação de suas bases. A ortografia de 1990 já está implantada na maioria dos países de língua oficial portuguesa. Permanecem, porém, algumas questões controversas, como, por exemplo, as regras de uso do hífen. Pode-se dizer, então, que o português, de certa forma, ainda não dispõe de uma norma ortográfica integralmente padronizada. Resolver os casos controversos exigiria um consenso técnico e político que tem se mostrado muito difícil: a questão ortográfica do português, para prejuízo de todos, está ainda muito envolta por arroubos nacionalistas e até xenófobos.

Acompanhemos, agora, o processo de fixação da norma-padrão em Portugal.

4. A NORMA-PADRÃO PORTUGUESA

Os dois primeiros autores de gramáticas do português apresentaram seus respectivos trabalhos como a descrição do "bom costume" da fala dos que "mais sabem" (Fernão de Oliveira, 1536); ou como a descrição do "uso e autoridade dos barões doutos" (João de Barros, 1540).

Seguiam ambos, como vimos, o postulado de Quintiliano de que o uso dos eruditos é o melhor mestre do dizer. É esse uso que deve servir de referência, de modelo do falar e do escrever. Em termos atuais, esses dois gramáticos estavam tomando a norma culta como parâmetro para a constituição da norma-padrão. Não eram, por isso, textos fortemente prescritivos. Nem precisavam ser. Eram percebidos antes como descrição e não propriamente como prescrição.

Observa-se que, quando o padrão é um espelho dos usos cultos, são menores as discrepâncias entre as duas normas e, em consequência, as referências padronizadoras são mais eficazes. Foi, em geral, o que aconteceu com as línguas europeias modernas em seus contextos originários, nos quais essa proximidade menos discrepante se mantém. É o caso de Portugal, onde a norma culta e a norma-padrão não se encontram muito afastadas (cf. Mateus e Cardeira, 2007: 40).

No entanto, como veremos adiante, o contrário ocorreu no Brasil, ou seja, a norma-padrão foi aqui constituída sem se tomar os usos cultos brasileiros como referência. Daí resultaram as muitas discrepâncias que a caracterizam e sua pouca eficácia quer no ensino, quer no uso.

Os textos gramaticais dos primeiros séculos da gramaticografia portuguesa (do século XVI ao XVIII) tinham claramente uma finalidade didática. A maioria de seus autores trabalhava como preceptores de filhos da nobreza e escrevia as gramáticas como manuais de apoio à sua tarefa pedagógica. Não eram pensadas para o ensino em escolas porque nestas, sob a responsabilidade da ordem religiosa dos jesuítas, se ensinava latim e em latim. As diretrizes dessas escolas, sintetizadas no documento *Ratio Studiorum* (1599), proibiam explicitamente o uso da língua vernácula no ambiente escolar, salvo em alguns raros casos.

As gramáticas dos primeiros séculos não passavam, portanto, de manuais de salão usados no interior das casas senhoriais pelos seus autores para apoiar seu trabalho como preceptores. Eram, assim, textos que tinham nobres e aristocratas como destinatários. E era a sua variedade linguística que aparecia como pano de fundo nesses manuais. Não havia, pois, necessidade de ir além de um prescritivismo leve: eventuais comentários padronizadores apenas refletiam os usos cultos como percebidos ou intuídos pelos gramáticos.

Nesse sentido, embora declaradamente descritivas, essas gramáticas eram também inerentemente normativas pelo simples fato de apresentarem apenas a variedade que assumiam como sendo o modelo e só ela.

Seu quadro teórico era o das gramáticas latinas: seu centro era a apresentação das chamadas partes do discurso (as classes de palavras) e da morfologia flexional. E os exemplos eram todos criados pelos próprios gramáticos.

O primeiro gramático do português a abonar seus enunciados com exemplos tirados de autores portugueses clássicos (deixando de lado a prática dos exemplos inventados) foi Pedro José da Fonseca (1737-1816), que publicou em 1799 sua obra *Rudimentos da Grammatica Portugueza, cómmodos á instrução da mocidade, e confirmados com selectos exemplos dos bons Autores.*

O próprio título indicava a finalidade pedagógica da gramática e seu apoio em exemplos dos "bons autores". Seguia também, portanto, o postulado de Quintiliano. Logo no início de seu texto (1799: 1-2), declarava que os preceitos gramaticais se formam a partir de observações feitas sobre o modo com que "as pessoas bem educadas, e os bons autores costumam falar, e escrever a linguagem da sua nação". E, no Prólogo (p. X-XI), afirmava que sua referência eram os usos dos autores clássicos, "daqueles bons escritores portugueses, que ou pela ancianidade, ou por consenso comum fazem autoridade".

Fonseca trazia, portanto, essa novidade para o fazer gramatical português – abonar os preceitos com exemplos tirados dos "bons autores", ou seja, daqueles que podem ser tomados como modelos no uso da língua ou por serem antigos ou por terem o reconhecimento sociocultural.

Apesar dos problemas de fundo desse critério (conforme discutimos na seção 4 do capítulo anterior), é preciso reconhecer que Fonseca mostrava, com esse seu cuidado em deixar de lado os exemplos inventados, sua preocupação em tentar fundamentar a norma-padrão, de fato, no uso. No geral, porém, seu discurso era ainda prescritivamente leve.

A inflexão normativa, ao que tudo indica, parece que vai tomar corpo mesmo só a partir do século XIX, na sequência do discurso purista que emergiu no século anterior, centrado na luta contra a influência da língua francesa (contra os famigerados galicismos), mas também contra os "erros", a "falta de correção" dos próprios letrados.

Os intelectuais portugueses do século XVIII iniciaram um combate raivoso e quase sanguíneo contra o uso de palavras vindas do francês, que tinha se tornado a principal língua internacional depois do progressivo abandono do latim no contexto cultural europeu da época.

Esses intelectuais viam, na entrada de palavras francesas no português, uma ameaça à sua "pureza". O combate aos chamados galicismos continuou durante todo o século XIX e as primeiras décadas do século XX. Independentemente desse combate, a maior parte das palavras francesas caíram rapidamente em desuso e outras foram incorporadas ao vocabulário do português sem qualquer trauma.

O vocabulário das línguas é, em geral, híbrido (mistura palavras originárias com outras absorvidas de várias línguas em decorrência do contato entre seus falantes). Por isso, a defesa intransigente de uma pretensa "pureza" linguística é uma ilusão. *Saison*, *dernier cri*, *promenade*, por exemplo, foram palavras e expressões muito comuns em textos do fim do século XIX e começo do XX no Brasil. Caíram, porém, em desuso. E quem se lembra na atualidade que *envelope*, *rotina*, *constatar*, *regressar*, *elite*, *felicitar* eram combatidos como inaceitáveis galicismos?

Como ilustração da presença de palavras francesas em textos jornalísticos, em especial no discurso sobre a moda feminina, vamos ler o trecho a seguir, publicado na edição de 9 de julho de 1914, pág. 2, do jornal curitibano *A República* (mantivemos a ortografia da época):

> VIDA SOCIAL
>
> *Tailleurs matutinos.* – Algumas das nossas gentis patrícias teimam em usar quando vêm ás compras, em horas quasi matinaes – o que já não é positivamente *chic*, esses *tailleurs* graves e lisos, que são o principal caracteristico das suas irmãs da Irlanda.
>
> Os *tailleurs* que devem ser adoptados para aquelle mistér e para os *promenades* ao ar livre, etc, não podem ter aquella sisudez... Essas *toilettes* só merecem attençâo quando nos alegra a vista e isto as nossas gentis patrícias conseguirão pondo em pratica os modelos dos *tailleurs* talhados com a elegancia parisiense, confeccionados com a *pean de Péche*, a *divessetine* e outras fazendas leves e que mais apropriadamente condizem com a seda escocesa, que para essas *toilettes* é o enfeite que está no *dernier cri* da Moda, sobretudo, nos dias que vamos atravessando sem frio, dias de temperatura suave. e tardes que estão sendo o encanto dos coritibanos tradicionalmente inimigos do inverno, com suas impenitencias...

Vale a pena acompanharmos o desenvolvimento da linhagem ideológica purista, fundante de toda uma "cultura do erro", que vai se constituindo no século XVIII e que se amplificará nos séculos seguintes.

5. O DISCURSO PURISTA

No início do século XVIII, o gramático Jerónimo Contador de Argote (1676-1749) distinguia, em suas *Regras da Lingua Portugueza, espelho da Lingua Latina*, um "mau português", isto é, a fala da gente rústica em oposição à fala dos "bem criados". Dizia que há um modo "mau e viciado" de falar a língua, a que chamava de "dialeto rústico", usado pela "gente ignorante, rústica, e incivil" e do qual se devia desviar "os meninos bem criados" (1725: 299).

Argote estava apenas apontando as diferenças entre as variedades cultas e, digamos assim, as populares. Em meados do século, porém, já se falava da falta de correção dos próprios letrados. António José dos Reis Lobato, no Prólogo de sua *Arte da Grammatica da Lingua Portuguesa*, publicada em 1771, dizia (p. XIII) que seria muito útil para o país formar pessoas para ocupar os altos cargos da administração pública capazes de escrever sem "os erros que comumente se notam nos que servem sobreditos empregos".

Essa preocupação com a correção gramatical vai aparecer bem explicitada nas considerações que justificavam o Alvará Real de 30 de setembro de 1770, que determinou o ensino de gramática portuguesa pela *Arte* de Reis Lobato durante os seis primeiros meses do curso de latim na escola básica. Era a primeira vez que se incluía o ensino de português no sistema escolar de Portugal, embora ainda embutido em outra disciplina.

Nesse texto, D. José I (rei de 1750 a 1777) se referia à "correção" e à "pureza" da língua e à importância de se falar e escrever "evitando erros". Deixava claro seu entendimento de que a "correção" é fundamental para a cultura dos "povos civilizados" pelo fato de "dependerem dela a clareza, a energia e a majestade, com que devem estabelecer as leis, persuadir a verdade da religião, e fazer úteis e agradáveis os escritos". Por isso, determinava o ensino da gramática do português para que a mocidade conhecesse a língua com base em princípios gramaticais "porque sabendo-a por princípios, e não apenas por mero instinto e hábito, se costuma a falar e escrever com pureza, evitando aqueles erros, que tanto desfiguram a nobreza dos pensamentos".

Apesar disso tudo, a *Arte* de Reis Lobato também não foi muito além do prescritivismo leve que se observava desde o século XVI. Uma mão prescritiva um pouco mais pesada apareceu na gramática de Antônio de Moraes Silva (1755-1824), publicada em 1806, e na de Jerónimo Soares Barbosa (1737-1816), que foi escrita em 1803, mas só publicada postumamente em 1822. Eram ambas pautadas pelo logicismo gramatical (os princípios da lógica se impõem como norma do dizer) e pelo viés purista (uma guerra declarada aos barbarismos e solecismos, em especial aos de origem francesa).

O mundo estava mudando. A cultura francesa tinha ocupado, no contexto europeu, o espaço que até então era da cultura greco-latina. Nessa conjuntura de uma influência linguístico-cultural muito próxima (não mais a da Antiguidade clássica, mas a dos quase vizinhos franceses), a reação purista não se fez esperar.

Por outro lado, desde o governo do marquês de Pombal (o todo-poderoso ministro de D. José I de 1750 a 1777), ganhava espaço socioeconômico uma espécie de alta classe média urbana – os grandes comerciantes e donos de manufaturas beneficiados pela política econômica de Pombal. O sistema de ensino começava a se abrir para esse novo segmento socioeconômico. Não por acaso, portanto, o governo de Pombal investiu grandes esforços na reforma do ensino em geral e da Universidade de Coimbra em particular.

Na sequência dessas reformas, já agora em 1836, foi criada em Portugal uma pequena rede de liceus voltados para a chamada educação secundária, cujo público primordial era essa mesma classe social em ascensão. Eram os primeiros passos de uma sempre temida, daí para a frente, massificação do ensino (cf. Carvalho, 2011).

Por fim, com o desenvolvimento da atividade jornalística e da produção de livros, a escrita começava a sair definitivamente dos salões da aristocracia e dava seus primeiros passos em direção a uma relativa ampliação do grupo dos que liam e escreviam.

Com todo esse novo panorama socioeconômico e cultural, desenvolveu-se, em certos meios de erudição clássica (gente formada nos modelos da cultura greco-latina), um senso de que a língua estava em franca decadência. Era-lhes intolerável identificar na escrita jornalística e literária características linguísticas típicas dos segmentos médios cultos. Era preciso, então, disciplinar o uso com mão pesada. E os autores de gramáticas para as escolas secundárias passaram a adotar um discurso recheado de condenações e prescrições.

Surgiram também, já no fim do século XIX, os primeiros consultórios gramaticais na imprensa a fustigar não só os jornalistas, mas também os escritores. O mais furioso destes consultórios foi assinado pelo filólogo português Cândido de Figueiredo (1846-1925) e foi publicado não só na imprensa de Lisboa, como também na do Rio de Janeiro.

Cândido de Figueiredo fez escola: além de asserções dogmáticas e categóricas, inaugurou o discurso ofensivo e debochado sobre fatos da língua, que teve e, infelizmente, continua a ter seguidores, em especial no Brasil.

Um discurso que não procura entender e explicar os fatos que anota, mas se contenta apenas em condená-los – o mais das vezes sem fundamento e até em franca contradição com os estudos filológicos e linguísticos, quando não conflitando com a própria tradição normativa registrada em dicionários e gramáticas e com o uso culto corrente.

A esse discurso, como discutimos no capítulo anterior, temos dado o nome de *norma curta*, seguindo Faraco (2008). Trata-se de um discurso categórico, dogmático, que se compraz em ridicularizar o falante, numa prática gratuita, desagradável e, em alguns momentos, até repugnante por sua violência simbólica.

O prestígio social desse discurso é, por si só, um sinal dos descaminhos que nossa cultura tem percorrido no trato da língua e de seu ensino. É apenas uma das faces da "cultura do erro" que veio tomando corpo desde meados do século XVIII, como resposta às mudanças sociais das quais resultou uma progressiva *desaristocratização* dos modelos de falar e escrever. Sem conseguir entender a dinâmica da história (ou, pior, recusando-a), os atemorizados "guardiões" da língua deslizaram para o discurso da decadência e para o (pseudo)purismo.

Encontramos o gérmen dessa cultura do erro já no século XVIII, em particular nas ações da Real Mesa Censória, criada em 1768 pelo marquês de Pombal para dar novo ordenamento ao processo de censura dos livros.

Até então, essa censura era feita em três instâncias diferentes: a da Inquisição, a do Desembargo do Paço e a do bispo da diocese. Era um processo moroso que já não se coadunava com a vitalidade, variedade e lucratividade do mercado livreiro em franca expansão. A centralização num único órgão era a resposta do governo à demanda para agilizar o processo.

Entre as figuras proeminentes designadas para compor a Mesa Censória estava o padre António Pereira de Figueiredo (1725-1797), um dos intelectuais mais afinados com o governo pombalino. Seu trabalho de maior vulto foi, certamente, a tradução da Bíblia da Vulgata Latina para o português. Foi também autor de uma gramática latina (publicada em 1753) e era, possivelmente, o autor da *Arte da grammatica da lingua portuguesa*, que assinou com o pseudônimo de António José dos Reis Lobato (cf. Assunção, 1997) e que, como apontamos anteriormente, foi declarada oficial para uso nas escolas pelo Alvará Real de 30 de setembro de 1770.

O sociólogo português Rui Tavares (1997) mostrou que a Real Mesa Censória entendia a censura dos livros não apenas como forma de impedir a circulação de ideias consideradas heréticas, imorais ou politicamente nocivas, mas principalmente como forma de "preservar a qualidade das letras".

Assim, as condenações se faziam também, num bom número de casos, por "defeitos" de estilo, de gramática, de ortografia e de má tradução. A censura criava assim não só parâmetros sobre o que se podia escrever, mas também definia parâmetros gramaticais e estilísticos aceitáveis.

Há vários exemplos disso nos pareceres do padre Figueiredo. Ao censurar um livro de Física, escrito pelo padre Francisco de Santa Rita, dizia que a obra não podia ser publicada porque estava escrita numa gramática "cheia de erros, e em um estilo implexo e pueril" (cf. Tavares, 1997: 137).

Crescia, portanto, por diferentes ângulos, a prática do discurso vigiado: a Real Mesa Censória a legitimar e deslegitimar usos estilísticos e gramaticais; a escola recebendo a tarefa de ensinar a gramática portuguesa para que os alunos aprendessem "a falar e escrever com pureza" (cf. o Alvará Real de 30 de setembro de 1770); e a *Arte* de Reis Lobato, tornada oficial pelo mesmo Alvará, inaugurando, na gramaticografia portuguesa, o capítulo dos "solecismos e barbarismos" – os "vícios" "que fazem a oração defeituosa, para que os evite, quem quiser falar com toda a propriedade e perfeição" (1770: 208) –, capítulo que passou a ser recorrente nas gramáticas posteriores, não passando nunca de listas aleatórias, fragmentárias e repetitivas.

O século XVIII conformou, portanto, uma perspectiva purista que veio a sustentar boa parte do discurso normativo posterior. Uma obra que teve peso na difusão dessa perspectiva foi a de Francisco José Freire (1719-1773), que assinava seus textos com o pseudônimo Cândido Lusitano. Embora seus ensaios sobre a língua tenham sido escritos no século XVIII (e, nesse sentido, testemunham o viés ideológico da época), só foram publicados em livro (*Reflexões sobre a língua portugueza*) em 1842, quase 70 anos depois de sua morte. E passou a ser a principal referência do discurso purista da segunda metade do século XIX e do começo do século XX, cujo arcabouço argumentativo se sustentou precisamente no apelo aos usos dos autores "clássicos" da língua, aqueles que escreveram nos séculos XVI e XVII.

Cândido Lusitano considerava (parte primeira, p. 7) – num juízo não desprovido de anacronismo – que, antes do século XVI, a língua era inculta e bárbara e os autores, desprovidos das "qualidades que ensina a Arte de bem falar". Por isso, suas *Reflexões* extraíam sua doutrina da lição dos autores considerados "clássicos" da língua.

Entendia que seu livro, dedicado "ao escritor iniciante", daria à mocidade portuguesa "socorro para escrever com propriedade, e pureza, visto não haver até aqui em português um único tratado, que instrua teoricamente os escritores principiantes a usarem da nossa linguagem com correção e energia que lhe é devida" (primeira parte, p. 1).

Embora observasse que o próprio uso às vezes torna arcaicas certas ocorrências nos clássicos, afirmava em tom categórico que "infalivelmente vão errados todos os que não caminham pelos vestígios daqueles autores, que pelo seu justíssimo merecimento logram entre os sábios o título de Clássicos" (primeira parte, p. 6).

Essa concepção pressupõe, como vimos no capítulo anterior, que a língua ideal está, de certa forma, congelada nos modelos de um determinado tempo, uma espécie de *Idade do Ouro* da língua. Foi ela a assumida pelos que se envolveram em polêmicas linguísticas, no Brasil, no fim do século XIX e no começo do XX.

No entanto, em meio a essas polêmicas, foi ficando claro que os autores clássicos não eram absolutamente uniformes em seus usos, nem podiam ser, considerando que a norma culta varia tanto quanto qualquer outra norma.

Numa apreciação da polêmica entre Rui Barbosa (1849-1923) e o gramático Ernesto Carneiro Ribeiro (1839-1920) a propósito do texto do Código Civil, o crítico José Veríssimo (1857-1916) dizia, em 1907, sobre a argumentação que apelava aos usos dos autores clássicos: "nos clássicos há para tudo" (cf. Pinto, 1978: 254-5).

Essa perspicaz observação de José Veríssimo é perfeitamente justificável porque qualquer norma efetiva – em razão da extrema diversidade de usos sociais da língua – é necessariamente caracterizada por variabilidade. No entanto, o clima ideológico da época não permitia que se reconhecesse apropriadamente esse dado elementar: mesmo a norma-padrão e mais ainda a norma culta variam.

Diante desse fato incontestável – "nos clássicos há para tudo" –, alguns puristas começaram a apontar "erros" nos clássicos sempre que seus usos desmentissem as regras que inventavam.

Um exemplo, dentre outros, pode ser encontrado no seguinte comentário do filólogo brasileiro Laudelino Freire (1873-1937), assumidamente purista, a propósito da regra que estipula a (suposta) obrigatoriedade da anteposição do pronome oblíquo ao verbo quando precedido de *onde*, *quando*, *como* (s.d.: 18): "Os exemplos colhidos nos clássicos mais corretos, que porventura contrariem esta regra, não lhe tiram o caráter imperativo, e devem ser tidos por meros deslizes ou desatenções".

Ora, se os clássicos também "erram", estava instaurada a contradição interna no próprio discurso purista e fragilizado o critério de correção e pureza. Quem nos oferecerá a referência segura?

Além disso, o discurso purista tinha grandes dificuldades para resolver outra grave contradição. Ao fixar como modelo apenas a língua que se escrevia num determinado período de tempo, o discurso purista não conseguia se adaptar adequadamente ao fato incontornável da mudança linguística, como, aliás, apontava Machado de Assis, conforme vimos na seção 4 do capítulo anterior, em seu texto "Instinto de nacionalidade" (cf. *Obra completa*, III: 801-9).

O discurso purista forjado no século XVIII e de ampla circulação da metade do século XIX até a década de 1920 foi aos poucos perdendo fôlego no Brasil. Estava perpassado de contradições internas; não conseguia amoldar-se às características inescapáveis da dinâmica da língua – a variação e a mudança; foi alvo de crítica dos autores do Modernismo literário de 1922; e, por fim, dado seu compromisso com uma visão aristocratizante da língua, perdeu qualquer base objetiva numa sociedade que vem conhecendo profundas mudanças econômicas, políticas, sociais e culturais.

Sobrevive, porém degenerado no discurso pseudopurista de certos consultórios gramaticais da mídia e em manuais da *norma curta*. Enredou-se no trato do "erro pelo erro" e perdeu completamente a capacidade de dar qualquer norte para o "bom uso".

Esses manuais chegam ao absurdo de condenar nossos grandes escritores, como fez, por exemplo, o gramático Napoleão Mendes de Almeida (1911-1998) a propósito do nosso poeta maior, Carlos Drummond de Andrade, ao chamá-lo de "derrotista da nossa gramática" (2005: 470). Como promover positivamente a língua se até nossos monumentos literários são assim achincalhados?

A crítica que aqui fazemos ao purismo e ao pseudopurismo não tem absolutamente nada a ver com o desmerecimento do "bom uso", de sua importância sociocultural e de seu ensino, como já pudemos deixar claro no capítulo anterior.

Somos praticantes e defensores do "bom uso"; e defendemos também a necessidade de reabrirmos esta importante questão técnica e política no Brasil, buscando caminhos que nos permitam superar a "dualidade de normas", ou seja, as discrepâncias entre a norma culta e a norma-padrão que perturbam o encaminhamento positivo do uso, do ensino e do cultivo da língua no nosso país há um século e meio. É preciso, com urgência, redesenhar a norma brasileira do "bom uso" (a chamada norma-padrão).

No entanto, tem sido muito difícil instaurar esse amplo e necessário debate social no Brasil, como apontado já em Faraco (2008: 76-7). Uma primeira razão para essa dificuldade advém do fato de que boa parte dos que se envolvem com o tema costuma ter uma visão reducionista do problema: a norma-padrão é, nessa perspectiva, apenas um rol congelado de formas ditas "corretas". E o tom do debate no Brasil (há mais de um século) é sempre o mesmo: recriminam-se os brasileiros por não cuidarem de sua língua e por supostamente não saberem falar e escrever "corretamente" – recriminação que não é difícil de ser feita, porque, em geral, nem mesmo os mais letrados usam as formas cultuadas na velha, anacrônica e artificial norma-padrão.

Por outro lado, qualquer debate na atualidade costuma logo ser abortado por recorrentes acusações da e na mídia de que os linguistas são (perigosamente) relativistas e, portanto, contrários ao ensino de um padrão de língua. Como argumentamos extensamente no capítulo anterior, essas acusações não procedem: os linguistas têm razoável clareza do sentido sociolinguístico de um padrão de língua e, por isso, não são, em princípio, contrários a seu cultivo e ensino.

Para deixar ainda mais claro o posicionamento dos linguistas, podemos lembrar aqui as palavras do filólogo e linguista Celso Cunha (1917-1989). Dizia ele (1985: 86) que é impossível querermos manter a ilusão de uma norma purista na sociedade atual. Não se deve, porém, concluir, deste posicionamento e de todas as outras críticas, que os linguistas têm feito sobre a arbitrariedade com que se estabeleceram alguns padrões inexequíveis de correção gramatical, que eles estão propondo um vale-tudo idiomático. Reconhecem apenas a inoperância e a inconveniência de boa parte das referências adotadas até aqui como norma-padrão.

O que os linguistas brasileiros vêm efetivamente combatendo, portanto, é o caráter excessivamente artificial do nosso padrão; é a concepção do padrão como uma camisa de força e todos os preconceitos daí advindos. Desse modo, são estas as questões que devem constituir o ponto de partida e o núcleo de qualquer debate e não a equivocada acusação de relativismo. Como essa acusação, no entanto, decorre de um grosseiro mal-entendido, o desafio preliminar que se põe aos linguistas é buscar meios de "limpar a área", meios de esclarecer publicamente seu efetivo posicionamento.

Como dissemos antes, a norma-padrão, enquanto realidade léxico-gramatical, é relativamente abstrata: há, em sua codificação, um processo de seleção de formas como modelares e um relativo apagamento de marcas dialetais muito salientes. É por aí que a norma-padrão pode se tornar uma referência suprarregional e, mesmo, transtemporal.

Nesse sentido, o padrão tem sua importância e utilidade como força centrípeta no interior do vasto universo centrífugo que caracteriza as línguas, em especial nas situações em que se busca alcançar uma certa uniformidade que atenue uma intensa dialetação.

O padrão não conseguirá jamais suplantar integralmente a diversidade porque, para isso, seria preciso alcançar o impossível (e o indesejável, obviamente): homogeneizar a sociedade e a cultura e estancar o movimento e a história. Mesmo assim, o padrão terá sempre, por coações sociais, um certo efeito unificador sobre as demais normas.

Por tudo isso, insistimos na urgente necessidade de redesenharmos a norma-padrão brasileira, atualizando suas fontes de referência e abandonando as invencionices do século XIX.

De qualquer forma, é preciso ter claro que nem a norma culta, nem a norma-padrão são estáticas e invariáveis. Mesmo explicitamente codificadas em instrumentos normativos (dicionários e gramáticas), elas variam e mudam como qualquer outra manifestação linguística. É preciso, portanto, operar sempre com o conceito de *estabilidade flexível* (discutido no capítulo anterior), acomodando a variação estilística e as mudanças.

Para concluir, lembremos que o purismo, qualquer que ele seja (étnico, religioso, político-ideológico, linguístico), tem um fundo comum: a recusa do outro, do diverso, do diferente. Ora, é a diversidade que faz a grandeza da vida e da cultura humana. Assim, qualquer tentativa de se definir um chão comum em meio à diversidade e à mudança não pode se fazer tendo como preço o apagamento ou o silenciamento do outro, da diversidade, da diferença. Na área da língua, isso significa que, no ensino e nas práticas sociais, é indispensável, em primeiro lugar, respeitar todas as expressões sociolinguísticas, combatendo todos os preconceitos e toda a violência simbólica que se pratica tendo a língua como pretexto. E, segundo, é indispensável garantir o acesso de todos à cultura escrita e, como subproduto, à variedade da língua que se pratica nela.

6. O PROBLEMA NORMATIVO DO BRASIL

Pode-se afirmar que a norma culta brasileira começou a se configurar a partir da metade do século XVIII no contexto das mudanças socioculturais advindas da descoberta do ouro em Minas Gerais. Um dos efeitos desse momento econômico foi o desenvolvimento de uma sociedade urbana em grau até então nunca visto nos espaços coloniais. Surgiu e cresceu um segmento socioeconômico médio e letrado praticamente inexistente nos séculos anteriores; e vários de seus membros passaram a se dedicar à literatura, reunindo-se, inclusive, em Academias voltadas ao cultivo das atividades intelectuais, como, entre outras, a Academia Brasílica dos Esquecidos, criada em Salvador em 1724, e a Academia Brasileira dos Renascidos, criada em Salvador em 1759 (cf. Bosi, 2006, cap. II).

Esse primeiro momento se expandiu no século XIX com a vinda da família real portuguesa em 1808. Uma das medidas tomadas pelo príncipe regente (o futuro rei D. João VI) foi eliminar a proibição que impedia a impressão de livros e jornais no Brasil. Com isso, abriram-se os caminhos, na sociedade brasileira, para o progressivo espraiamento da cultura escrita, que é um dos pilares da norma culta.

No entanto, a questão normativa propriamente dita só surgiu no Brasil, de fato, na segunda metade do século XIX. Tomou corpo com as polêmicas que cercaram a obra de José de Alencar e, no início do século XX, com a polêmica sobre o texto do Código Civil. Essas polêmicas foram, no fundo, o grande divisor de águas: elas alimentaram a voz conservadora e desequilibraram progressivamente o debate a seu favor.

Foi, pois, nessa conjuntura de aproximadamente 50 anos, profundamente marcada por polêmicas linguísticas, que se configurou uma norma-padrão para o Brasil, tendo como referência não a norma culta brasileira, mas o eventual uso de escritores portugueses do Romantismo e do chamado período clássico (desde que, como apontamos anteriormente, tal uso abonasse as regras que se iam inventando).

Adotou-se, portanto, como modelo uma referência externa à realidade linguística culta do país. Daí terem resultado as muitas discrepâncias que ainda perduram entre a norma-padrão e a norma culta brasileira; ou – para aproveitar as expressões usadas pelo linguista Afrânio Barbosa (2015: 266) – entre a norma *predicada* e a norma *praticada*.

A norma-padrão assim estipulada tem se mostrado inoperante e ineficaz. E os efeitos negativos dessa situação são claramente observáveis no ensino, no uso e no cultivo da língua no Brasil.

Os fatores que levaram determinado segmento da intelectualidade brasileira a fixar uma norma-padrão sem tomar nossos usos cultos como referência foram de variada ordem, em especial a denegação da complexa realidade sociocultural do país e o consequente esforço para caracterizá-lo exclusivamente por suas raízes europeias – atitudes que foram muito fortes no fim do século XIX e começo do XX.

Nos primeiros anos pós-independência, se falou com relativo entusiasmo sobre o futuro da língua portuguesa no Brasil. Em 1825, por exemplo, num texto de apresentação da tradução que fizera da *Ode Primeira das Olímpicas de Píndaro*, José Bonifácio (1763-1838), o patriarca da independência, convocava os futuros escritores brasileiros, "agora que se abre nova época no vasto e nascente Império do Brasil à língua portuguesa", para que ousassem enriquecê-la com novos vocábulos, em especial para atender as necessidades da tradução. Manifestava também a certeza de que, "apesar de franzirem o beiço os puristas acanhados", o português, "já belo e rico agora", chegará a rivalizar com a língua latina (cf. Pinto, 1978: 10-1).

A essa primeira manifestação otimista, se seguiu a defesa de um *abrasileiramento* da língua escrita (conforme palavras de José de Alencar). Seus proponentes eram escritores que portavam um discurso mais nacionalista, marcado por certa euforia pela causa e pelas coisas nacionais, discurso característico do Romantismo.

No entanto, a complexa estratificação sociolinguística do Brasil (resultante do profundo fosso socioeconômico, herdado da sociedade colonial, entre uma pequena elite branca e letrada e a grande massa forjada na escravatura e na miscigenação) e as acusações de incorreção linguística que intelectuais portugueses fizeram a escritores brasileiros (em especial a José de Alencar) motivaram uma profunda inflexão conservadora por volta do início da década de 1860. Nesse processo, as diferenças entre o português culto do Brasil e o de Portugal foram interpretadas como "erros".

Mais adiante, ficou claro que várias dessas diferenças eram construções mais antigas que as usadas na altura pelos portugueses em razão das mudanças pelas quais a língua tinha passado na Europa desde o século XVIII, mudanças que não haviam alcançado o português do Brasil. No entanto, nem isso foi suficiente para desmobilizar o "excesso de lusitanismo" do discurso conservador (para aproveitar aqui a expressão que o poeta Gonçalves Dias usou quando se iniciaram as polêmicas sobre a língua – cf. Pinto, 1978: 33).

Para a elite mais conservadora, a questão da língua se resolvia pelo discurso da unidade: há uma só língua e cumpre preservar sua pureza, cujo modelo nos é dado pelos portugueses, seus legítimos e únicos proprietários. Nesse sentido, o português de cá tem de se aproximar do de lá, seguindo servilmente o uso dos escritores lusitanos. Qualquer diferença é "erro".

Texto exemplar desse modo de dizer a questão da língua é o pronunciamento que Joaquim Nabuco (1849-1910), um dos intelectuais mais destacados da época, fez na Academia Brasileira de Letras, em 1897. Nele, Nabuco afirmava que os portugueses (por serem uma "raça pura") guardavam melhor o idioma e, por isso, deveríamos tomá-los sempre como modelo, opondo embaraços à "deformação que é mais rápida entre nós". Nesse sentido, só nos caberia secundar o esforço e acompanhar os trabalhos dos que se consagram em Portugal "à pureza do nosso idioma, a conservar as formas genuínas, características, lapidárias, da sua grande época". E concluía dizendo que a nós, brasileiros, sobrava apenas a vassalagem aos usos dos escritores portugueses ("nunca virá o dia em que Herculano e Garrett e seus sucessores deixem de ter a vassalagem brasileira") – cf. Pinto, 1978: 197-8).

Não é certamente gratuita a referência à (suposta) pureza da "raça" portuguesa, lembrando que a nossa miscigenação era entendida à época como sinal de degeneração (cf. Schwarcz, 2001).

Não é também gratuita a referência à "pureza" da língua, à "sua grande época" (os autores clássicos) e à necessária "vassalagem" linguística dos brasileiros, considerando, de um lado, a força da ideologia purista que vinha desde o século XVIII e, de outro, o complexo quadro sociolinguístico brasileiro, em particular as variedades populares que tanto aborreciam a intelectualidade oitocentista.

A proposta de abrasileirar a língua escrita, como defenderam José de Alencar e outros escritores românticos, era totalmente inadmissível pela intelectualidade conservadora. No fundo, entendiam que o abrasileiramento significaria legitimar as variedades do português popular em geral – "o falar atravessado dos africanos" e "outros fenômenos dessa ordem", nas inconfundíveis expressões do crítico literário Tristão de Alencar Araripe Júnior (1848-1911) em texto escrito em 1888 (cf. Pinto, 1978: 234).

Não foram suficientes, portanto, as insistentes observações de José de Alencar e outros românticos que deixavam claro que abrasileirar não significava nem abandonar a leitura e o estudo dos clássicos, nem implicava escancarar as porteiras, ou seja, dar legitimidade ao português popular (ao "grosseiro dialeto do vulgo", em suas próprias palavras – cf. Pinto, 1978: 76).

O raciocínio básico, por conseguinte, era: mudança e riqueza sim, mas dentro de limites. Abrasileirar a língua escrita, mas não tolerar todo e qualquer fenômeno linguístico que aqui ocorre. Era preciso traçar os limites do admissível; estabelecer – conforme dizia, em 1888, o crítico literário José Veríssimo – a "barreira às invasões descabidas da língua popular" (cf. Pinto, 1978: 245).

Alencar já tratava dessa questão dos limites bem explicitamente na década de 1870. Em seu plano para um livro sobre a literatura brasileira, dizia: "não se pretende que toda inovação seja boa – defende-se a ideia do progresso da língua, não o abuso que a acompanha" (cf. Pinto, 1978: 148).

E aqui reside o calcanhar de Aquiles da questão toda: como distinguir a boa da má inovação? Ou, a partir de que critérios barrar "as invasões descabidas da língua popular"? O que se tomará em conta para classificar um fenômeno como *descabido*?

Seriam os gramáticos a solução? Alencar especificamente descartava a possibilidade de se recorrer a eles para resolver as dúvidas: era crítico constante de seus julgamentos arbitrários.

Por outro lado, em suas réplicas aos críticos de seus livros e de seu "estilo frouxo e desleixado", Alencar se esmerava em defender muitas das construções e do léxico que utilizava, apontando-lhes a "nobreza clássica", isto é, sua presença em textos de autores consagrados da língua; ou a ocorrência de casos semelhantes já em latim. Acatava, portanto, o argumento antigo de ser legítimo aquilo que está nos escritores consagrados; ou ainda o argumento da ancianidade (se já estava em latim é, portanto, legítimo).

Se com esses movimentos argumentativos de remissão ao passado Alencar legitimava seus usos e, ao mesmo tempo, procurava desacreditar seus detratores, acusando-os de ignorantes da história e dos clássicos da língua, não resolvia, contudo, a questão do que poderia ser considerado "boa inovação", "progresso e não abuso".

Gonçalves Dias tinha tentado formular uma solução trazendo à baila a figura mítica do "gênio da língua" como a grande régua para traçar os limites do admissível. Reconhecia ele que "ainda havemos de modificar altamente o português" e que "devemos admitir tudo o de que precisamos para exprimir coisas novas ou exclusivamente nossas", mas arrematava com a seguinte ressalva: "uma só coisa fica e deve ser eternamente respeitada: a gramática e o gênio da língua" (cf. Pinto, 1978: 38).

O "gênio da língua" foi um conceito criado no século XVII e de ampla recorrência nos debates linguísticos posteriores até, pelo menos, as primeiras décadas do século XX. Assentava-se no pressuposto de que haveria propriedades características de uma espécie de "personalidade" de cada língua as quais seriam imutáveis e deveriam, portanto, ser preservadas (daí o "eternamente" no enunciado de Gonçalves Dias não ser meramente retórico). De certa forma, o que está nesse conceito é o pressuposto de que a própria língua teria em si os critérios da estabilidade no mar das mudanças; do eterno no oceano do transitório.

Para resolver esse impasse, Alencar apontou, naquele mesmo plano para o livro sobre a literatura brasileira, o caminho que considerava indispensável – um longo estudo empírico: "Para bem examinar essa questão, e saber se o dialeto brasileiro é um progresso ou uma decadência de língua, é preciso examinar o que é a língua portuguesa – Longo estudo, mas necessário – Nada de erudição: bom senso, e o fruto de algumas observações" (cf. Pinto, 1978: 148).

Seria preciso, portanto, pesquisar "o que é a língua portuguesa". Respondida essa questão por meio de longo estudo, estariam alcançadas, supostamente, as bases para estabelecer com segurança os limites entre inovação boa e má, entre progresso e decadência, entre o legítimo e o ilegítimo. Em outras palavras, estaria definido o tantas vezes mencionado (mas obscuro) "gênio da língua" e se teria o instrumento preciso de corte entre o "bom" português e o português do "vulgo".

No entanto, insistindo em reduzir a questão (como alguns fazem ainda nos dias atuais) a um problema de pesquisa empírica, se perderia o seu cerne, porque ela, de fato, não era (e continua não sendo) linguística no sentido estrito. Desde o início, trata-se de uma questão também política, imbricada com outros fenômenos e valores socioculturais que não apenas os linguísticos.

O próprio Alencar não deixava de ter consciência dessa dimensão do problema: propunha como necessário o estudo empírico, mas combinado com o "bom senso". Ora, o que é esse "bom senso" senão a entrada em cena de uma atitude política, o apelo a um certo entendimento, a um certo compromisso, a um certo consenso?

É bom lembrar que o mesmo apelo à pesquisa empírica como modo de nortear o estabelecimento de um padrão menos artificial será feito mais à frente por filólogos e linguistas, sem que isso tenha produzido mudanças no discurso hegemônico que diz a língua no Brasil, mesmo nos casos em que se deram passos concretos em tal direção – como no projeto Nurc, para a língua falada, e no projeto do Laboratório de Estudos Lexicográficos da Unesp de Araraquara, para a língua escrita.

O projeto Nurc foi desenvolvido, no início da década de 1970, por uma equipe de linguistas brasileiros em cinco capitais do país: Rio de Janeiro, São Paulo, Porto Alegre, Salvador e Recife. O objetivo principal era registrar a norma culta falada. Para isso, os pesquisadores faziam entrevistas com pessoas que tivessem educação superior completa, gravavam diálogos entre dois informantes e também eventos formais de elocução. Previam-se 400 horas de gravação em cada cidade, com 600 informantes (300 homens e 300 mulheres), distribuídos em três faixas etárias. O Projeto motivou inúmeros estudos da língua culta falada e dele nasceu, entre outros muitos trabalhos importantes, a *Gramática do português culto falado no Brasil*, publicada pela Editora Contexto.

O Projeto do Laboratório de Estudos Lexicográficos da Unesp de Araraquara se voltou para a língua escrita no Brasil contemporâneo. Para isso, foi constituído um amplo *corpus* da escrita brasileira em prosa a partir de 1950, num total de 70 milhões de ocorrências de palavras em textos de literatura romanesca, dramática, técnica, oratória e jornalística, com predominância desta última. Deste *corpus*, nasceram várias obras importantes sobre o português escrito do Brasil, como o *Dicionário de usos do português do Brasil* (Borba, 2002), o *Guia de usos do português: confrontando regras e usos* (Neves, 2003) e a *Gramática de usos do português* (Neves, 2000).

Ao contrário dessa direção de enfrentamento do problema, os conservadores, tendo adotado o princípio da unidade da língua e escritores portugueses como modelo de correção, passaram a cultivar a prática de identificar os "erros" dos brasileiros. E, para "corrigi-los", desenvolveram um febril esforço normativo (em especial na década de 1880), buscando fixar, à base do mais puro arbítrio, a norma válida para a escrita.

Se Alencar tinha o cuidado de defender a necessidade do estudo empírico para deslindar a questão, os puristas simplesmente decretaram o que era certo com base apenas em suas impressões das diferenças. De nada adiantaram as sucessivas críticas ao arbitrário do processo: o estrito apego às chamadas "raízes" culturais europeias era muito mais forte do que qualquer dos argumentos levantados pelos defensores do abrasileiramento da norma escrita. A rigidez com que se fixou a norma-padrão não foi, portanto, mero capricho linguístico. Os conservadores projetavam a questão da língua num quadro mais amplo: tratava-se de inviabilizar qualquer situação que aos seus olhos representasse ameaça de rompimento da ordem social por eles idealizada.

O estreitamento da questão vai nos conduzir à situação paradoxal em que nos encontramos ainda nos dias atuais. Se os puristas consideravam que nem sempre os clássicos podiam ser referência segura, se se descartava qualquer possibilidade de usos cultos brasileiros serem legitimados na escrita (com base no "bom senso" e/ou no estudo empírico), que referência sobrava para o padrão além do arbítrio dos que se arrogavam o direito de ditar normas, respaldados pelos interesses políticos maiores da elite conservadora?

É certamente esse vício de origem a causa principal do desenvolvimento da *norma curta* entre nós – essa coleção de preceitos categóricos que se autojustificam, que recusam a norma culta, que desmerecem o trabalho dos escritores, dos bons dicionaristas e gramáticos e que excluem qualquer diversificação de suas fontes.

Se essa é a origem e esse, o processo que se consolidou, não é de admirar a reverência acrítica e quase irracional (pois não admite contestação) que acompanha a circulação social desse discurso gramatical rígido, estreito e arbitrário, cheio e dogmatismos.

Aparentemente não há força, entre nós, que quebre a norma *curta* como referência ideológica. Não foram suficientes a crítica e a prática dos nossos escritores modernistas na década de 1920 e dos que vieram depois. Não tem sido suficiente a pesquisa sistemática, pela Linguística brasileira contemporânea, de nossa norma culta falada e escrita. Não tem sido suficiente o trato mais arejado e flexível que nossos melhores gramáticos têm dado aos fatos da língua culta, reinterpretando preceitos da nossa tradição gramatical. Não tem sido suficiente a edição dos nossos dois grandes dicionários modernos, o *Aurélio* e o *Houaiss*, que deram razoável acolhida aos fatos da nossa norma culta (mesmo que no mais das vezes apenas timidamente).

Em consequência disso, continuamos sem saber como administrar as significativas diferenças entre a norma culta e a norma-padrão; sem encontrar caminhos para diminuir o fosso entre o praticado e o predicado como ideal rígido; sem saber, inclusive, como orientar o ensino da norma culta. Continuamos a aceitar que pretensas autoridades gramaticais, fundadas no puro arbítrio, digam a nós, brasileiros, como devemos falar e escrever a língua que nos pertence.

7. OUTRAS NORMAS EM GESTAÇÃO

Tendo repassado o século e meio da história normativa do Brasil, cabe perguntar se essa história toda vai se repetir nas novas sociedades pós-coloniais que conquistaram sua independência em 1974/75 com o fim do colonialismo português.

Um dos efeitos da expansão internacional do português para a África, Ásia e América foi o surgimento das chamadas *variedades não nativas* da língua, fenômeno comum às outras línguas europeias que se internacionalizaram durante o colonialismo europeu.

Entende-se por variedade não nativa aquela que emergiu em sociedades coloniais quando a língua europeia foi apropriada basicamente como língua segunda por populações originárias do território ou para ele transpostas.

Nessa categoria das chamadas variedades não nativas estão diferentes variedades do português, como o dos países africanos de língua oficial portuguesa; o português concanizado que surgiu em Goa (cf. Domingues, 2008) – praticamente desaparecido; o português de vários povos indígenas no Brasil (cf. Ferreira; Amado e Cristino, 2014; Silva, 1988); e também as variedades que deram origem ao português popular brasileiro (cf. Lucchesi, 2015; e Lucchesi, Baxter e Ribeiro, 2009).

O chamado português concanizado é a variedade da língua falada pela população de ascendência indiana que habitava a região de Goa e falava, como língua primeira, o concani, da grande família indo-europeia.

O tema das variedades não nativas foi recentemente trazido para o âmbito do português pela linguista moçambicana Perpétua Gonçalves (2010, cap. I), uma das mais atentas analistas da evolução do português em Moçambique.

A autora mostra que essas variedades estiveram recobertas por uma discriminação negativa decorrente da conjuntura político-social do período histórico em que elas se formaram. Afinal, trata-se de variedades de uma língua europeia que emergiram "em sociedades coloniais, fortemente marcadas por preconceitos socioculturais e também raciais" (2010: 14). Daí terem sido elas vistas como línguas "imperfeitas", distantes dos modelos "puros" dos colonizadores.

As inovações que nelas se davam eram alvo de atitudes negativas quer por parte dos colonizadores (supostamente falantes do português europeu modelar), quer pelos próprios membros das comunidades em que essas variedades emergiram. Ainda nos dias atuais é possível observar que estes últimos oscilam entre a rejeição das inovações que eles mesmos criaram e o reconhecimento dessas inovações como parte das normas das regiões em que ocorrem (2010: 14-5).

O que se assiste em algumas sociedades pós-coloniais em que uma língua europeia é oficial, mas aprendida basicamente como língua segunda, é uma nativização progressiva das variedades não nativas e sua eventual legitimação como variedade de pleno direito, tornando-se a variedade própria e característica dessas sociedades (sua "norma normal").

Nos diferentes contextos africanos em que o português é falado, nota-se, pois, a emergência de particularidades fônicas, morfológicas, lexicais e sintáticas (por influência das línguas de substrato) – algumas já registradas até em textos literários – dando ao português traços específicos e diferenciadores em cada um desses contextos.

Nem todos esses traços são necessariamente adotados (e, portanto, legitimados socialmente) pelos falantes mais escolarizados. Desse modo, há, ainda, grande oscilação na valoração social das inovações e, como diz Perpétua Gonçalves (2010: 19), especificamente para o caso de Moçambique, é ainda forte o desejo de alcançar uma convergência com a norma culta europeia.

A autora entende que essa motivação convergente dos falantes parece decorrer do prestígio associado ao modelo europeu, podendo estar também relacionada a uma certa baixa estima relativamente à sua própria identidade.

Há, portanto, nos segmentos sociais instruídos de Moçambique (uma pequena e rarefeita elite, diga-se de passagem), um claro ideal lusitanizante. Ou, para dizer em outros termos, a língua "verdadeira", a língua "certa", a língua "legítima" (e talvez a língua "pura") tem, para esse segmento social, sua moradia em outro lugar: mora além-mar, mora em Lisboa.

A língua fluida, ou seja, a língua em sua dinâmica corrente nas interações sociais (cf. Orlandi, 2002: 22) continua a acontecer nessa sociedade multilíngue, continua a seguir seus muitos caminhos em todos os espaços sociais; mas a língua imaginária, construída pela elite instruída, está em outro lugar.

Algo muito semelhante ocorreu no Brasil do século XIX. Também aqui, para segmentos sociais letrados (uma rarefeita minoria, uma pequena ilha num mar de analfabetos – cf. Carvalho, 2007: 67), a língua "verdadeira", a língua "certa", a língua "legítima" morava além-mar, em Lisboa. E, como apontamos anteriormente, a essa língua imaginária os brasileiros deveriam prestar eterna vassalagem.

Apesar das polêmicas e dos hercúleos esforços normativos oitocentistas – dos quais emergiu a ainda forte representação social de que os brasileiros falam mal, falam errado, não sabem português –, não se deu a desejada lusitanização da língua (salvo, talvez, em alguns poucos casos de língua escrita mais monitorada e submetida à ação de revisores, como a predominância da colocação enclítica dos pronomes oblíquos – *João veste-se com muita sobriedade* –, quando na fala brasileira a norma é a colocação proclítica – *João se veste com muita sobriedade*).

As profundas mudanças socioeconômicas ocorridas de fins do século XIX em diante na sociedade brasileira, os múltiplos caminhos da língua fluida e mesmo a crítica de escritores do Modernismo ao desejo lusitanizante terminaram por diluir esse imaginário. Na atualidade, não há resquício no Brasil do pressuposto de que a língua "verdadeira", a língua "certa", a língua "legítima", a língua "pura" tem sua moradia em Lisboa. Nesse sentido, Portugal foi claramente esquecido.

No entanto, continua presente e forte o imaginário de que essa língua mora em outro lugar. Desaparecida a imagem de que esse lugar fosse Lisboa, o eixo imaginário se deslocou para um território etéreo, uma indistinta Terra da Promissão idiomática, que, no senso comum, ora atende pelo nome de *gramática*, ora pelo nome de *norma culta*, ora pelo nome de *norma-padrão.*

Nenhum dos dois nomes tem um referente claro e preciso no senso comum, mas são usados abundantemente quando se trata de fazer o imaginário funcionar (como palavra de autoridade) em polêmicas histéricas e estéreis, ou na desclassificação de falantes, ou em penalizações nos exames de escolaridade (cf. Faraco, 2008).

Não há, na consciência social, a percepção de que *A Gramática* – esse *locus* etéreo da "verdade", da "correção", da "pureza" da língua – é, no fundo, uma criação mítica. O que temos, de fato, são gramáticas e outros instrumentos normativos perpassados de parcialidades e contradições ou em franco conflito com a norma efetivamente praticada. Dessas contradições e conflitos, temos alguns bons exemplos no trabalho de Neves (2003). Nele, a análise de dados da escrita brasileira contemporânea vai deixando evidente o quanto os usos efetivos se distanciam das regras normativas tradicionais.

Não é, portanto, de pouca monta o conjunto de questões que uma normatividade equivocada traz para uma sociedade pós-colonial. Nesse sentido, e até para compreender melhor o próprio processo normativo, interessa acompanhar muito de perto, nos contextos africanos, não só as dinâmicas da língua fluida (que caminhos percorrerá o português nessas sociedades em que é majoritariamente língua segunda e é também língua do Estado?), mas principalmente os desdobramentos da língua imaginária (que inovações serão legitimadas ou estigmatizadas? Quanto tempo resistirá o desejo lusitanizante? Como se redesenhará? Que efeitos deixará? Que decisões serão tomadas quanto à fixação de uma norma-padrão?).

Leituras complementares

- O livro *História concisa da língua portuguesa* (Basso e Gonçalves, 2014) é uma ótima introdução à história da língua portuguesa.
- O livro *Ensaios para uma sócio-história do português brasileiro*, de Rosa Virgínia Mattos e Silva (2004a), apresenta um amplo painel de aspectos sócio-históricos fundamentais para a compreensão do português brasileiro.
- O livro *Língua e sociedade partidas*, de Dante Lucchesi (2015), é indispensável para se compreender a história e a realidade sociolinguística atual do Brasil.
- O livro *A norma brasileira em construção*, organizado por Célia Regina Lopes dos Santos (2005), traz interessantes discussões para o estudo da construção da norma culta brasileira.
- Para uma análise do discurso purista no Brasil, recomenda-se o livro *Metalinguagem e discurso: a configuração do purismo brasileiro* (Leite, 1999).

- O livro *História sociopolítica da língua portuguesa* (Faraco, 2016) explora vários aspectos da história da língua portuguesa sob um olhar sociopolítico, acompanhando suas origens e os efeitos de suas sucessivas expansões, seja no espaço europeu, seja no espaço extraeuropeu.

Exercícios

1. Leia o texto a seguir, que integra uma matéria da *Revista Língua* denominada "Prestígio em xeque". Trata-se de uma proposição assinada por Aldo Bizzocchi.

> Colocação pronominal
>
> É preciso racionalização da colocação dos pronomes pessoais oblíquos; deveríamos nos espelhar tanto no uso efetivo dos falantes quanto nas regras das demais línguas, bem mais simples que as nossas. Um dos efeitos disso seria o reconhecimento definitivo do caráter arcaico e pedante da mesóclise. Em português, a solução mais prática seria a colocação livre.

Escreva uma carta ao autor da proposta, posicionando-se a respeito dela, especialmente quanto a considerar que "a solução mais prática seria a colocação livre". Para isso, construa seus argumentos dizendo se você considera que esta solução seja coerente com o argumento inicial a respeito da necessidade de racionalização da colocação pronominal. Diga também se você concorda com as propostas a seguir: espelhar-se no uso dos falantes (quais falantes?) e em outras línguas, supostamente mais simples, justificando sua posição. Diga também se essas duas propostas são coerentes entre si e justifique sua posição.

2. Identifique, no trecho a seguir (retirado do livro *A norma oculta*, do linguista Marcos Bagno, 2003: 71-2), pontos convergentes com o que defendemos neste capítulo:

> Uma coisa que sempre surpreende as pessoas que investigam a realidade linguística do Brasil é a grande diferença que existe entre a norma-padrão e o português brasileiro, isto é, entre o ideal de língua "certa", que vigora na mentalidade das classes sociais privilegiadas que têm acesso à cultura letrada, e a atividade linguística efetiva, empiricamente observável, falada e escrita, dos cidadãos brasileiros de qualquer ponto do país.
>
> Muitas pessoas se iludem ao acreditar que a verdadeira diferença é outra, não entre a norma-padrão e o português brasileiro de modo geral, mas entre as variedades prestigiadas e as variedades estigmatizadas. Muitos falantes "cultos" supõem que seu modo de falar está mais próximo da norma-padrão tradicional e que a língua dos "incultos" é que é cheia de solecismos, barbarismos, vícios e erros... É claro que essa suposição está impregnada de preconceito social e não se sustenta numa análise linguística mais acurada, porque as pesquisas científicas revelam que cada vez mais as variedades prestigiadas e as variedades estigmatizadas tendem a se nivelar, graças aos movimentos de "baixo para cima" (em que os falantes das variedades estigmatizadas procuram adquirir traços linguísticos das camadas sociais privilegiadas) e de "cima para baixo" (em que os falantes das variedades prestigiadas incorporam à sua atividade linguística formas não aceitas pela norma-padrão, mas já plenamente incorporadas na língua de todos os brasileiros).

NORMA E ENSINO

Objetivos gerais do capítulo:

- Multiplicidade de normas na constituição da vida social;
- As normas sociais que regem o uso da linguagem são culturalmente produzidas e aprendidas;
- Cada língua é um conjunto de variedades pelas quais os falantes transitam fazendo escolhas;
- Vantagens do ensino produtivo da língua;
- A postura crítica frente à norma-padrão vigente no Brasil;
- A cultura do certo-errado é **inadequada** para explicar os fatos da língua e para orientar o processo de ensino-aprendizagem na escola;
- A articulação entre a norma culta e as demais variedades no ensino da língua;
- No uso da língua, a variação é a regra;
- As variedades populares da língua também têm gramática, sistematicidade estrutural;
- Todos os alunos têm direito a voz em sala de aula e merecem ser valorizados;
- A relação de confiança e respeito mútuo é fundamental no ensino da língua.

1. NORMAS, DIVERSIDADE E ENSINO DE LÍNGUA

Em princípio, toda cultura estabelece normas proxêmicas (relacionadas com o espaço de cada participante da interação), gestuais e de linguagem verbal para expressar, por exemplo, polidez (respeito, consideração, reverência, apreço) e seu oposto, a impolidez (desrespeito, desconsideração, desprezo, desdém).

Por isso, seja na família, na comunidade local, na comunidade virtual, na pré-escola ou na escola, as crianças, desde pequenas, precisam aprender a se comportar segundo essas normas, precisam aprender recursos linguísticos variáveis e também que é necessário fazer escolhas linguísticas relacionadas a *quem fala, com quem fala, quando e onde fala, por que e para que fala*, ou seja, escolhas relacionadas com o contexto social e com os propósitos da interação em curso.

Na brincadeira de faz de conta, por exemplo, ao representar diferentes papéis sociais, a criança desenvolve e demonstra suas habilidades no uso de formas variáveis de dizer. Assim, retomando uma observação feita na década de 1980, dois meninos de 6 e 4 anos de idade, falantes de uma variedade em que se usava somente "tu" para a segunda pessoa, ao brincarem de faz de conta e encenarem personagens de desenhos animados que assistiam na TV, como He-Man, alternavam para o tratamento "você" e respectivas formas verbais; modificavam seu tom de voz e encenavam, gesticulando e interagindo num outro registro (Guy e Zilles, 2006: 40).

Outro tipo de evidência desse uso variável da linguagem relaciona-se com a presença ou não de fórmulas lexicalizadas (*por favor*, *obrigada*, *com licença*) e uso variável de padrões entoacionais de polidez. Desse modo, dependendo da entoação, o enunciado *um picolé*, proferido por uma criança para sua mãe, pode ser resposta a uma pergunta, pedido ou súplica.

Toda criança aprende desde cedo as formas de im/polidez características da comunidade de fala de que participa, assim como gradualmente aprende a utilizá-las produtivamente em suas interações. O agradecimento, por exemplo, pode ser uma forma de reconhecimento sincero por algo recebido, assim como pode ser uma forma de recusa a algo oferecido. É bem diferente uma criança de, digamos, 3 anos, recusar a oferta de um alimento dizendo simplesmente "não" ou dizendo "não, obrigado", por ter compreendido que em seu contexto a recusa polida é logo aceita, ao contrário da recusa simples, na relação com os adultos, que ficam desarmados com esse jogo!

Toda cultura tem também normas que definem como construir o confronto e a conciliação, como provocar a ira e a compaixão, ou como mentir e dizer a verdade. Assim também é cultural a forma de dar trela e dar de ombros, dar o fora ou dar gelo, dar com a língua nos dentes, dar pano pra manga, dar pitacos, dar o troco, dar uma cantada ou uma esnobada, dar uma chamada em alguém, dar as cartas, dar o tom, dar bola, dar bom dia ou adeus, dar corda, dar a palavra, dar nome aos bois, dar a benção, dar começo e dar fim! E fazemos tudo isso e muito mais com a linguagem, com as palavras. Variamos o modo de fazer cada uma dessas ações verbais conforme o contexto, os interlocutores, o grau de formalidade, o tipo de comunidade a que o falante pertence, a classe social, e tantos outros fatores que compõem a realidade do uso da língua. Essa variação, é importante que se frise, não é pessoal ou aleatória, pois variamos ou fazemos escolhas em conformidade com as normas culturais.

A variação, a plasticidade das línguas e das variedades de uma língua, portanto, são uma característica linguística altamente produtiva, que perpassa nosso conhecimento sobre a língua desde cedo. O ensino de língua, por conseguinte, não pode ser exclusivamente o ensino da norma-padrão (norma prescritiva), nem mesmo só o ensino da norma culta (norma normal prestigiada na sociedade), pois elas não existem no vácuo e nem podem ser de fato aprendidas fora de seu contexto sócio-histórico.

Como já ficou claro nos capítulos anteriores, ambas essas normas existem no conjunto de outras normas normais, as chamadas variedades da língua, e se articulam com elas em função da avaliação social que lhes é atribuída e sobre a qual se deve refletir criticamente na escola.

A variação linguística precisa, então, estar sempre presente no ensino da língua. E isso porque é intrínseca a toda e qualquer língua, porque se distribui por todos os níveis linguísticos, porque contribui para a constituição e significação das interlocuções de que participamos, porque é ativamente utilizada na construção de efeitos de sentido em nossos textos orais e escritos, porque constitui nossas identidades e caracteriza as ações que realizamos nas interações sociais.

Defendemos uma abordagem explícita da diversidade linguística e da avaliação social que a recobre ao tratarmos dos usos orais e escritos da língua, e em particular da leitura, da produção textual e da reflexão linguística na sala de aula de língua.

A clássica obra de Halliday, McIntosh e Strevens (1973), já citada no primeiro capítulo, ao tratarmos dos conceitos de dialeto e registro, será retomada aqui por sua importante distinção entre ensino prescritivo, descritivo e produtivo. Nosso ponto de vista, em consonância com o que propõem esses autores, é o de que o ensino da língua deve ser amplamente produtivo, para o que é necessário introduzir também, mas em menor monta, o ensino descritivo e apenas o indispensável de ensino prescritivo.

Chamaremos de *produtivo* o ensino que trate a língua, cada língua, como uma conjunto de variedades e que contribua para 1) a compreensão crítica da avaliação social das variedades pelos alunos, fundada em sua sócio-história e nos avanços da reflexão no âmbito das políticas linguísticas; para 2) o uso das variedades, tanto da cultura oral quanto da cultura letrada, pelos alunos com progressiva segurança e confiança em si e em suas competências; e para 3) a localização realista e crítica da norma-padrão e da norma culta na sociedade brasileira, pois a distância entre elas é enorme e tem criado muitos embaraços para a educação em nosso país, dos quais o mais evidente é a crença bastante generalizada de que não sabemos português.

Tratar abertamente dessas questões em sala de aula, assim como caracterizar concretamente em que residem as diferenças, principalmente as de ordem gramatical, é indispensável para um ensino produtivo que se contraponha à mera reprodução *ad infinitum* e sem sentido de regras e imposições caducas, arbitrárias, alheias ao *nosso* português.

2. REPENSANDO CONCEITOS COM VISTAS AO ENSINO

Nesta seção, vamos revisitar conceitos fundamentais já discutidos nos capítulos anteriores com um olhar voltado para o ensino de língua portuguesa na realidade brasileira do início do século XXI. Os conceitos revisitados são: norma-padrão; certo-errado; norma culta e dinâmica social da língua; plenitude formal das variedades; e camaleão linguístico.

2.1 Norma-padrão

Conforme já dissemos no primeiro capítulo, norma, nesse sentido, é o que é posto como *normativo*, preceituado, prescrito, exigido, imposto, inculcado. Por isso, é também a referência usada para sustentar juízos sociais de correção ou incorreção linguística (o que trataremos mais detalhadamente a seguir, no item certo-errado).

Vimos também, no capítulo "Norma: descrição e prescrição", que não há critérios seguros e incontroversos para o estabelecimento do padrão, de modo que um de seus pontos fracos inerentes é o caráter em algum sentido arbitrário das prescrições. Sua motivação, porém, é clara e socialmente arbitrária, pois a norma-padrão é historicamente relacionada com o objetivo de distinguir a elite das demais classes sociais garantindo-lhe um capital simbólico exclusivo cuja importância precisa, então, ser constantemente reinstituída, entre outras razões, porque as línguas têm sua própria dinâmica e mudam com o tempo.

Além disso, no capítulo anterior, examinamos a constituição da norma-padrão no Brasil, considerando sua estreita vinculação com a história política do país no século XIX e com o projeto de sociedade defendido pela elite brasileira. Não é exagero dizer que se tratava de um projeto que virava as costas para o país real, profundamente dividido economicamente, escravocrata, miscigenado e injusto, e idealizava uma sociedade branca e europeia. Há, portanto, desde então, um profundo e perturbador fosso entre a norma-padrão e a norma culta.

Assim, com base no que foi exposto nos capítulos precedentes, assumimos uma postura crítica em relação à norma-padrão que vigora desde o final do século XIX e questionamos a sua manutenção. Somos favoráveis a seu abandono ou, pelo menos, a sua revisão no sentido de aproximar-se da norma culta, pois entendemos que ela acarreta, no mínimo, graves problemas para o ensino produtivo da língua que defendemos. Destacamos três deles.

O primeiro problema está relacionado justamente com a distância e a incongruência entre o prescrito e o efetivamente usado pelos falantes ditos cultos, amplamente engajados em múltiplas práticas de letramento, inclusive no exercício profissional. Essa distância tem impacto muito negativo na cultura linguística brasileira, pela forma intimidadora como nos vemos uns aos outros enquanto falantes da língua portuguesa, pela insegurança constante no uso da língua e pela negação de princípio bem consolidado na ciência da linguagem de que o falante (culto, neste caso, por estarmos tratando aqui de norma normal da elite culta) *sabe* a sua língua. Sabe a sua língua, diga-se claramente, que não é a norma-padrão imposta à sociedade, e sim o que vimos chamando de norma culta.

Podemos falar de um fosso entre as duas porque há diferenças cruciais no que se pode considerar o cerne da estrutura linguística de uma língua: sua gramática. É o que demonstra a linguista brasileira Mary Kato (2012), por exemplo, com relação ao sujeito nulo.

O sujeito de uma sentença pode ser expresso ou nulo, como se observa a seguir nos exemplos (a) e (b):

a. *Meu irmão* estuda na universidade. *Ele* fica lá o dia inteiro, mas *ele* podia almoçar em casa se *ele* quisesse.
b. *Meu irmão* estuda na universidade. Ø fica lá o dia inteiro, mas Ø podia almoçar em casa Ø se quisesse.

São sujeitos expressos o sintagma nominal *meu irmão* e as retomadas pelo pronome *ele* no exemplo (a), comum no português do Brasil. Já o exemplo (b) contém inicialmente o sintagma nominal *meu irmão*, sujeito expresso que estabelece a referência, seguido de três retomadas por sujeitos nulos representados pelo símbolo Ø nas respectivas posições de sujeito, pois estão vazias, não há material fônico, ainda que a continuidade da referência ao mesmo sujeito seja mantida. O exemplo (b) é a construção comum no português europeu e na norma-padrão.

Conforme Kato (2012), as pesquisas linguísticas têm demonstrado que, enquanto o português europeu é uma língua de sujeito nulo típica, o português do Brasil não é e, em consequência, os falantes nativos do português europeu e do português brasileiro adquirem e usam gramáticas diferentes.

Entretanto, no processo de escolarização, pela exposição a textos escritos e pelo ensino da norma-padrão, os estudantes brasileiros aumentam gradativamente o uso de sujeitos nulos, tornando-se o que Kato descreve como bilíngues sequenciais em sua própria língua, no sentido de serem capazes de fazer, em alguma medida, alternância de códigos (ou uso alternado de línguas ou variedades diferentes) entre a gramática 1 (adquirida nos primeiros anos de vida) e a gramática 2 (aprendida na escola).

Ora, se lembrarmos que a norma-padrão representa a imposição do português europeu dos escritores do século XIX, ficará clara a distância de que tratávamos e o ônus imposto aos brasileiros com essa imposição. Como disse o sociólogo francês Pierre Bourdieu (1996: 48), a escola produz não propriamente a *expressão correta*, mas a *expressão corrigida*.

Outro exemplo indiscutível é o da colocação dos pronomes átonos em posição preferentemente proclítica no português do Brasil (*me telefona*), em contraste com a preferência pela posição enclítica no português europeu (*telefona-me*) e, por consequência, na norma-padrão imposta no Brasil.

Felizmente, alguns gramáticos têm reconhecido a legitimidade das construções proclíticas, inclusive em início de frase, contrariando proibição explícita da norma-padrão. Este é o caso de Cunha e Cintra (2001: 316-7), que chamam atenção para o fato de que a posição proclítica também é característica do português das repúblicas africanas. Seus dois exemplos, extraídos de uma obra do escritor gaúcho Érico Veríssimo ("*Me desculpe* se falei demais") e de uma obra do escritor angolano Luandino Vieira ("*Me arrepio* todo..."), soam perfeitamente bem aos ouvidos brasileiros, pois são produzidos em conformidade com a gramática (norma normal) vigente entre nós. Não há razão que justifique a condenação desse uso ainda hoje. E há certamente razões de sobra para abandoná-la definitivamente.

O segundo problema a destacar aprofunda o primeiro e diz respeito à condenação arbitrária, pelos gramáticos, de usos atestados na fala e na escrita, inclusive na *norma culta*. Para exemplificar esse procedimento dos gramáticos, apresentamos o caso do pronome relativo *onde*. Segundo a prescrição gramatical (norma-padrão), a palavra *onde* como pronome relativo só pode retomar a noção de lugar, espaço físico, como no exemplo a seguir: *A cidade* ***onde*** *nasci se chama Não-Me-Toque e fica no Rio Grande do Sul*. Neste exemplo, o emprego de *onde* é considerado "correto" porque retoma "cidade", substantivo que se refere a um espaço físico. Qualquer outro uso é condenado.

Assim, tal prescrição implica a consequente demonização *proscritiva*, condenatória, dos demais usos desse pronome, que também retoma outras noções, como apresentamos a seguir:

a. Noção de espaço nocional, não físico: "A língua onde moramos", título de crônica de Patrícia Barata sobre a língua portuguesa. (Disponível em: <http://bomdia.eu/a-lingua-onde-moramos/>, acesso em 11 ago. 2017.) Note-se que o pronome **onde** retoma o substantivo **língua**, que é assim concebido como um espaço nocional, mental e interacional. Este uso é sistematicamente condenado e corrigido, no sentido de ser substituído por **em que**.
b. Noção de evento: Meus amigos participaram da Jornada Mundial da Juventude de 2013, evento onde o Papa Francisco também esteve. Neste exemplo o pronome **onde** retoma o substantivo **evento**, que é um acontecimento social e não um lugar físico. Também em casos assim há condenação e substituição por **em que**.
c. Noção de tempo: "depois de te perder / te encontro com certeza / talvez num tempo da delicadeza / *onde* não diremos nada" (Chico Buarque, "Todo o sentimento")
"Ó noite *onde* as estrelas mentem luz, ó noite, única coisa do tamanho do Universo, torna-me, corpo e alma, parte do teu corpo, que eu me perca em ser mera treva e me torne noite também, sem sonhos que sejam estrelas em mim, nem sol esperado que ilumine do futuro." (Bernardo Soares (Fernando Pessoa). *Livro do desassossego*. Lisboa: Ática, 1982, p. 170.)

Em Zilles e Kersch (2015), as autoras apresentam subsídios históricos e semânticos para considerar arbitrária essa prescrição e para defender a multifuncionalidade do pronome relativo em questão. Sob a perspectiva da história da língua, *onde* provém de quatro advérbios latinos (*ubi* (lugar onde), *quo* (lugar para onde), *unde* (lugar de onde) e *quā* (lugar por onde), e seus múltiplos usos refletem a persistência das noções por eles expressas.

Além disso, o uso do vocabulário que descreve espaço para falar de tempo é comum nas línguas naturais. Por exemplo: como será o futuro daqui pra *frente*?; o passado ficou para *trás*; as férias estão *perto*; o carnaval está *longe* etc. E de um ponto de vista mais técnico, da Semântica Cognitiva, conforme (Pires de Oliveira, 1998), mesmo sem considerar a história da língua, é possível explicar a multifuncionalidade do *onde* por um processo de projeção: por exemplo, de espaço físico para espaço nocional.

Obras filológicas de história da língua portuguesa como a de Augusto Epiphanio da Silva Dias (1970 [1918]) registram os múltiplos usos de *onde*, mas as gramáticas, principalmente as publicadas no século XX, esquecem a história da língua e condenam tudo o que não for espaço físico. Entendemos que essa condenação seja um exemplo muito claro de *norma curta*, injustificada e arbitrária.

Por fim, o terceiro problema que destacamos é o julgamento negativo de todas as variedades do português do Brasil com base apenas no que é prescrito pela norma-padrão, julgamento completamente desqualificador e absurdo, segundo o qual o que difere do padrão é "erro". Ora, como todas as variedades do português no Brasil diferem da norma-padrão em maior ou menor grau, inclusive a norma culta (a norma normal dos falantes cultos), TODAS são consideradas erradas segundo este critério! É, pois, a consequente cultura do certo-errado o que passamos a discutir na próxima seção.

2.2 Certo-errado

Dissemos, no primeiro capítulo, que a norma-padrão tem sido usada como referência ou régua para embasar os julgamentos sociais de correção ou incorreção linguística. Devemos, antes de mais nada, refletir sobre a possibilidade de fazer julgamentos dessa importância com base num critério apenas binário e certamente reducionista frente à imensa riqueza e variabilidade de usos que fazemos da língua.

Consideremos, para isso, as réguas. Inúmeros são os tipos de réguas em uso nas sociedades atuais: a bem conhecida régua escolar, a régua de corte e costura, a de *patchwork*, a régua T, aquelas mais conhecidas como esquadro, transferidor e gabarito, a régua dos programas editores de texto, a régua tomada, a régua antropométrica, e tantas outras. A maioria delas serve, é claro, para mensurar, segundo uma escala de múltiplos pontos progressivos ou alternativos; algumas, porém, como a régua tomada, serve menos para mensurar do que para oferecer pontos alternativos.

Podemos também conceber réguas abstratas, como escalas de valores que vão do pior ao melhor, do ótimo ao péssimo, do brega ao chique, do velho ao novo, do feio ao bonito, e assim por diante. Em todas elas é possível identificar pontos escalares que refletem a gradação entre um extremo e outro: 1) um exemplo de escala com cinco pontos seria: muito pequeno, pequeno, médio, grande, muito grande; 2) exemplo com escala de oito pontos seria: péssimo, muito ruim, ruinzinho, ruim, bonzinho, bom, muito bom, ótimo. Não há régua de dois pontos apenas. Todas são escalares, graduais, dotadas de múltiplos pontos.

Só não o é a régua da norma-padrão, que tem apenas dois pontos, os extremos, o tudo e o nada, o "certo" e o "errado". Essa régua não serve propriamente para medir, pois seu princípio não é escalar e sim dual.

O ponto do "errado" serve para deter a dinâmica da língua, apagar o valor simbólico das diferenças linguísticas que traduzem as diferenças sociais, estigmatizar usos linguísticos e respectivos falantes, dissimular a realidade sócio-histórica e manter as profundas desigualdades que caracterizam o Brasil.

O ponto do "certo" serve para instituir a assim chamada "língua", para legitimar uma certa normatividade, um pretenso ideal a pairar sobre nós cujo poder, especialmente simbólico, vem das condições socioeconômicas e institucionais que garantiram a sua codificação e imposição no país. Essa "língua" e as implicações de sua instituição para o ensino aparecem exemplarmente descritas por Pierre Bourdieu:

> [...] a língua legítima é uma língua semiartificial cuja manutenção envolve um trabalho permanente de correção de que se incumbem tanto os locutores singulares como as instituições especialmente organizadas com esta finalidade. Por intermédio de seus gramáticos, responsáveis pela fixação e codificação do uso legítimo, e de seus mestres que impõem e *inculcam* tal uso através de inúmeras ações corretivas, o sistema escolar tende (nesta e em outras matérias) a produzir a necessidade de seus próprios serviços, produtos, trabalhos e instrumentos de correção. (Bourdieu, 1996: 48)

Muitos são os aspectos dessa caracterização da língua legítima que encontram relação direta com o que vimos dizendo a respeito da norma-padrão no Brasil: ela é igualmente semiartificial e depende de correção constante dos falantes para sua manutenção; nossos gramáticos e elaboradores de materiais didáticos também se baseiam em juízos arbitrários e muitas vezes incoerentes para determinar que formas linguísticas pertencem à norma-padrão; essas formas também se tornam conteúdos de ensino, que são "cobrados" em provas durante toda a escolaridade.

Nas salas de aula, também as práticas de produção de texto, quando ocorrem, tendem a ser reduzidas à escrita de redações escolares, que servem apenas à avaliação caça-erros por parte dos professores, uma vez que não são efetivamente lidas e discutidas com os alunos e nem servem a nenhum outro propósito social que não seja a reafirmação do certo-errado e a atribuição de uma nota.

Fora da escola, a tradição dos antigos consultórios gramaticais da imprensa escrita permanece, ampliada em diferentes mídias, como os programas televisivos sobre o certo e o errado na língua, os vídeos de YouTube, os posts de Facebook, os textos dos blogs etc. Impressiona perceber que grande parte dessa produção sobre a língua é espontânea – quanta gente disposta a ensinar o "certo"! Entristece ver quão preconceituosas podem ser essas manifestações sobre a língua, as variedades, os falantes, a (falta de) gramática, a norma, e os demais.

Retomando a citação de Bourdieu, em que o trabalho do professor em relação à língua legítima é o de *inculcação*, cabe-nos ressaltar que inculcar não é procedimento do ensino produtivo, é procedimento do ensino reprodutivo, transmissivo, acrítico, que desrespeita o aluno e torna o próprio ensino escolar sem sentido, como projeto de educação, humanização e desenvolvimento de cada um.

Entendemos, portanto, ser urgentemente necessário repensar, na sociedade brasileira, a manutenção dessa norma-padrão que temos hoje, dessa régua estreita e equivocada de apenas dois pontos, o certo e o errado, que assim mascara a riqueza da realidade linguística do país e muitas vezes intimida e silencia os alunos, especialmente os das classes populares, levando-os mesmo a resistirem e desistirem da escola, do letramento, das possibilidades de superação das desigualdades a eles impostas.

A cultura do certo-errado que hoje impera precisa ser criticamente avaliada e banida da escola e da sociedade por ser reducionista, artificial, contrária à realidade das práticas de uso variável da língua e por alimentar e justificar o preconceito linguístico. O combate ao preconceito implica alterações profundas nas práticas escolares, como já se apontava nos Parâmetros Curriculares Nacionais de 1ª a 4ª série do ensino fundamental, Língua Portuguesa, neste excerto que transcrevemos a seguir:

> O problema do **preconceito** disseminado na sociedade em relação às falas dialetais deve ser enfrentado, na escola, como parte do objetivo educacional mais amplo de **educação para o respeito à diferença**. Para isso, e também para poder ensinar Língua Portuguesa, a escola precisa livrar-se de alguns **mitos**: o de que existe uma única forma "certa" de falar – a que se parece com a escrita – e o de que a escrita é o espelho da fala – e, sendo assim, seria preciso "consertar" a fala do aluno para evitar que ele escreva errado. Essas duas crenças produziram uma **prática de mutilação cultural** que, além de desvalorizar a forma de falar do aluno, tratando sua comunidade como se fosse formada por incapazes, denota desconhecimento de que a escrita de uma língua não corresponde inteiramente a nenhum de seus dialetos, por mais prestígio que um deles tenha em um dado momento histórico. (Brasil, 1997: 26)

Por tudo isso, no ensino produtivo, a referência deve ser a norma culta, entendida como norma normal, em articulação com as demais variedades da língua. Evidentemente, se a sociedade brasileira avançar no sentido de revisar a norma-padrão para que ela espelhe a norma culta, grande parte do ônus que recai sobre os falantes e sobre o ensino será superado. Nossa proposta é, pois, a de que devemos partir sempre e ter como referência, como grande pano de fundo, a norma culta sem descuidar de, ao mesmo tempo, reconstruir a norma-padrão com base nos usos cultos contemporâneos.

2.3 Norma culta e a dinâmica social da língua

No primeiro capítulo, conceituamos a norma linguística de uma comunidade de fala como sendo o que "já se disse" e tradicionalmente "se diz", o que se tornou habitual, comum, sistemático, normal, característico do comportamento linguístico dos falantes a ela pertencentes. Assim, há, no Brasil, múltiplas normas linguísticas, tantas quantas são as comunidades de fala existentes.

Essa multiplicidade resulta da sócio-história do país, tanto no sentido das muitas línguas em contato desde sempre em nosso território, se influenciando mutuamente, quanto no sentido do caráter longitudinal de ocupação progressiva do território, que se estende por 500 anos, desde o início da colonização portuguesa até hoje.

Conforme Faraco (2016), ao longo desse extenso período, de inúmeros conflitos e disputas, de muita violência física, moral e simbólica, de genocídio e escravatura, de dominação e abusos, desenrolou-se o processo de implantação e imposição do português até chegar a alcançar o caráter de língua hegemônica que tem desde o início do século XX.

Apesar dessa hegemonia, é fundamental para o que estamos chamando de ensino produtivo da língua (portuguesa) na escola o reconhecimento e a valorização de nossa realidade multilíngue (que inclui línguas indígenas, afro-brasileiras, de imigração, de sinais etc.) e do impacto que o contato entre essas línguas e o português teve e tem para o estabelecimento das variedades hoje existentes. Da mesma forma, é indispensável o reconhecimento das múltiplas etnias/culturas que para cá vieram ou que aqui já estavam, e seu papel na diferenciação cultural e linguística das comunidades de fala.

A relação entre essa diversidade étnica e a organização socioeconômica, inclusive de classes sociais, se fez de modo muito desigual e injusto, produzindo uma distribuição extremamente desequilibrada do acesso à cultura letrada e às formas prestigiadas da língua hegemônica, concedendo a muito poucos o poder desse capital simbólico e dele excluindo a imensa maioria. É nessa complexa e injusta articulação sociocultural que devemos inserir a norma culta e a norma-padrão se queremos alcançar o ensino produtivo da língua.

É nesse sentido que dizemos que a norma culta e a norma-padrão não existem em si ou no vácuo. Elas, cada uma a seu modo, fazem parte de um complexo jogo de relações, conflitos e forças sociais, políticas e econômicas cuja compreensão é essencial para a compreensão da própria dinâmica da língua.

Como já dissemos no primeiro capítulo, a norma culta falada em nosso país é um *conjunto de variedades*. Isso significa que não há um jeito só de falar a norma culta. As diferenças são facilmente observáveis na pronúncia e no léxico. Um exemplo bem conhecido é o da realização variável das consoantes oclusivas dento-alveolares /t, d/, que podem se realizar como oclusivas palatalizadas diante de vogal anterior alta /i/.

PALATALIZAR OU NÃO?

Em Belém, Rio Branco, São Luís, Fortaleza, Salvador, Belo Horizonte, Vitória, Rio de Janeiro, São Paulo e Porto Alegre (segundo dados do projeto ALiB; cf. Mota e Cardoso, 2015: 75), as oclusivas dento-alveolares /t, d/ são palatalizadas categoricamente, ou seja, em todas as ocorrências. Assim, nessas capitais, os falantes sempre dizem *tia* como *tchia* e *dia* como *djia*. O mesmo ocorre com os nomes próprios *Tiana* e *Diana*; com os substantivos *tíade* e *díade*, *tica* e *dica*, entre muitos outros. Entretanto, em capitais como Cuiabá, Natal, João Pessoa, Recife, Maceió e Aracaju, a palatalização acontece, mas não predomina (cf. Mota e Cardoso, 2015: 76). Nas demais capitais, a palatalização predomina, mas não é categórica. Isso significa que ora os falantes palatalizam as oclusivas dento-alveolares, ora não o fazem.

Em suma, podemos esperar que falantes cultos do Rio de Janeiro, por exemplo, apresentem categoricamente a pronúncia palatalizada, ao passo que falantes cultos de Recife prefiram a pronúncia oclusiva, podendo usar a pronúncia palatalizada em alguns contextos. O que importa reconhecer é que ambos estarão usando a norma culta.

Quanto ao léxico, a variabilidade é imensa, como mostram os muitos atlas linguísticos já produzidos no Brasil e a experiência de cada falante ao viajar pelo país. Trazemos novamente resultados do levantamento feito em 25 capitais brasileiras pelo projeto ALiB, com 200 informantes (100 com escolaridade fundamental e 100 com escolaridade superior em cada cidade). Trata-se do estudo sobre as designações para o "inseto pequeno de pernas cumpridas, que canta no ouvido das pessoas à noite". Das seis variantes registradas, três têm substrato tupi (*carapanã*, *muriçoca*, e *maruin*/*muruin*), prevalecendo a primeira na região Norte e a segunda, na região Nordeste. As outras três variantes (*pernilongo*, *mosquito* e *praga*) têm substrato português e maior prevalência nas regiões Centro-Oeste, Sudeste e Sul, conforme Costa e Isquerdo (2010).

Das seis variantes, a mais produtiva foi *pernilongo*, citada pela metade dos informantes, em todas as regiões do país. A partir desses resultados, podemos encontrar tanto as designações de base tupi quanto a designação *pernilongo* entre falantes cultos do Norte e Nordeste do país, a depender, possivelmente, de seu julgamento sobre o conhecimento do interlocutor e da sua disposição em construir, pela linguagem, uma identidade mais regional ou mais nacional. Os falantes das outras regiões oscilam entre o uso de *pernilongo* ou *mosquito*, também pelas mesmas supostas razões. Uns e outros, é bom lembrar, ainda assim, estarão usando a norma culta.

Alguns questionamentos nos ocorreram ao relatarmos esses resultados. Será que, após as inúmeras campanhas de prevenção contra o *mosquito* da dengue, do chikungunya e do zica vírus, essa distribuição das seis variantes permaneceu (ou permanecerá) a mesma? Qual terá sido (ou poderá ser) o efeito da força centrípeta dessas campanhas midiáticas nacionais? A maior prevalência dessas doenças nas regiões Norte e Nordeste pode ter, também, alguma relação com o conhecimento das relações lexicais: *carapanã-pernilongo-mosquito*; *muriçoca-pernilongo-mosquito*? Essas considerações, que parecem fugir do tema desta seção – norma culta –, foram apresentadas com dois propósitos: ressaltar que não basta compreender que a norma culta é um *conjunto de variedades* e saber como elas se distribuem, pois é preciso compreender a dinâmica sócio-histórica da língua e a inserção dessas variedades e de sua avaliação social nessa dinâmica; destacar que as variedades cultas também podem mudar em função de pressões internas ou externas.

As possibilidades de diferenças gramaticais costumam ser mais restritas, mas algumas, que também fazem parte da norma culta, podem ser aqui lembradas: o uso de *tu* e/ou *você* como pronomes de segunda pessoa do singular, mapeados para o país no texto das linguistas Scherre et al. (2015);

o uso de *nós* e/ou *a gente* como pronomes de primeira pessoa do plural, mapeados no artigo das linguistas Viana e Lopes (2015); e a presença *versus* ausência de artigo definido diante de antropônimos (nomes de batismo, nomes próprios) e pronomes possessivos.

A respeito desse tema, vale destacar dois trabalhos. O primeiro, das linguistas Callou e Silva (1997), por analisar dados da fala culta, provenientes do projeto Nurc, envolvendo as cinco capitas incluídas no estudo: Recife, Salvador, Rio de Janeiro, São Paulo e Porto Alegre.

Destacamos aqui os resultados do uso de artigo diante de antropônimos (a Maria, o João), que mostram uma grande diferença entre as localidades do Nordeste e as do Sul-Sudeste: Recife, 17%; Salvador, 32%; Rio de Janeiro, 43%, em contraste com São Paulo, 87%; e Porto Alegre, 79% (Callou e Silva, 1997). Evidentemente, esses resultados devem ser examinados com certa reserva, pois os dados foram coletados na década de 1970, há cerca de 40 anos e, possivelmente, não retratam a realidade atual. Contudo, exemplificam com clareza o que vínhamos expondo: a norma culta é um conjunto de variedades.

O segundo trabalho que destacamos, a dissertação de mestrado de Luciene Maria Braga, contém uma comparação entre duas localidades de Minas Gerais, a saber, Uberaba, no Triângulo Mineiro, e Mariana, na região de Belo Horizonte.

Há grande diferença entre as duas localidades: enquanto em Mariana há apenas 36% de uso do artigo definido diante de antropônimo, em Uberaba há 82%, mais que o dobro (Braga, 2012). Ainda que este não seja um estudo sobre a fala culta, como o anterior, ele tem outras contribuições muito interessantes para que se compreenda o que estamos chamando de dinâmica da língua. A revisão de estudos sobre o tema em Minas Gerais está muito bem feita, fornece um bom panorama das normas na região e embasa com muita coerência a análise realizada.

Ao realizar a comparação entre as duas amostras mediante análises em separado, o estudo identifica forças internas distintas associadas à presença de artigo definido diante de antropônimos, o que permite conjeturar gramáticas distintas nas duas localidades. Esse resultado é um excelente exemplo de que a variabilidade no uso de língua representa riqueza expressiva, demarca identidades sociais diferentes e põe em relevo a impossibilidade de usar uma só norma, a padrão, como critério de julgamento dos enunciados proferidos pelos falantes no país afora.

Além disso, pode-se esperar que essa variação no uso do artigo também ocorra entre os falantes cultos dessa região, o que consolida mais uma vez nossa afirmação de que a norma culta é um conjunto de variedades que, por sua vez, se articulam com as demais variedades com as quais coexistem.

No ensino da língua que não esteja amarrado ao certo-errado e que tome por base, sempre que possível, os resultados das pesquisas sobre a língua falada e escrita, duas vantagens podem advir: valorização das percepções dos próprios alunos quanto às normas locais ou regionais e progressivo incremento de sua compreensão sobre a dinâmica social da língua em geral e da norma culta em particular.

A narrativa a seguir, baseada em anotações de diário de campo de um projeto de doutorado em andamento, ilustra como, por que e para que é importante fazer reflexão sobre a variabilidade na norma culta em sala de aula. O projeto, intitulado *Práticas pedagógicas em uma perspectiva de pedagogia da variação linguística*, é de autoria de César Augusto González. A orientação é de Ana Maria Zilles. O projeto está sendo desenvolvido no âmbito do PPG em Linguística Aplicada, Universidade do Vale do Rio dos Sinos (Unisinos). Todo o material didático e de diário de campo tem sido compartilhado entre orientando e orientadora, como parte do próprio processo de construção da tese.

O entendimento de que a norma culta é um conjunto de variedades foi trabalhado por um professor de Língua Portuguesa em um Instituto Federal no norte do Rio Grande do Sul. Alunos e professor estavam envolvidos em um projeto pedagógico que visava resgatar a história local por meio de entrevistas com pessoas idosas moradoras da região.

Com o intuito de preparar os alunos para suas próprias entrevistas, o professor apresentou em sala de aula vídeos que permitissem tematizar as características do gênero entrevista. Um dos vídeos apresentado foi o da entrevista com o professor e linguista Ataliba de Castilho no Programa do Jô acerca do lançamento de sua *Nova gramática do português brasileiro.*

O vídeo da entrevista de Jô Soares com o linguista Ataliba de Castilho pode ser acessado por meio do seguinte endereço eletrônico: <https://www.youtube.com/watch?v=l2wLaVQzOsQ>, acesso em 27 fev. 2017.

Foram assistidos em sala de aula os primeiros 4 minutos do vídeo, em que são tratados, primeiramente, assuntos relacionados com a diferença entre o português brasileiro e o português europeu e, depois, os dois participantes se engajaram em uma sequência de chistes a respeito do conteúdo das canecas sobre a mesa e outros assuntos relacionados ao que o programa oferecia aos convidados.

Ambos os interlocutores usam a norma culta durante todo esse tempo da entrevista, mas há, claramente, uma diferença relacionada com o grau de formalidade, que é maior nos primeiros três minutos, e gradativamente menor quando o tópico da conversa muda. Além disso, é possível observar que há diferenças de pronúncia entre os dois participantes, ou seja, suas variedades revelam "de onde eles são" (Rio de Janeiro e São Paulo).

Assim, é possível ouvir, no vídeo, o esse "chiado" na fala de Jô (como na palavra *todo**s*** [0:47] ou na palavra *e**s**crevi* [1:17]), traço que não se observa na fala de Ataliba; por outro lado, pode-se ouvir o erre pós-vocálico retroflexo (como na palavra *rearticula**r*** [0:57] ou na palavra *mo**r**fologia* [2:31]) na fala de Ataliba, mas não na fala de Jô.

Tais traços linguísticos foram discutidos por alunos e professor, exatamente para que ficasse claro que a norma culta é um conjunto de variedades linguísticas que, nesse caso, revelavam aspectos da identidade regional de cada um dos interlocutores, sem que isso implicasse qualquer discussão possível sobre certo-errado: a reflexão era sobre o uso variável na norma culta.

Na mesma aula em que discutiram a entrevista citada, alunos e professor assistiram também à entrevista de Amida Henrich, que faz parte dos extras ao documentário *O Livro de Walachai* (2009), da cineasta Rejane Zilles.

A entrevista com Amida Henrich pode ser assistida a partir do minuto 10:45 do vídeo postado no link a seguir: <https://www.youtube.com/watch?v=ltYEmCazD8o>, acesso em 27 fev. 2017.

O documentário *O Livro de Walachai* pode ser assistido no link a seguir: < https://www.google.com.br/url?sa=t&rct=j&q=&esrc=s&source=web&cd=1&ved=0ahUKEwjFsdHf047VAhXHW5AKHXOXDFsQFggnMAA&url=http%3A%2F%2Fcurtadoc.TV%2Fcurta%2Fbiografia%2Fo-livro-de-walachai%2F&usg=AFQjCNFb7PfTLf8FJ_ogqIZY0e-UHd-J28g>, acesso em 16 jul. 2017. É deste link que transcrevemos a breve descrição que segue:

> O Livro de Walachai
>
> Em *Walachai*, uma pequena comunidade de origem alemã no sul do Brasil, viveu o professor e agricultor Benno Wendling – que se dedicava a alfabetizar em português as crianças que só falavam alemão. Em seus últimos anos de vida ele escreveu à mão a história do povoado, em livro de caprichada caligrafia. O curta *O Livro de Walachai* revela um Brasil muito diferente e desconhecido da maioria dos brasileiros.

[A diretora, radicada no Rio de Janeiro, nasceu e viveu sua infância em Walachai. Como a maioria das crianças do povoado, aprendeu a falar português apenas aos sete anos de idade. Ainda mantém a fluência do dialeto e vínculos familiares com a comunidade, o que permitiu uma abordagem única e especial do assunto.]

O documentário já havia sido assistido e discutido em aula como texto motivador para o projeto pedagógico no qual alunos e professor haviam se envolvido. Por isso, o professor julgou que o vídeo contendo a entrevista com Amida poderia ser utilizado para a contextualização e preparação das entrevistas a serem realizadas pelos alunos.

Amida era dona de uma mercearia numa comunidade rural do interior de Morro Reuter, município a 60 km de Porto Alegre, capital do Rio Grande do Sul. Na condição de mulher descendente de imigrantes alemães, com pouca escolaridade e que viveu a maior parte de sua vida nessa comunidade rural relativamente isolada, a variedade linguística empregada por Amida, ainda que possamos supor que seja monitorada (cuidada) por causa da presença da câmera, dificilmente seria considerada como exemplo de norma culta.

Alunos e professor discutiram as características mais salientes a eles da fala de Amida, entre elas, características tipicamente associadas à influência do alemão, por exemplo, a dessonorização de consoantes, como /d/ e o /g/ (na palavra *cuidar* – dita *cuitá* [10:48] – e na palavra *gosta* – dita *costa* [11:38]) e o uso do "erre fraco" (na palavra *arriscar* – dita *ariscá* [11:19] – e na palavra *rrosca* – dita *rosca* [11:42]).

Além disso, observaram-se traços que poderiam ser associados a sua pouca escolaridade e pouca familiaridade com a língua escrita, como a desnasalização e redução de ditongos átonos finais (em *garagi* [11:22] em lugar de *garagem*) e o ieísmo (em *oia* [11:47], em lugar de *olha*). A variedade falada por Amida foi comparada com a de Ataliba Castilho e de Jô Soares, de modo que alunos e professor puderam refletir sobre os fatores que levavam às diferenças entre elas.

As reflexões de sala de aula foram conduzidas com base nos contínuos de variação propostos por Stella Maris Bortoni-Ricardo (2004).

CONTÍNUOS DE VARIAÇÃO

Cada contínuo pode ser representado graficamente como uma linha entre dois pontos extremos, de modo que os usos da língua possam ser dispostos em pontos dessas linhas, estabelecendo assim sua gradual aproximação a um ou outro extremo. Esse recurso analítico tem grande vantagem sobre análises que preveem apenas dois pontos (certo-errado) já que permite captar em alguma medida a dinâmica social do uso da língua. Além disso, ao prever que a língua se modula em função de múltiplas forças sociais, a análise que resulta pode ser mais rica e fidedigna.

Os contínuos propostos por Bortoni-Ricardo (2004) são três: o contínuo de urbanização (cujos pontos extremos são variedades rurais isoladas e variedades urbanas padronizadas); o contínuo de oralidade-letramento (cujos extremos são eventos de oralidade e eventos de letramento), e o contínuo de monitoramento estilístico (cujos extremos são menor grau de monitoramento e maior grau de monitoramento ou de atenção e planejamento do falante a respeito de como falar/escrever). Os contínuos não são mutuamente exclusivos, e é justamente por isso que representam de modo mais apropriado o uso da língua.

Tomando por base esses contínuos, alunos e professor caracterizaram as falas de Ataliba, Jô e Amida observadas nos segmentos postos em discussão, localizando-as em cada contínuo. Enquanto a variedade usada por Amida foi colocada pelos alunos como sendo próxima aos polos rural, pouco letrado e menos monitorado, as variedades de Ataliba e Jô foram colocadas mais próximas aos polos urbano, mais letrado e mais monitorado.

Apesar disso, alunos e professor observaram também que, quando se engajavam em uma sequência de chistes a respeito do conteúdo das canecas sobre a mesa de Jô, o entrevistador e Ataliba de Castilho variavam o grau de monitoramento sobre sua linguagem. Essa observação é relevante, pois explicita que as pessoas efetivamente variam seus usos linguísticos a todo momento em função daquilo que estão fazendo nas interações em que participam.

Em outras palavras, a afirmação comum de que a língua é como uma roupa ("não vamos à praia usando *scarpins*, nem a um importante jantar de chinelo de dedo") não é adequada para a descrição do que aconteceu entre Ataliba e Jô, uma vez que eles variaram seus usos linguísticos ao longo da entrevista, dando maior e menor grau de atenção a como se expressavam. Se a linguagem funcionasse como a troca de roupas, eles teriam feito uso de uma única variedade ao longo de toda a entrevista, a qual, provavelmente, pareceria muito estranha.

Com esse procedimento analítico baseado em observações, reflexões e discussões, alunos e professor localizaram e trataram concretamente das diferenças entre a norma culta e as variedades que costumam receber a denominação de variedades populares. Assim, puderam tratar aberta e respeitosamente das diferenças entre variedades da língua e compreender que as interações registradas nas entrevistas se constituíram em função dos eventos comunicativos em que os falantes se engajaram, fossem eles eventos de oralidade-letramento ou eventos de menor-maior monitoramento estilístico.

A conclusão, portanto, foi de que a entrevista com Ataliba foi mediada pela variedade norma culta, enquanto os eventos comunicativos variaram em função do caráter de oralidade ou letramento, de um lado, e do caráter menos ou mais monitorado, de outro.

Com relação à outra entrevista, com Amida Henrich, concluiu-se que ela foi mediada por uma variedade popular rural da língua portuguesa, fortementе vinculada à oralidade e amplamente influenciada pela variedade de alemão usada por Amida. Pouco se percebeu variação no grau de monitoramento da fala de Amida. Supôs-se um grau de monitoramento médio em função de a entrevistadora ser conhecida da entrevistada, mas utilizar a câmera para o registro da entrevista.

O fato de uma entrevista ter sido mediada pela variedade que chamamos de norma culta, e a outra, por uma variedade rural impregnada de traços relacionados com imigração prévia, herança cultural em outra língua que não o português (no caso, o alemão), contato linguístico entre essa língua e o português, predominância da oralidade em função da pouca oportunidade de escolarização e participação em eventos de letramento bem circunscritos, poderia levar a uma associação completamente indevida, mas que costuma ser feita, entre variedades como a de Amida e o que tem sido descrito como "ausência de gramática".

Essa associação não é exclusividade nossa, dos falantes de português; ela também é feita de modo explícito em relação ao alemão: quem estuda alemão na escola (pelo menos na região Sul do país), estuda o que é denominado explicitamente de *alemão gramatical*, expressão usada para distinguir a variedade escrita, codificada e prestigiada da língua em contraste com as demais variedades, chamadas de *dialetos*, sobre os quais se diz (equivocadamente) que não têm gramática.

Em relação ao português diz-se o mesmo, diz-se que só a variedade da elite, escrita, codificada, padronizada teria gramática, e as demais variedades não. Essas seriam destituídas de ordem, de sistematicidade, de flexões, de conjugações etc. Nada mais distante da realidade, como se discute a seguir.

2.4 Plenitude formal

No primeiro capítulo já havíamos afirmado que as línguas são conjuntos de variedades e que todas as variedades de uma dada língua, enquanto normas de comportamento linguístico de comunidades de fala, têm plenitude formal, ou seja, todas têm gramática, não são deficientes, nem menos lógicas, nem piores.

O que distingue as variedades é justamente o fato de terem *gramáticas diferentes*. Por isso, não faz sentido julgar um enunciado construído com base na gramática da variedade X com base na gramática da variedade Y, assim como não faz sentido julgar um enunciado construído em português com base na gramática da língua inglesa ou chinesa, por exemplo.

Em nosso entendimento, essa é a razão fundamental para rejeitarmos a régua estreita do certo-errado, que nada mais é do que usar a gramática da norma-padrão para julgar enunciados construídos segundo outras normas, outras gramáticas, justamente as gramáticas das outras variedades da língua.

Reiterando: do ponto de vista linguístico, todas as variedades têm plenitude formal, ou seja, têm gramática. É disso que tratamos aqui, pois a compreensão desse fato é fundamental para o sucesso do que chamamos de ensino produtivo da língua. Reconhecemos que se trata de um grande desafio para quem é iniciante em estudos linguísticos, pois é necessário desconstruir um entendimento generalizado e fortemente consolidado na sociedade brasileira. Contudo, sem essa compreensão a respeito da plenitude formal de todas as variedades, nenhuma discussão sobre língua pode avançar a contento, nem o ensino da língua pode alcançar os resultados esperados, principalmente no que diz respeito à compreensão das diferentes gramáticas em uso no país, à avaliação negativa das variedades populares e ao preconceito com relação a seus falantes.

Outro modo de esclarecer o que entendemos por plenitude formal é dizer que nenhum uso linguístico recorrente é aleatório; ao contrário, se é recorrente, é porque tem regularidade. Ou, dito de modo mais direto: os usos recorrentes seguem sempre regras, mesmo que sejam diferentes das regras da norma culta ou da norma-padrão. Examinaremos, então, a natureza das regras para que nosso ponto de vista fique mais claro.

Tomemos como exemplo a concordância verbal (doravante CV) em português. Segundo a norma-padrão, há uma desinência própria para cada pessoa, exceto a terceira pessoa do singular, que apresenta apenas o radical e a vogal temática: (eu) cant**o**; (tu) canta**s**; (ele) canta**ø**; (nós) canta**mos**, (vós) canta**is**, (eles) canta**m**.

Tais desinências são consideradas obrigatórias, devem ser usadas sempre. Contudo, na norma culta, porque há variação no uso dos pronomes pessoais, esse subsistema de CV não se aplica exatamente; ou, dito de outro modo, há outros conjuntos de regularidades.

Assim, para os falantes que empregam *você* como pronome de segunda pessoa do singular e *vocês* como pronome de segunda pessoa do plural, o subsistema tem, em lugar de seis formas, apenas quatro: (eu) cant**o**; (você) canta**ø**; (ele) canta**ø**; (nós) canta**mos**; (vocês) canta**m**; (eles) canta**m**.

Mesmo que na norma culta haja uso bastante sistemático e produtivo das desinências (conforme a Tabela 5 a seguir), os resultados de estudos empíricos de Sociolinguística têm mostrado que há pelo menos um contexto estrutural que favorece o uso da forma de terceira pessoa do singular, em lugar da terceira pessoa do plural, um contexto em que há forte variação.

Trata-se da variação na CV nos casos de ordem sintática dita inversa, em que ocorre a combinação verbo-sujeito, como já havia mostrado o linguista Joaquim Mattoso Camara (1972) e muitos outros depois dele.

CAMARA OU CÂMARA – Embora o sobrenome Camara apareça ora acentuado, ora não nas diferentes edições dos livros de Joaquim Mattoso Camara, preferimos registrá-lo sem acento porque era assim que o autor assinava.

O sociolinguista Roberto Gomes Camacho (1993) foi um dos pesquisadores que estudou a concordância verbal em dados da norma culta, coletados pelo projeto Nurc em São Paulo, na década de 1970. Eis alguns dos exemplos que esse autor encontrou na fala dos entrevistados registrados nos *Diálogos entre Informante e Documentador* (DID): (i) "**bateu** seis horas" (DID-SP-343: 44); (ii) "o fato de em um segundo **morrer** duas mil pe/ahn duzentas mil pessoas apavora" (DID-SP-343: 56); (iii) "também já **existia** suas modistas grandes aqui" (DID-SP-396: 200) (Camacho, 1993: 107-8).

E o que há de especial nessas construções? Para Camacho, ocorre "a supressão da pluralidade em verbos existenciais, de natureza apresentacional" (Camacho, 1993: 101). Mattoso Camara (1972: 38), examinando dados de textos de escolares do Rio de Janeiro, já havia falado de uma "tendência a subordinar ao verbo o sujeito posposto, desaparecendo a concordância do verbo com esse sujeito, o que resulta [...] numa impessoalização". Entre seus exemplos, encontramos construções semelhantes às já apresentadas anteriormente: (i) mais adiante no matagal **pastava** os bois e cavalos; (ii) onde **existe** ao fundo árvores; (iii) **existe** pastando duas vacas" (Camara, 1972: 45).

Nesses casos, a motivação para a "falta" de CV tem sido descrita como sendo de natureza sintático-semântica, interna à gramática da língua, e restringindo-se, no português do Brasil, essencialmente aos contextos de verbos inacusativos, conforme se pode ler no trabalho intitulado *Uma contribuição para a descrição do português falado em Santa Catarina: a ordem verbo-sujeito* (Coelho et al., 2001).

Retomando a caracterização das configurações da CV na sociedade brasileira (tratamos antes da norma-padrão e da norma culta com pronome *você*), devemos lembrar que há regiões do país que mantêm o emprego do pronome *tu* para a segunda pessoa do singular, seguido de verbo ora com, ora sem concordância, mesmo entre os falantes cultos. Nesse caso, a CV de segunda pessoa do singular se apresenta como regra variável que é bem pouco usada, como mostrou com clareza o estudo que constitui a tese de doutoramento do sociolinguista Luís Amaral (2003), levado a cabo na cidade de Pelotas, no Rio Grande do Sul, a partir de entrevistas com 90 informantes abrangendo diferentes classes sociais, idades, profissões etc.

É de se destacar que, nesse estudo, a presença da desinência de segunda pessoa estava ligada às motivações estruturais e sociais a seguir: ao gênero feminino, de classe média; a contextos em que se falava da escola; a estruturas interrogativas; ao tempo verbal do pretérito perfeito; entre outros fatores. Os falantes das camadas populares praticamente não usavam a desinência de segunda pessoa, evidenciando-se, assim, diferenças sociais importantes quanto ao emprego dessa marca.

Em contraponto, é preciso que se diga que há uma percepção geral na sociedade gaúcha de que o uso constante da desinência de segunda pessoa torna a fala pedante, rebuscada, livresca, arcaica. Em outras palavras, a frequência geral de apenas 7% de desinência de segunda pessoa (Amaral, 2003) mostra não só grande adesão a esse uso não padrão, mas também uma aceitação de que neste caso a regra de CV é variável, ou seja, ora se aplica, ora não se aplica.

Além desses fatos, as pesquisas sobre variedades populares, urbanas e rurais, até mesmo isoladas e sem escolaridade, têm mostrado grande variabilidade no uso de desinência de terceira pessoa do plural. Esse achado em particular tem sido muito importante no estudo das variedades do português do Brasil, pois tem levado ao reconhecimento de que a diferença entre as variedades reside na taxa de uso da CV de terceira pessoa.

Aqui é necessário recorrer ao que diz Labov (2003) a respeito da existência de três tipos diferentes de regras gramaticais, quanto a sua aplicação: as categóricas (que sempre se aplicam, em 100% dos casos), as semicategóricas (que se aplicam na maioria dos casos, de 95% a 99%) e as regras variáveis (que se aplicam variavelmente num eixo entre 5% e 94% dos casos). Este último tipo merece atenção redobrada, pois revela a existência de *regularidades variáveis*, como exemplificamos adiante.

Se aplicamos essa tipologia ao português do Brasil, dizemos que na norma-padrão a concordância é tratada como regra categórica. Na norma culta, dependendo do subsistema pronominal, ela se apresenta como regra semicategórica ou como regra variável. Já nas variedades populares, a CV varia mais amplamente.

Para detalhar melhor essa situação, vale examinar mais de perto o caso da CV de terceira pessoa do plural. Ela se distribui variavelmente, segundo o contínuo de urbanização, como se observa na tabela a seguir, transcrita da obra *Língua e sociedade partidas: a polarização sociolinguística do Brasil*, de Dante Lucchesi (2015: 251).

Obviamente, o contínuo de urbanização se articula ao contínuo de letramento, ou seja, não atua sozinho, como "causa" única do emprego ou não da desinência de concordância verbal de terceira pessoa do plural. Ele se articula também com classe social, especialmente nas zonas urbanas.

Conforme comenta Lucchesi, o extremo mais alto da tabela, referente ao português urbano culto do Rio de Janeiro, com 94% de concordância, quase atinge o grau de regra semicategórica (95%), enquanto as demais variedades vão progressivamente se distanciando desse percentual.

Tabela 5 – Frequência de uso da regra de concordância verbal em diversas amostras.

Variedade do português do Brasil	Frequência geral de aplicação da regra de concordância verbal
Português urbano culto (RJ)	94%
Português urbano médio (RJ e SC)	73% (RJ) e 79% (SC)
Português popular urbano (RJ) [Naro, 1981]	48%
Português popular rurbano (RJ) [Guy, 1981]	38%
Português popular rurbano (Brasília)	35%
Português popular rurbano (BA)*	25%
Português popular rural (BA)	17%

Fonte: Reprodução da Tabela 28 de Lucchesi, 2015, p. 251. *Ver texto destacado a seguir.

No original consta que os dados são provenientes do estado da Bahia. Entretanto, na exposição que precede a tabela acima reproduzida, fica claro que os resultados aí apresentados são do estudo de Sílvia Vieira (1995) com dados do Atlas Etnolinguístico do Estado do Rio de Janeiro, provenientes de 72 inquéritos com informantes homens, pescadores, com pouca ou nenhuma escolaridade, de várias localidades do norte do estado. O fato de essa amostra ser a única a ter somente falantes homens, de certo modo, compromete o argumento de que se trata de amostra representativa do *português popular rurbano*, e torna a comparação com as demais amostras problemática. Talvez, se houvesse homens e mulheres na amostra, o percentual seria mais próximo do encontrado em Brasília em 1985, no estudo de Bortoni-Ricardo (2011) com migrantes rurais. Contudo, essa diferença não invalida a proposta de Lucchesi como um todo.

A gradação que se observa na tabela elaborada por Lucchesi caracteriza bem a estratificação social das variantes *com* e *sem* (ou pouca) concordância e reflete a razão para que a *falta* de concordância verbal seja o traço mais saliente da avaliação social negativa generalizada no país, até onde alcançam os estudos de nosso conhecimento. É essencial, então, ressaltar que a avaliação negativa desse traço linguístico está diretamente relacionada com a avaliação social negativa *dos falantes* dessas variedades.

A tabela de Lucchesi também nos diz, claramente, que a CV de terceira pessoa do plural é *regra variável* para a totalidade das amostras consideradas. Note-se que nenhuma amostra mostrou resultados de uso semicategórico ou categórico de CV, nem mesmo entre os falantes da norma culta.

Isso posto, acreditamos ter esclarecido por que não se pode tratar diferenças entre variedades de uma língua como erros, usando uma delas, no caso, a norma-padrão, como regra para todas as outras. Esperamos, também, ter demonstrado que cada variedade tem suas regularidades, ou seja, suas regras, que presidem os enunciados proferidos pelos falantes. Regras como a que estamos discutindo, é importante ressaltar, se aplicam a enunciados que detêm outras propriedades, como a ordem sintática de sujeito e verbo ou, ainda, a propriedade de explicitar ou não, com material fônico, o sujeito ou deixá-lo "oculto", ou nulo.

As línguas que não apresentam um subsistema rico de concordância verbal, como o inglês, fixam a ordem sintática (em inglês, SV, sujeito-verbo) e exigem, na maioria das estruturas, o preenchimento do sujeito, mesmo que seja com um pronome de sentido vazio. De certa forma, poderíamos dizer que, na falta de desinências, os falantes sistematizam outros recursos, quais sejam, a ordem sintática ou o caráter obrigatório de preenchimento da posição de sujeito. Assim, enquanto em inglês é necessário dizer *it rains*, com sujeito preenchido por um pronome expletivo, em português se diz ø *chove*, ficando vazia (sem material fônico) a posição do sujeito, pois o português ainda tem algumas características de língua de sujeito nulo.

Isso posto, podemos retomar nosso ponto de partida nesta seção e reafirmar que toda e qualquer variedade tem gramática, que toda e qualquer variedade tem plenitude formal.

Para finalizar esta seção, acompanhando Halliday, McIntosh e Strevens (1974 [1964]: 276), defendemos que o ensino (de português a falantes de português) contemple também o que os autores chamam de *ensino descritivo*, assim caracterizado: trata-se de mostrar aos alunos como a sua língua funciona e como eles usam essa língua. Dito de outra forma, segundo nosso ponto de vista, trata-se de mostrar aos alunos como o português funciona, inter e intravariedades, de acordo como o entendimento de que as línguas são exatamente conjuntos de variedades.

Isso implica mostrar aos alunos como as variedades populares, rurais e urbanas, orais e letradas funcionam, em contraste com a variedade que denominamos de norma culta e, também, em contraste com a norma-padrão, principalmente em função da cultura escrita. Desse modo, ensino produtivo e ensino descritivo se articulam com a finalidade de obter o melhor resultado possível: a ampliação efetiva dos recursos linguísticos dos alunos de modo a ampliar ao máximo suas possibilidades expressivas, comunicativas, interacionais.

Nessa perspectiva, o ensino especificamente prescritivo terá muito menos espaço do que tem atualmente nas escolas e deverá estar a serviço de um princípio básico que não pode nunca ser esquecido: os falantes variam e procuram adequar seus enunciados às necessidades e características das interações em que se envolvem. E como toda e qualquer interação é única e situada, o mesmo deve ser dito em relação às ações realizadas dos interlocutores. Para isso, valemo-nos de uma passagem em que Bakhtin/Voloshinov (1981: 93) caracteriza a compreensão responsiva situada por parte do interlocutor:

> [...] o essencial na tarefa de descodificação não consiste em reconhecer a forma utilizada, mas compreendê-la num contexto concreto preciso, compreender sua significação numa enunciação particular. Em suma, trata-se de perceber seu caráter de novidade e não somente sua conformidade à norma. Em outros termos, o receptor, pertencente à mesma comunidade linguística, também considera a forma linguística utilizada como um signo variável e flexível e não como um sinal imutável e sempre idêntico a si mesmo.

Nesse sentido, os falantes (locutores e interlocutores, falantes e ouvintes, participantes das interações face a face, leitores e autores de textos escritos) estão sempre pressupondo o uso variável da linguagem e são, para isso e por isso, verdadeiros camaleões linguísticos, como tratamos a seguir.

2.5 Camaleão linguístico

Comecemos por reconhecer que todos os falantes dominam e empregam diversos registros em suas interações nos múltiplos âmbitos da vida social. Ao participar de diferentes interações, familiares, institucionais, de pouca ou muita intimidade, envolvendo diferentes finalidades, cada falante vai estabelecendo um repertório linguístico diversificado do qual ele lança mão tanto para falar quanto para compreender a fala que lhe é dirigida. É por isso que dizemos que todo o falante é um camaleão linguístico, sendo capaz de adequar, de algum modo, sua expressão linguística aos múltiplos contextos sociointeracionais de que participa.

Para adequar nossa expressão linguística aos contextos sociointeracionais de que participamos, levamos em conta muitos aspectos das regras sociais e culturais de uso da linguagem, a começar pelas características nossas e de nossos interlocutores: se mais velhos ou mais moços; se bebês ou adolescentes; se íntimos ou desconhecidos; se amigos ou inimigos; se colegas ou apenas conhecidos; se da mesma tribo, comunidade, região ou não; se da mesma área profissional ou não; se acima ou abaixo de nós nas muitas hierarquias sociais; se falantes da mesma variedade ou da mesma língua que nós, ou não, entre outros.

Tomamos em conta também as características e os propósitos do evento: se íntimo ou público; se para um grande ou um pequeno público; se falado ou escrito, incluindo eventos de letramento que envolvem leitura oral: leitura oral de texto de conferência; leitura de orações e rituais religiosos; leitura de atas de reuniões, de sentenças judiciais, testamentos; leitura de notícias; leitura que anuncia vencedores de concursos, entre outros.

Entretanto, os eventos de letramento podem apenas tomar por base anotações escritas, mas serem tipicamente orais: apresentação de resultados de um estudo em aula ou no trabalho; comunicação oral em evento acadêmico; debates científicos ou políticos; aulas expositivas, entre outros.

No campo da literatura, podemos lembrar a leitura expressiva ou a reprodução de memória de textos literários; leitura de livros de histórias ilustradas da literatura infanto-juvenil; contação de histórias da cultura oral ou do acervo literário, recriadas de memória; declamação de poesia, entre muitos outros.

Essa lista parece ser suficiente para que reconheçamos que, na escola, é indispensável trabalhar com o ensino produtivo, já que se trata de garantir a ampliação do repertório linguístico e dos conhecimentos dos alunos sobre como a linguagem e a sociedade funcionam, a fim de prepará-los para serem cidadãos participativos, responsáveis e críticos, capazes de se expressar de forma adequada e de discernir, na voz do outro, os sentidos que estão sendo construídos conjuntamente nas interações.

A Sociolinguística Interacional tem descrito muitas das características do uso da linguagem que deveriam ser mencionadas numa exposição ao mesmo tempo detalhada e ampla das ações e escolhas que realizamos e que sustentam conceber os falantes como camaleões linguísticos. Não temos espaço para tanto, por isso restringimo-nos a fazer uma referência básica: trata-se da obra *Sociolinguística Interacional*, organizada por Branca Telles Ribeiro e Pedro de Moraes Garcez (2002), uma antologia de textos essenciais nessa perspectiva teórica.

Importa, contudo, ressaltar que se somos camaleões linguísticos, não basta, na escola, impor o ensino prescritivo de uma só norma, pois ela seria insuficiente para a multiplicidade de adequações de que precisamos no uso efetivo da linguagem.

Além disso, como já ficou claro, a atual norma-padrão brasileira, por seu distanciamento das práticas efetivas dos falantes em nossa sociedade e por tantas outras características discutíveis (conforme vimos nos capítulos anteriores), de pouca serventia é, por si só, para os camaleões que interagem aqui e agora, e não no imaginário do século XIX.

Aqui e agora, o que temos, predominantemente, é o uso da norma culta e das muitas outras variedades que circulam nas vozes sociais e se mesclam e se sobrepõem no constante fazer interacional. Seria impossível abrangê-lo na íntegra, porém é indispensável voltar nossa atenção, ainda que brevemente, para um elemento que tem papel fundamental na ampliação dos repertórios dos falantes-camaleões, a saber, a cultura escrita, de que nos ocupamos a seguir.

O ingresso na cultura escrita, aliado ao progressivo desenvolvimento exigido pelas práticas sociais de leitura e escrita, amplia o acesso a e o domínio das variedades linguísticas socioculturalmente avaliadas como mais apropriadas para a escrita. Isso, contudo, não significa uniformidade, pelo contrário. Tomemos como exemplo o jornal: é língua escrita; deve seguir obrigatoriamente a ortografia oficial; espera-se o uso da norma culta, mas, de fato, a variabilidade se manifesta, pois há diferenças entre o editorial, os comentários da seção de esportes, as resenhas da seção cultural, as charges e a publicidade.

Também os textos literários são um *locus* muito fértil para examinarmos o uso variável da língua, em particular porque encerram muitas vozes. A esse respeito, e tendo em vista o ensino produtivo da língua, que põe em relação as variedades, em lugar de isolá-las, cabe destacar a importância de obras de análise e fundamentação como *Vozes em branco e preto: a representação literária da fala não padrão*, de Milton M. Azevedo. Trata-se de fonte de embasamento teórico e riquíssima exemplificação sobre a linguagem "em movimento".

O conceito-chave é o de dialeto literário, "formado por um conjunto de traços não normativos, sejam regionais, sociais ou individuais" (Azevedo, 2003: 62), através dos quais os escritores criam "uma versão estilizada, por vezes estereotipada, de certa variedade linguística, elaborando assim um mimetismo de oralidade". Trata-se de recurso estilístico poderoso por meio do qual certas vozes de personagens são realçadas e postas em contraste com as de outros e com a voz narradora, "que, usualmente, se expressa em linguagem normativa" (2003: 62).

O estudo caracteriza a representação de dialetos, de fala forasteira (em terra de imigrantes como o Brasil) e de falas híbridas. Examina a representação das múltiplas vozes sociais através do discurso direto, indireto e indireto livre, tratados como recursos estilísticos para dar realce às diferenças entre os personagens, realce que depende do contraste com o uso do padrão.

Esse ponto nos parece essencial no ensino produtivo que defendemos: compreender os contrastes entre as variedades usadas na sociedade (o que inclui a norma culta) e destas com a norma-padrão, bem como a inegável e inseparável avaliação social de todas essas normas, é caminho que demanda e dá sentido ao trabalho de reflexão linguística em sala de aula.

Essa abordagem vale igualmente para outros textos, além dos literários. No artigo intitulado "Considerações sobre o discurso reportado em *corpus* de língua oral", Zilles e Faraco (2002), por exemplo, examinaram a articulação entre as escolhas linguísticas dos falantes e a avaliação social a elas associada, focalizando o discurso reportado produzido em entrevistas dos projetos Nurc e Varsul (Variação Linguística na Região Sul do Brasil). Certamente esse seria um aspecto importante a tratar em aula, em particular no estudo de textos orais à disposição nas novas tecnologias de informação e comunicação.

Caberia examinar como os falantes equacionam o uso da norma-padrão ou da norma culta com o das demais variedades no discurso reportado ou não, discutindo as avaliações sociais que as escolhas dos falantes carregam e, também, a percepção dos alunos sobre isso.

O mesmo precisaria ser dito em relação à escolha de formas variantes e os efeitos de sentido que alcançam, sua relação com o humor, a ironia, a maledicência, a apologia, a persuasão, e tantos outros aspectos dos usos linguísticos para além, muito além do trabalho centralmente classificatório que costuma predominar no ensino da gramática, estritamente da norma-padrão.

3. À GUISA DE CONCLUSÃO

Esperamos, com este capítulo, ter aberto caminhos, sinalizado critérios e apresentado razões para justificar nossa proposta de ensino produtivo da língua. Evidentemente, muito mais poderia e deveria ser dito, mas as limitações de espaço e de propósitos da reflexão aqui apresentada são inescapáveis.

É preciso pôr um ponto final na exposição, mas não com uma conclusão, e sim com um convite para que o leitor se engaje no debate crítico sobre a norma-padrão e contribua para a melhoria do ensino de língua portuguesa em nosso país. Nossa reflexão pretende ser esteio disso e, simultaneamente, baliza.

Na sala de aula, é imperioso e indispensável não desrespeitar a cultura e as variedades linguísticas dos alunos, valorizando seu (des)envolvimento para que possam aprender e ensinar, compreendendo as relações sociais, as desigualdades, os conflitos e as potencialidades do trabalho pessoal e conjunto.

É imprescindível ouvir os alunos pelo que eles têm a dizer, para além do modo como dizem, portanto. É importante ouvi-los e discutir com eles os efeitos sociais e estilísticos do que dizem e dos diferentes modos de dizer (os que eles usam e os que a eles ensinamos).

Além disso, é indispensável ouvir os alunos para incorporar ao trabalho de sala de aula seus sentidos, seus valores, suas perguntas e respostas, suas propostas e sua reflexão, articulando tudo isso ao conhecimento que se vai construindo colaborativa e conjuntamente na sala de aula. Essas serão aulas de criar e aprender juntos, e não de apenas reproduzir e subjugar.

Cabe bem aqui o conceito de *ratificação* do aluno pelo professor, ou dos colegas entre si, independentemente da variedade usada ou exatamente devido à variedade escolhida/usada, procurando evitar conflitos interculturais que impeçam a cooperação. Bortoni-Ricardo e Dettoni (2001: 83-4) caracterizam com muita clareza esse conceito:

> No processo interativo de sala de aula, a ratificação consiste em tratar o aluno como um falante legítimo, que tem fácil acesso ao piso conversacional, que é ouvido com atenção e cujas contribuições são bem recebidas, aprovadas, expandidas e aproveitadas no curso da interação.

É importante também ressaltar que a crença no menor rendimento dos alunos de classes populares tem levado professores a ratificá-los menos, a estimulá-los menos, a oferecer menos em aula e a exigir menos deles; mais grave ainda, a projetar deles, nas suas interações de sala de aula, uma imagem associada à falta de confiança em sua capacidade de ser bem-sucedidos. Vendo-se através desse "espelho" que os desfigura, o que lhes resta fazer? Resistir? Evadir-se? Entrar em conflito? Intimidar-se? Calar-se?

SOBRE A DENOMINAÇÃO "CLASSES POPULARES"

A denominação "classes populares" pode não ser suficientemente precisa para um adequado entendimento da questão. Sem pretender oferecer uma listagem exaustiva, julgamos necessário detalhar um pouco mais a situação. Alunos de zona rural, de periferia, de famílias desestruturadas, marginalizadas ou ligadas à violência criminal; alunos indígenas e negros, assim como alunos (i)migrantes ou refugiados; alunos com necessidades especiais; alunos do batalhão dos socialmente desprovidos, vítimas de alguma forma de exclusão social, todos sofrem descrédito, discriminação e, até, desistência de ensinar pelos professores.

Encerramos nossa exposição defendendo a posição de que o ensino de língua na escola deve ser menos trabalho burocrático e mais trabalho criativo, produtivo. Para isso, a Pedagogia de Projetos, construídos em conjunto por alunos e professor, tem importância fundamental.

Feito o convite, apresentamos nossos votos: bons projetos, ótimos resultados!

Leituras complementares

- O livro *O português são dois*: *novas fronteiras, velhos problemas*, de Rosa Virgínia Mattos e Silva (2004b), reúne textos que, apesar das datas em que foram originalmente propostos, são reflexões muito atuais e indispensáveis para a melhoria do ensino de Língua Portuguesa no Brasil.
- Rodolfo Ilari e Renato Basso (2006), na obra *O português da gente*: *a língua que estudamos a língua que falamos*, revisitam a história da língua portuguesa, caracterizam o português brasileiro e refletem sobre as dimensões da variação em nosso país, passando também por questões gramaticais e políticas no ensino da língua.
- A coletânea de artigos publicada em homenagem ao importante sociolinguista Paulino Vandresen, intitulada *Sociolinguística e ensino*: *contribuições para a formação do professor de língua*, foi organizada por Edair Gorski e Izete Lehmkuhl Coelho (2006). Nela o professor em formação ou em exercício encontra um amplo espectro de reflexões que sublinham a relevância da Sociolinguística e dos estudos de Dialetologia, História da Língua, Bilinguismo, Fonologia, Gramática, entre outros, para a qualificação do ensino.
- Em *A construção social da alfabetização*, obra organizada por Jenny Cook-Gumperz (1991), o leitor encontra uma coletânea de artigos fundamentais sobre letramentos a partir de perspectivas socioculturais que auxiliam a compreender a diversidade em sala de aula como ponto de partida para o ensino produtivo que propomos.

- Em *Letramentos múltiplos, escola e inclusão social*, Roxane Rojo (2009) apresenta perguntas e respostas essenciais para que a escola brasileira alcance não só a universalização do acesso, mas também a democratização do ensino, com foco no letramento, que se faz, obviamente, pelo trabalho *com* e *sobre* a língua portuguesa. Sua proposta é alcançar o diálogo multicultural em que todas as vozes circulem na sala de aula, sendo também objeto de estudo e de reflexão crítica.
- Paulo Coimbra Guedes (2012) é o organizador do livro intitulado *Educação linguística e cidadania*. Trata-se de uma coletânea de artigos que põem em foco o ensinar e o aprender língua e literatura sob diferentes recortes temáticos e perspectivas teóricas, porém sempre em busca de uma atitude crítica e reflexiva que favoreça a produção de sentidos e a construção de conhecimentos em sala de aula.
- Integrando a coleção *Entre Nós*, está a obra de Luciene Juliano Simões (2012) em colaboração com Ana Mariza Filipouski, Diana Marchi e Joice Welter Ramos, intitulada *Leitura e autoria: planejamento em língua portuguesa e literatura*. São particularmente interessantes os projetos interdisciplinares para os anos finais do ensino fundamental sobre os temas Ambiente e Identidades.
- A coletânea de artigos intitulada *Ensino de Português e Sociolinguística*, organizada por Marco Antonio Martins, Silvia Rodrigues Vieira e Maria Alice Tavares (2014), apresenta conceitos sociolinguísticos relevantes para o ensino de Língua Portuguesa, farta exemplificação de variação linguística e suas razões de ser. Discute também atitudes e crenças sobre a variação e seu tratamento em livros didáticos.

Exercícios

1. Ao longo deste capítulo, apresentamos uma proposta de ensino de língua que denominamos de *ensino produtivo*. Consolide em seus apontamentos essa proposta mediante a elaboração de um quadro com duas colunas. Na primeira, diga o que é ensino produtivo; na segunda, diga o que o ensino produtivo não é.

2. Considere a seguinte afirmação: não é a norma-padrão que é um problema no ensino, e sim a forma como esse ensino é feito. Você concorda? Justifique sua resposta.

3. No primeiro capítulo, fizemos as duas afirmações que seguem sobre os falantes e pedimos que você as justificasse:

a. todo falante é um poliglota em sua própria língua;
b. todo falante é um camaleão linguístico.

Considerando a proposta de ensino que apresentamos neste último capítulo, diga se essas duas afirmações poderiam fazer parte dos objetivos das aulas de Português nas escolas Como? Enuncie os objetivos e caracterize possíveis atividades de sala de aula. Leve em conta, entre outros conceitos, os contínuos propostos por Bortoni-Ricardo.

BIBLIOGRAFIA

ALMEIDA, A. P. *A concordância verbal na comunidade de São Miguel dos Pretos, Restinga Seca, RS*. Porto Alegre, 2005. Dissertação (Mestrado) – Instituto de Letras/Universidade Federal do Rio Grande do Sul.

ALMEIDA, N. M. de. *Dicionário de questões vernáculas*. São Paulo: Ática, 2005.

ALVARÁ DE 30 de setembro de 1770. In: *Collecçaõ das Leis, Decretos, e Alvarás que comprehende o Feliz Reinado del Fidelissimo D. José I*. Tomo III. Lisboa: Off. de Antonio Rodrigues Galhardo, 1801, pp. 203-6.

AMARAL, L. I. C. *A concordância verbal de segunda pessoa do singular em Pelotas e suas implicações linguísticas e sociais*. Porto Alegre, 2003. Tese (Doutorado) – Instituto de Letras/Universidade Federal do Rio Grande do Sul.

ANDRADE, Mário. *Poesias completas*. 3. ed. São Paulo: Livraria Martins Editora; Brasília: Instituto Nacional do Livro, 1972.

ARGOTE, J. C. de. *Regras da Lingua Portugueza, espelho da lingua latina*. Lisboa: Officina da Musica, 1725.

ARNAULD, A.; LANCELOT, C. *Gramática de Port-Royal*. São Paulo: Martins Fontes, 2001 [1. ed. 1660].

ASSUNÇÃO, C. da C. "Uma leitura da Introdução da *Arte da Grammatica da Lingua Portugueza* de Reis Lobato (1770)". *Revista da Faculdade de Letras*. XIV, Porto, 1997, pp. 165-81.

AUERBACH, E. La cour et la ville (1933). In: LIMA, L. C. (org.) *Teoria da literatura em suas fontes*. v. II. Rio de Janeiro: Francisco Alves, 1983, pp. 150-90.

AUROUX, S. *A revolução tecnológica da gramatização*. Campinas: Editora da Unicamp, 1992.

AZEREDO, J. C. de. *Gramática Houaiss da Língua Portuguesa*. São Paulo: Publifolha, 2008.

AZEVEDO, M. M. *Vozes em branco e preto*: representação literária da fala não padrão. São Paulo: Edusp, 2003.

BAGNO, M. *Português ou brasileiro?* – um convite à pesquisa. São Paulo: Parábola, 2001a.

_______. (org.) *Norma linguística*. São Paulo: Edições Loyola, 2001b.

_______. (org.) *A linguística da norma*. São Paulo: Edições Loyola, 2002.

_______. *A norma oculta*: língua & poder na sociedade brasileira. São Paulo: Parábola, 2003.

_______. *Gramática pedagógica do português brasileiro*. São Paulo: Parábola, 2011.

_______. *Sete erros aos quatro ventos*: a variação linguística no ensino de português. São Paulo: Parábola, 2013.

______. Variação, avaliação e mídia: o caso do Enem. In: Zilles, A. M. S.; Faraco, C. A. (orgs.) *Pedagogia da variação linguística*: língua, diversidade e ensino. São Paulo: Parábola, 2015, pp. 191-224.

______. *Dicionário crítico de sociolinguística*. São Paulo: Parábola, 2017.

Bakhtin, M. (V. N. Volochínov). *Marxismo e filosofia da linguagem*. São Paulo: Hucitec, 1981.

Barbosa, A. G. Variação linguística no curso de Letras: práticas de ensino. In: Zilles, A. M. S.; Faraco, C. A. (orgs.) *Pedagogia da variação linguística*: língua, diversidade e ensino. São Paulo: Parábola, 2015, pp. 249-86.

Barbosa, J. S. *Grammatica Philosophica da Lingua Portugueza ou principios da grammatica geral applicados á nossa linguagem*. Lisboa: Academia das Sciencias, 1822.

Barreto, M. Ortografia portuguesa. In: ______. *Novos estudos da língua portuguesa*. Rio de Janeiro: Francisco Alves, 1911, pp. 35-46.

Barros, J. de. Diálogo em louvor da nossa língua. In: ______. *Grammatica da lingua portuguesa*. Lisboa: Lodovicum Rotorigiu Typographum, 1540, p. 50 (verso)-60 (verso).

______. *Gramática da língua portuguesa*: cartinha, gramática, diálogo em louvor de nossa linguagem, diálogo da viciosa vergonha (1539-1540). Reprodução fac-similada. Lisboa: Faculdade de Letras, 1971.

Basso, R. M.; Gonçalves, R. T. *História concisa da língua portuguesa*. Petrópolis: Vozes, 2014.

Bechara, E. C. "A norma culta em face da democratização do ensino". In: Ciclo de Conferências "A língua portuguesa em debate". 4 jul. 2000. Disponível em: <www.academia.org.br>. Acesso em: 20 jan. 2015.

______. *Moderna gramática portuguesa*. Rio de Janeiro: Lucerna, 2001.

______. Para quem se faz uma gramática? In: Neves, M. H. de M.; Casseb-Galvão (orgs.) *Gramáticas contemporâneas do português*: com a palavra, os autores. São Paulo: Parábola, 2014, pp. 19-30.

Borba, F. S. *Dicionário de usos do português do Brasil*. São Paulo: Ática, 2002.

Bortoni-Ricardo, S. M. *Educação em língua materna*: a sociolinguística na sala de aula. São Paulo: Parábola, 2004.

______. Um modelo para a análise sociolinguística do português brasileiro. In: ______. *Nós cheguemu na escola, e agora?* Sociolinguística e educação. São Paulo: Parábola, 2005, pp. 39-52.

______. *Do campo para a cidade*: estudo sociolinguístico de migração e redes sociais. São Paulo: Parábola, 2011 [1. ed. 1985].

______; Dettoni, R. do V. Diversidades linguísticas e desigualdades sociais: aplicando a pedagogia culturalmente sensível. In: Cox, M. I. P.; Assis-Peterson, A. A. de. (orgs.) *Cenas de sala de aula*. Campinas: Mercado de Letras, 2001, pp. 81-103.

Bosi, A. *História concisa da literatura brasileira*. 43. ed. São Paulo: Cultrix, 2006.

Bourdieu, P. *A economia das trocas linguísticas*. São Paulo: Edusp, 1996.

______. *O poder simbólico*. Rio de Janeiro: Bertrand Brasil, 2006.

Braga, L. M. *Ausência/presença de artigo definido diante de antropônimos na fala dos moradores de Mariana e Uberaba – MG*. Uberlândia, 2012. Dissertação (Mestrado) – Universidade Federal de Uberlândia. Disponível em: <https://repositorio.ufu.br/bitstream/123456789/15418/1/d.pdf>. Acesso em: 06 mar. 2017.

Brasil. Secretaria de Educação Fundamental. *Parâmetros Curriculares Nacionais (1ª a 4ª séries)*. Brasília: MEC/SEF, 1997.

Burke, P. *Linguagens e comunidades nos primórdios da Europa Moderna*. São Paulo: Editora Unesp, 2010.

Callou, D.; Silva, G. M. O. O uso do artigo definido em contextos específicos. In: Hora, D. da (org.) *Diversidade linguística no Brasil*. João Pessoa: Idéia, 1997.

Camacho, R. G. "Aspectos funcionais e estruturais da concordância verbal no português falado". *Alfa*. v. 37, 1993, pp. 101-16.

CAMARA JR., J. M. *Dispersos*. Rio de Janeiro: Fundação Getúlio Vargas, Serviço de Publicações, 1972.

CARVALHO, J. M. de. *A construção da ordem*. Teatro das sombras. Rio de Janeiro: Civilização Brasileira, 2007.

CARVALHO, L. *O ensino de português*: como tudo começou. Coimbra: Imprensa da Universidade de Coimbra, 2011.

CASTILHO, A. T. de. "Guerra nas letras". *Ciência Hoje*. Rio de Janeiro, v. 31, n. 182, maio 2012, pp. 8-12.

_______. *Nova gramática do português brasileiro*. São Paulo: Contexto, 2010.

_______. (coord.) *Gramática do português culto falado no Brasil*. 2. ed. São Paulo: Contexto, 2013-2016, 7 v.

CASTRO, I. *Introdução à história do português*. Lisboa: Edições Colibri, 2008.

_______. *Editar Pessoa*. 2. ed. Lisboa: Imprensa Nacional-Casa da Moeda, 2013.

_______. "O linguista e a fixação da norma". In: *Actas do XVIII Encontro da Associação Portuguesa de Linguística*. Porto, out. 2002. Disponível em: <https://ciberduvidas.iscte-iul.pt/artigos/rubricas/lusofonias/o-linguista-e-a-fixacao-da-norma/1077>. Acesso em: 10 abr. 2017.

CHAPANSKI, G. *Uma tradução da* Tékhne Grammatike, *de Dionísio Trácio, para o português*. Curitiba, 2003. Dissertação (Mestrado em Letras) – Universidade Federal do Paraná.

COELHO, I. L.; GÖRSKI, E. M.; SOUZA, C. M. N. de; MAY, G. H. *Para conhecer sociolinguística*. São Paulo: Contexto, 2015.

COELHO, I. L.; WERNER, A.; ARDUIN, J. "Uma contribuição para a descrição do português falado em Santa Catarina: a ordem verbo-sujeito". *Working Papers em Linguística*. UFSC, Florianópolis, n. 5, 2001, pp. 7-24.

COOK-GUMPERZ, J. (org.) *A construção social da alfabetização*. Porto Alegre: Artes Médicas, 1991.

COSERIU, E. Sistema, norma e fala. In: ________. *Teoria da linguagem e linguística geral*: cinco estudos. Rio de Janeiro/São Paulo: Presença/Edusp, 1979, pp. 13-85.

COSTA, D. S. S.; ISQUERDO, A. N. "Designações para 'pernilongo' nas capitais brasileiras: um estudo geolinguístico e léxico-semântico". *Travessias* (Unioeste, on-line). v. 4, 2010, pp. 509-20.

CUNHA, A. G. da. *Vocabulário histórico-cronológico do português medieval*. Ed. rev. Rio de Janeiro: Fundação Casa de Rui Barbosa, 2014.

CUNHA, C. *A questão da norma culta brasileira*. Rio de Janeiro: Tempo Brasileiro, 1985.

________; CINTRA, L. F. L. *Nova gramática do português contemporâneo*. 3. ed. Rio de Janeiro: Nova Fronteira, 2001.

DE MAURO, T. *Storia linguistica dell'Italia unita*. Bari: Laterza, 1963.

_______. *Storia linguistica dell'Italia repubblicana*: dal 1946 ai nostri giorni. Bari: Laterza, 2014.

DIOGO, A. A. L.; SILVESTRE, O. M. *Rumo ao português legítimo*: língua e literatura (1750-1850). Braga: Angelus Novus, 1996.

DIONÍSIO. Tékhne Grammatikē. Séc. I a.C. In: CHAPANSKI, G. *Uma tradução da* Tékhne Grammatike, *de Dionísio Trácio, para o português*. Curitiba, 2003. Dissertação (Mestrado) – Universidade Federal do Paraná, pp. 21-36.

DOMINGUES, E. L. von S. *F(R)icções Goesas*: vários mundos numa só vida. Niterói, 2008. Tese (Doutorado). Universidade Federal Fluminense.

DUARTE, Dom. *Leal Conselheiro*. Org. João Dionísio. Ibero-American Electronic Text Series. University of Wisconsin. Digital Collections, 2012. Disponível em: <http://digital.library.wis.edu/1711.dl/IbrAmerTxtLealConsel>. Acesso em: 23 mar. 2015.

ECKERT, P. Communities of Practice. In: *Elsevier Encyclopedia of Language and Linguistics*. 2. ed. Amsterdã: Elsevier, 2006, pp. 683-5.

ELIAS, N. *A sociedade de corte*. Lisboa: Editorial Estampa, 1987.

FAORO, Raymundo. *Os donos do poder*: formação do patronato político brasileiro. 6. ed. Porto Alegre: Globo, 1984, 2 v.

FARACO, C. A. *Norma culta brasileira*: desatando alguns nós. São Paulo: Parábola, 2008.

_______. *Linguagem escrita e alfabetização*. São Paulo: Contexto, 2012.

______. *História sociopolítica da língua portuguesa*. São Paulo: Parábola, 2016.

Faraco, C. A ; Vieira, F. E. (orgs.) *Gramáticas brasileiras*: com a palavra, os leitores. São Paulo: Parábola, 2016.

Fayol, M. *Aquisição da escrita*. São Paulo: Parábola, 2014.

Feijó, J. M. M. *Orthographia ou arte de escrever, e pronunciar com acerto a Lingua Portugueza*. Lisboa: Officina de Manuel Rodrigues, 1734.

Ferreira, R. V.; Amado, R. de S.; Cristino, B. P. (orgs.) *Português indígena*: novas reflexões. Munich: Lincom, 2014 (Lincom Studies in Romance Linguistics, 76).

Fonseca, P. J. da. *Rudimentos da grammatica portugueza, cómmodos á instrucção da mocidade, e confirmados com selectos exemplos de bons autores*. Lisboa: Off. de Simão Thaddeo Ferreira, 1799.

Freire, F. J. (Candido Lusitano). *Reflexões sobre a Lingua Portugueza*. III Partes. Lisboa: Sociedade Propagadora dos Conhecimentos Uteis, 1842.

Freire, L. *Regras práticas para bem escrever*. Rio de Janeiro: Editora A Noite, s.d.

Gândavo, P. de M. de. *Regras que ensinam a maneira de escrever e orthographia da lingua portuguesa: com hum dialogo que adiante se segue em defensam da mesma lingua*. Lisboa: Officina de Antonio Gonsalvez, 1574.

Gleason Jr., H. A. *Introdução à linguística descritiva*. 2. ed. Lisboa: Fundação Calouste Gulbenkian, 1985 [1. ed. 1955].

Gonçalves, P. *A génese do português moçambicano*. Lisboa: Imprensa Nacional-Casa da Moeda, 2010.

Gorski, E. M.; Coelho, I. L. (orgs.) *Sociolinguística e ensino*: contribuições para a formação do professor de língua. Florianópolis: Editora da UFSC, 2006.

Guedes, P. C. (org.) *Educação linguística e cidadania*. Porto Alegre: Editora da UFRGS, 2012.

Guy, G. R. *Linguistic Variation in Brazilian Portuguese*: Aspects of the Phonology, Syntax and Language History. Filadélfia, 1981. PhD (Tese) – University of Pennsylvania.

______; Zilles, A. M. S. Vernacular Speech and Linguistic Standardization in Brazilian Portuguese. In: King, K. et al. *Endangered and Minority Languages and Language Varieties*. Washington, D.C.: Georgetown University Press, 2008, pp. 53-66.

______; ______. "O ensino da língua materna: uma perspectiva sociolinguística". *Calidoscópio*. v. 4, n. 1, jan./abr. 2006, pp. 39-50.

Halliday, M. A.; McIntosh, A.; e Strevens, P. *As ciências linguísticas e o ensino de línguas*. Petrópolis: Vozes, 1974 [1. ed. 1964].

Haugen, E. Dialeto, língua, nação. In: Bagno, M. (org.) *Norma linguística*. São Paulo: Edições Loyola, 2001, pp. 97-114.

Hessel, L. "A polivalência do verbo *dar* no Sul do Brasil". *Organon*. UFRGS, Porto Alegre, v. 12, n. 12, 1967, pp. 77-88.

Hue, Sheila Moura. *Diálogos em defesa e louvor da língua portuguesa*. Edição, introdução e notas de Sheila Moura Hue. Rio de Janeiro: 7Letras, 2007.

Ianni, O. Língua e sociedade. In: Valente, A. (org.) *Aulas de português*: perspectivas inovadoras. Petrópolis: Vozes, 1999, pp. 11-44.

Ilari, R.; Basso, R. *O português da gente*. São Paulo: Contexto, 2006.

Jespersen, O. *The Philosophy of Grammar*. London: George Allen & Univin, 1951 [1. ed. 1924].

______. *Mankind, Nation & Individual*: From a Linguistic Point of View. London: Routledge, 2007 [1. ed. 1925].

Jungbluth, K. "Os pronomes demonstrativos do português brasileiro na fala e na escrita". *Cadernos de Linguagem e Sociedade*. 7, 2004/5, pp. 83-105.

Kaunisto, M. Which Items Need to be Standardised? Variation in the Choice of Entries in Usage Guides. In: Tieken-Boon van Ostade, I.; Percy, C. (eds.) *Prescription and Tradition in Language*: Establishing Standards Across Time and Space. Bristol, UK: Blue Ridge Summit, 2017, cap. 13.

KATO, M. A. O português são dois... ou três? In: LOBO, T.; CARNEIRO, Z.; SOLEDADE, J.; ALMEIDA, A.; RIBEIRO, S. (orgs.) *Rosae: Linguística Histórica, História das Línguas e Outras Histórias*. Salvador: EDUFBA, 2012, pp. 93-108.

KRISTIANSEN, T.; COUPLAND, N. (eds.) *Standard Languages and Language Standards in a Changing Europe*. Oslo: Novus Forlag, 2011.

LABOV, W. Some Sociolinguistic Principles. In: PAULSTON, C. B.; TUCKER, G. R. (eds.) *Sociolinguistics*: The Essential Readings. Massachusetts: Blackwell Publishing, 2003, pp. 234-50.

_______. *Padrões sociolinguísticos*. São Paulo: Parábola, 2008 [1. ed. 1972].

LAGARES, X. C.; BAGNO, M. (orgs.) *Políticas da norma e conflitos linguísticos*. São Paulo: Parábola, 2011.

LEÃO, D. N. de. *Orthographia da Lingoa Portuguesa*. Lisboa: João de Barreira, 1576.

LEBRUN, J.-P. *Um mundo sem limite*: ensaio para uma clínica psicanalítica do social. Rio de Janeiro: Companhia de Freud, 2004.

LEITE, M. Q. *Metalinguagem e discurso*: a configuração do purismo brasileiro. São Paulo: Humanitas/FFLCH/USP, 1999.

LOBATO, A. J. dos R. *Arte da grammatica da Lingua Portugueza*. Estudo, Edição Crítica, Manuscritos e Textos Subsidiários por Carlos Assunção. Lisboa: Academia das Ciências, 2000 [1. ed. 1770].

LOPES, C. R. dos S. (org.) *A norma brasileira em construção*: fatos linguísticos em cartas pessoais do século 19. Rio de Janeiro: UFRJ, Pós-Graduação em Letras Vernáculas/Faperj, 2005.

LUCCHESI, D. *Língua e sociedade partidas:* a polarização sociolinguística do Brasil. São Paulo: Contexto, 2015.

_______; BAXTER, A.; RIBEIRO, I. (orgs.) *O português afro-brasileiro*. Salvador: EDUFBA, 2009.

LUFT, C. *Dicionário prático de regência verbal*. 8. ed. São Paulo: Ática, 2009.

MACHADO DE ASSIS, J. M. Notícia da atual literatura brasileira – Instinto de nacionalidade. In: _______. *Obras completas*. Rio de Janeiro: José Aguilar Editora, 1973, v. III, pp. 801-9.

MARTINS, M. A.; ABRAÇADO, J. (orgs.) *Mapeamento sociolinguístico do português brasileiro*. São Paulo: Contexto, 2015.

_______; VIEIRA, S.; TAVARES, M. A. (orgs.) *Ensino de português e sociolinguística*. São Paulo: Contexto, 2014.

MATEUS, M. H. M.; CARDEIRA, E. *Norma e variação*. Lisboa: Caminho, 2007.

MELO, G. C. de. *Iniciação à filologia portuguesa*. 2. ed. Rio de Janeiro: Livraria Acadêmica, 1957.

_______. *Gramática fundamental da língua portuguesa*. Rio de Janeiro: Livraria Acadêmica, 1968.

MEIRA, G. A. et al. "Variação na concordância nominal de número no português popular e no português culto de Vitória da Conquista". *Fólio - Revista de Letras*. v. 7, n. 2, 2015, pp. 647-67. Disponível em: <http://periodicos.uesb.br/index.php/folio/article/view/5379/5171>. Acesso em: 6 jul. 2017.

MIGLIORINI, B. *Storia della lingua italiana*. Firenze: Sansoni, 1960.

MILROY, J. Ideologias linguísticas e as consequências da padronização. In: LAGARES, X. C.; BAGNO, M. (orgs.).*Políticas da norma e conflitos linguísticos*. São Paulo: Parábola, 2011, pp. 49-87.

MOTA, J. A.; CARDOSO, S. M. Variação fônica nas capitais brasileiras. In: MARTINS, M. A.; ABRAÇADO, J. (orgs.) *Mapeamento sociolinguístico do português brasileiro*. São Paulo: Contexto, 2015, pp. 65-78.

NARO, A.; SCHERRE, M. M. Estabilidade e mudança linguística em tempo real: a concordância de número. In: PAIVA, M. C.; DUARTE, M. E. L. (orgs.) *Mudança linguística em tempo real*. Rio de Janeiro: Contra Capa Livraria, 2003, pp. 47-62.

NEKVAPIL, J. Language Cultivation in Developed Contexts. In: SPOLSKY, B.; HULT, F. M. (eds.) *The Handbook of Educational Linguistics*. Chichester: Wiley-Blackwell, 2010, pp. 251-65.

NEVES, M. H. de M. *Gramática de usos do português*. São Paulo: Editora da Unesp, 2000.

_______. *Guia de usos do português*: confrontando regras e usos. São Paulo: Editora da Unesp, 2003.

_______; CASSEB-GALVÃO, V. C. (orgs.) *Gramáticas contemporâneas do português*: com a palavra, os autores. São Paulo: Parábola, 2014.

Oliveira, F. de. *A gramática da linguagem portuguesa*. Introdução, leitura actualizada e notas por Maria Leonor Carvalhão Buescu. Lisboa: Imprensa Nacional, 1975 [1. ed. 1536].

Orlandi, E. P. *Língua e conhecimento linguístico*: para uma história das ideias no Brasil. São Paulo: Cortez, 2002.

Perini, M. A. *Gramática descritiva do português brasileiro*. Petrópolis: Vozes, 2016.

Piel, J. *Livro dos Officios de Marco Tullio Ciceram o qual tornou em linguagem o Ifante D. Pedro, Duque de Coimbra*. Edição crítica, segundo o ms. de Madrid, prefaciada e anotada e acompanhada por glossário por Joseph Piel. Coimbra: Acta Universitatis Conimbrigensis, 1948.

Pinto, E. P. *O português do Brasil*: textos críticos e teóricos, i – 1820/1920. Rio de Janeiro: Livros Técnicos e Científicos; São Paulo: Edusp, 1978.

Pires de Oliveira, R. Os caminhos do "onde": uma contribuição da semântica ao ensino de língua materna. In: Grimm Cabral, Loni; Gorski, Edair. (orgs.) *Linguística e ensino*: reflexões para a prática pedagógica da língua materna. Florianópolis: Insular, 1998, pp. 147-62.

Pop, S. *La dialectologie*. Aperçu historique et méthodes d'enquêtes linguistiques. Louvain: Chez l'Auteur; Gembloux: Duculot, 1950, 2 v.

Pretti, Dino. A propósito do conceito de discurso urbano culto: a língua e as transformações sociais. In: _______. (org.). *O discurso oral culto*. São Paulo: Humanitas, 1997, pp. 17-27.

Quintiliano, M. F. *Instituição oratória*. Campinas: Editora da Unicamp, 2015, 4 v.

Ramos, R. (coord.); Sousa, B. V.; Monteiro, N. G. *História de Portugal*. 5. ed. Lisboa: A Esfera dos Livros, 2010.

Razky, A.; Sanches, R. D. "Variação geossocial do item lexical *riacho/córrego* nas capitais brasileiras". *Gragoatá*. 40, 2016, pp. 70-89.

Rey, A. Usos, julgamentos e prescrições linguísticas. In: Bagno, M. (org.) *Norma linguística*. São Paulo: Edições Loyola, 2001, pp. 115-44.

Ribeiro, B. T.; Garcez, P. de (orgs.) *Sociolinguística Interacional*. 2. ed. São Paulo: Edições Loyola, 2002.

Rojo, Roxane. *Letramentos múltiplos, escola e inclusão social*. São Paulo: Parábola, 2009.

Sapir, E. O gramático e a língua. In: ________. *Linguística como ciência*. Ensaios. Rio de Janeiro: Acadêmica, 1969, pp. 29-42 [1. ed. 1924].

Saussure, F. de. *Curso de linguística geral*. 2. ed. São Paulo: Cultrix, 1970 [1. ed. 1916].

Schwarcz, L. M. *O espetáculo das raças*: cientistas, instituições e questão racial no Brasil. 1870-1930. São Paulo: Companhia das Letras, 2001.

Scherre, M.; Dias, E. P.; Andrade, C.; Martins, G. F. Variação dos pronomes "tu" e "você". In: Martins, M. A.; Abraçado, J. (orgs.) *Mapeamento sociolinguístico do português brasileiro*. São Paulo: Contexto, 2015, pp. 133-72.

Seara, I. C.; Nunes, v. G.; Lazzarotto-Volcano, C. *Para conhecer fonética e fonologia do português brasileiro*. São Paulo: Contexto, 2015.

Silva, A. de M. *Epitome da grammatica da lingua portugueza*. Lisboa: Off. de Simão Thaddeo Ferreira, 1806.

Silva, R. V. M. e. *Sete estudos sobre o português kamayurá*. Salvador: Centro Editorial e Didático da ufba, 1988.

______. *Ensaios para uma sócio-história do português brasileiro*. São Paulo: Parábola, 2004a.

______. *O português são dois*: novas fronteiras, velhos problemas. São Paulo: Parábola, 2004b.

Simões, L.J.; Filipouski, A. M.; Marchi, D.; Ramos, J. W. *Leitura e autoria*: planejamento em Língua Portuguesa e Literatura. Erechim: Edelbra, 2012.

Sousa, B. V. e. Idade Média (séculos xi-xv). In: Ramos, R. (coord.); Monteiro, N. G. *História de Portugal*. 5. ed. Lisboa: A Esfera dos Livros, 2010, pp. 15-196.

Tavares, R. *O labirinto censório*: a Real Mesa Censória sob Pombal (1768-1777). Lisboa, 1997. Dissertação (Mestrado em Ciências Sociais) – Universidade de Lisboa.

Teyssier, P. *História da língua portuguesa*. Lisboa: Sá da Costa, 1982.

The Jesuit *Ratio Studiorum of 1599*. Translated into English, with an Introduction and Explanatory Notes by Allan P. Farrell. Washington, D.C.: Conference of Major Superiors of Jesuits, 1970. Disponível em: <www.bc.edu/sites/libraries/ratio/ratio1599.pdf>. Acesso em: 22 set. 2009.

Thelander, M. Standardisation and Standard Language in Sweden. In: Kristiansen, T.; Coupland, N. (eds.) *Standard Languages and Language Standards in a Changing Europe*. Oslo: Novus Forlag, 2011, pp. 123-33.

Thieken-Boon van Ostade, I.; Percy, C. (eds.) *Prescription and Tradition in Language*: Establishing Standards Across Time and Space. Bristol, uk: Blue Ridge Summit, 2017.

Valente, A. (org.) *Aulas de português*: perspectivas inovadoras. Petrópolis: Vozes, 1999.

Verney, L. A. (Padre Barbadinho). *Verdadeiro metodo de estudar*. Valensa: Officina de Antonio Balle, t. i, 1746.

Viana, A. R. Gonçalves; Abreu, G. de V. *Bases da ortografia nacional*. Lisboa: Imprensa Nacional, 1885.

Vianna, J. S.; Lopes, C. R. S. "Variação dos pronomes 'nós' e 'a gente'". In: Martins, M. A.; Abraçado, J. (orgs.) *Mapeamento sociolinguístico do português brasileiro*. São Paulo: Contexto, 2015, pp. 109-32.

Vicente, M. S. *A interação no contexto da saúde*: um olhar para o estigma em consulta ambulatorial. Rio de Janeiro, 2014. Dissertação (Mestrado) – Programa de Pós-graduação em Estudos da Linguagem/Pontifícia Universidade Católica do Rio de Janeiro.

Vieira, A. T.; Marques, D. "Hibridismo de papéis na fala de uma Juíza do Juizado Especial Criminal". *Calidoscópio*. v. 11, n. 2, 2013, pp. 192-203.

Vieira, Sílvia. *Concordância verbal*: variação em dialetos populares do Norte Fluminense. Rio de Janeiro, 1995. Dissertação (Mestrado em Língua Portuguesa) – Universidade Federal do Rio de Janeiro.

Weber, M. *Metodologia das ciências sociais*. Trad. A. Wernet. 5. ed. São Paulo/Campinas: Cortez/ Editora da Unicamp, 2016.

Williams, R. *The Long Revolution*. New York: Columbia University Press; London: Chatto & Windus, 1961.

Zilles, A. M. S.; Faraco, C. A. Considerações sobre o discurso reportado em corpus de língua oral. In: Vandresen, P. (org.) *Variação e mudança no Português falado na Região Sul*. Pelotas: Educat, 2002, pp. 14-45.

______; ______ (orgs.) *Pedagogia da variação linguística*: língua, diversidade e ensino. São Paulo: Parábola, 2015.

Zilles, A. M. S.; Kersch, D. F. Onde: prescrição, proscrição, descrição e ensino. In: Zilles, A. M. S.; Faraco, C. A. (orgs.) *Pedagogia da variação linguística*: língua, diversidade e ensino. São Paulo: Parábola, 2015, pp. 145-87.

OS AUTORES

Carlos Alberto Faraco doutorou-se em linguística românica na Inglaterra e é professor titular de Língua Portuguesa da Universidade Federal do Paraná. Atualmente, coordena a Comissão do Brasil junto ao Instituto Internacional da Língua Portuguesa (IILP) da Comunidade dos Países de Língua Portuguesa (CPLP). Publicou vários livros entre os quais *Linguagem & Diálogo: as ideias linguísticas do Círculo de Bakhtin* e *História sociopolítica da língua portuguesa*. Pela Contexto, é autor de *Escrita e alfabetização* e *Linguagem escrita e alfabetização.*

Ana Maria Zilles doutorou-se em Letras na PUC do Rio Grande do Sul e é professora titular de Linguística da Universidade do Vale do Rio dos Sinos. Publicou *Sociolinguística Quantitativa – instrumental de análise*, escrita em coautoria com Gregory Guy; e *Pedagogia da variação linguística*, organizada em conjunto com Carlos Alberto Faraco.

LÍNGUA E SOCIEDADE PARTIDAS
a polarização sociolinguística do Brasil

Dante Lucchesi

Línguas não existem fora das sociedades humanas. Nesta obra primorosa e abrangente, o linguista Dante Lucchesi articula a constituição do português brasileiro ao processo econômico-social de formação da nação brasileira. Assim, mostra como se consolidou a polarização entre língua e sociedade no Brasil. E vai além. Defende que os estudos sociolinguísticos são imprescindíveis e devem ser aprofundados, mas que não podem ficar restritos aos pesquisadores: têm de chegar a todos os estudantes, inclusive os alunos do básico. Um livro para incomodar.

GRÁFICA PAYM
Tel. [11] 4392-3344
paym@graficapaym.com.br